| 法律法规新解读 | 第五版

劳动法

解读与应用

吴运筑 编著

中国法制出版社
CHINA LEGAL PUBLISHING HOUSE

图书在版编目（CIP）数据

劳动法解读与应用 / 吴运筑编著 .—北京：中国法制出版社，2023. 6

（法律法规新解读丛书）

ISBN 978-7-5216-3468-6

Ⅰ. ①劳… Ⅱ. ①吴… Ⅲ. ①劳动法-法律解释-中国 Ⅳ. ①D922. 505

中国国家版本馆 CIP 数据核字（2023）第 068834 号

责任编辑：刘海龙　　封面设计：李　宁

劳动法解读与应用

LAODONGFA JIEDU YU YINGYONG

编著/吴运筑

经销/新华书店

印刷/三河市国英印务有限公司

开本/880 毫米×1230 毫米　32 开　　印张/ 10. 5　字数/ 257 千

版次/2023 年 6 月第 1 版　　2023 年 6 月第 1 次印刷

中国法制出版社出版

书号 ISBN 978-7-5216-3468-6　　定价：38. 00 元

北京市西城区西便门西里甲 16 号西便门办公区

邮政编码：100053　　传真：010-63141600

网址：http：//www. zgfzs. com　　**编辑部电话：010-63141814**

市场营销部电话：010-63141612　　**印务部电话：010-63141606**

（如有印装质量问题，请与本社印务部联系。）

【法融】数据库免费增值服务有效期截至本书出版之日起 2 年。

出版说明

“法律法规新解读”丛书作为一套实用型法律图书，历经四版，以其专业、实用、易懂的优点，赢得了广大读者的认可。自第四版后，相关法律规定已发生较大变化，司法实践中也出现了不少新的法律问题，第五版立足“实用”，以关注民生、服务大众为宗旨，切实提升内容实用性；致力“易懂”，使本丛书真正成为“遇事找法者”运用法律维护权利和利益的利器。本丛书选取与日常生活密切相关的法律领域，将各领域的核心法律作为“主体法”，并且将与主体法密切相关的法律规定汇编收录。

“法律法规新解读”丛书独家打造七重法律价值：

1. 出版专业

中国法制出版社是中华人民共和国司法部主管主办的中央级法律类专业出版社，是国家法律法规标准文本的权威出版机构。

2. 条文解读精炼到位

重难点法条以【条文解读】形式进行阐释，解读内容在吸取全国人大常委会法制工作委员会、最高人民法院等部门对条文的权威解读的基础上，结合实际编写，简单明了、通俗易懂。

3. 实务应用精准答疑

根据日常生活中经常遇到的纠纷与难题，以【实务应用】形式提炼归纳出问题点，对标热点难点，精准答疑解惑。

4. 案例指引权威实用

专设【案例指引】板块，选取最高人民法院公报案例、典型案例、各地区法院公布的经典案例以及中国裁判文书网的终审案例等，以案说法，生动地展示解决法律问题的实例。同时，原文收录一部分最高人民法院、最高人民检察院公布的指导性案例，指导实践更准确、更有力。

5. 关联参见检索便捷

除精选与主体法相关联的法律规定外，在主体法中以【关联参见】的方式链接相关重要条文，帮助读者全方位理解相关规定内容。

6. 附录内容实用丰富

书末收录经提炼的法律流程图、诉讼文书、纠纷处理常用数据、重要法律术语速查表等内容，帮助读者大大提高处理法律事务的效率。

7. 超值赠送增值服务

扫描图书后勒口二维码，免费使用中国法制出版社【法融】数据库。读者可查阅“国家法律法规”栏目和“案例解析”栏目中的“最高法指导案例”和“最高检指导案例”的内容。

中国法制出版社

《中华人民共和国劳动法》
法律适用提示

《劳动法》[1] 是我国关于劳动制度的基本法律规定，涵盖了劳动法律关系的各个方面，是我国劳动法律体系的基础，劳动方面的其他法律法规基本上是以《劳动法》为依据的。

一、《劳动法》的核心内容

1. 适用范围

《劳动法》第2条规定："在中华人民共和国境内的企业、个体经济组织（以下统称用人单位）和与之形成劳动关系的劳动者，适用本法。国家机关、事业组织、社会团体和与之建立劳动合同关系的劳动者，依照本法执行。"注意，《劳动合同法》扩大了《劳动法》的适用范围：一是规定中华人民共和国境内的企业、个体经济组织、民办非企业单位等组织和与之形成劳动关系的劳动者订立、履行、变更、解除或者终止劳动合同，适用《劳动合同法》。也就是在适用范围中增加了民办非企业单位等组织及其劳动者。二是规定事业单位与实行聘用制的工作人员订立、履行、变更、解除或者终止劳动合同，法律、行政法规或者国务院另有规定的，依照其规定；未作规定的，依照《劳动合同法》有关规定执行。也就是明确事业单位与实行聘用制的工作人员之间也应订立劳动合同，但考虑到事业单位实行的聘用制度与一般劳动合同制度在劳动关系双方的权利和义务方面、管理体制方面存在一定的差别，因此允许其优先适用特别规定。三是规定国家机关、事业单位、社会团体

[1] 为便于阅读，本书中相关法律文件名称中的"中华人民共和国"字样都予以省略。

和与其建立劳动关系的劳动者，订立、履行、变更、解除或者终止劳动合同，依照《劳动合同法》执行。也就是除公务员和参照《公务员法》管理的人员，以及事业单位中实行聘用制的工作人员外，国家机关、事业单位、社会团体与其他劳动者均应当建立劳动关系，并执行《劳动合同法》。

2. 劳动合同的解除

劳动合同解除分为劳动合同双方当事人协商一致解除、劳动者单方解除、用人单位单方解除；只有符合法定情形的，才能解除劳动合同，对此，《劳动法》第25、26、27、29条作出了相应规定。注意，《劳动合同法》对劳动合同解除作出了一些与《劳动法》不同的新规定：(1) 补充规定了劳动者可以立即解除劳动合同的类型；(2) 修改了劳动者可以随时通知解除劳动合同的情形；(3) 补充规定了用人单位可以随时通知劳动者解除劳动合同的情形；(4) 增加了用人单位提前30日以书面形式通知劳动者解除劳动合同的替代方式，即代通知金；(5) 修改了用人单位裁减人员的规定；(6) 增加了用人单位提前30日以书面形式通知劳动者解除劳动合同以及裁减人员的限制情形。

3. 劳动报酬

获得劳动报酬是劳动者的一项基本权利，在这一方面最重要的是关于最低工资和加班费的规定。在劳动者提供正常劳动的情况下，用人单位应支付劳动者的工资不能低于当地最低工资标准。关于加班费，《劳动法》第44条规定，有下列情形之一的，用人单位应当按照下列标准支付高于劳动者正常工作时间工资的工资报酬：(1) 安排劳动者延长工作时间的，支付不低于工资的150%的工资报酬；(2) 休息日安排劳动者工作又不能安排补休的，支付不低于工资的200%的工资报酬；(3) 法定休假日安排劳动者工作的，支付不低于工资的300%的工资报酬。

4. 劳动争议处理

劳动争议发生后，当事人可以向本单位劳动争议调解委员会申请调解；调解不成，当事人一方要求仲裁的，可以向劳动争议仲裁委员会申请仲裁；当事人一方也可以不经调解直接向劳动争议仲裁委员会申请仲裁；对仲裁裁决不服的，可以向人民法院提起诉讼。

二、《劳动法》的主要相关规定

劳动合同是整个劳动关系的核心。《劳动合同法》是调整用人单位和劳动者订立、履行、变更、解除和终止劳动合同行为的基本法律规范。《劳动合同法》在劳动关系的确立、劳务派遣、非全日制用工等方面进一步完善了劳动法律体系。劳动安全事关职工生命安全和身体健康，《安全生产法》《矿山安全法》等法律法规对生产经营单位的安全生产保障义务、从业人员的权利和义务、安全生产事故的应急救援和调查处理等方面进行了全面规范。在劳动争议审判实践方面，最高人民法院发布了《最高人民法院关于审理劳动争议案件适用法律问题的解释（一）》（以下简称《劳动争议解释（一）》），对法院审理劳动争议案件起到了重要指导作用。

目　录

中华人民共和国劳动法

关联法规

实用附录

实务应用速查表

案例指引速查表

法律法规
新解读系列

中华人民共和国
劳动法

劳动法
解读与应用

中华人民共和国劳动法

·1994年7月5日第八届全国人民代表大会常务委员会第八次会议通过
·根据2009年8月27日第十一届全国人民代表大会常务委员会第十次会议《关于修改部分法律的决定》第一次修正
·根据2018年12月29日第十三届全国人民代表大会常务委员会第七次会议《关于修改〈中华人民共和国劳动法〉等七部法律的决定》第二次修正

第一章 总 则

第一条 【立法宗旨】[①] 为了保护劳动者的合法权益，调整劳动关系，建立和维护适应社会主义市场经济的劳动制度，促进经济发展和社会进步，根据宪法，制定本法。

条文解读

本条是依据《宪法》制定的，是《宪法》中涉及劳动事项的规定的落实和具体化，所以《劳动法》的规定要符合《宪法》的基本精神和原则，不得违背《宪法》的规定。

第二条 【适用范围】 在中华人民共和国境内的企业、个体经济组织（以下统称用人单位）和与之形成劳动关系的劳动者，适用本法。

国家机关、事业组织、社会团体和与之建立劳动合同关系的劳动者，依照本法执行。

① 本书条文主旨为编者所加，为方便读者检索使用，仅供参考，下同。

条文解读

本条规定了《劳动法》的适用范围。《劳动法》的适用范围，大致上划分为两种类型：一类是企业、个体经济组织和与之形成劳动关系的劳动者；另一类是国家机关、事业组织、社会团体和与之建立劳动合同关系的劳动者。应当注意，两种情形下法律的要求是不一样的。在前一种情形下，《劳动法》的适用不以签订劳动合同为必要，在没有签订劳动合同的情况下，双方形成事实劳动关系的，也适用《劳动法》的规定；而在后一种情形下，只有双方建立了劳动合同关系，才适用《劳动法》。

企业 ➜ 本条中的“企业”是指从事产品生产、流通或服务性活动等实行独立经济核算的经济单位，包括各种所有制类型的企业，如工厂、农场、公司等；“个体经济组织”是指雇工在 7 人以下的个体工商户。

劳动者 ➜ 本条第 2 款所指的劳动者包括三个方面：（1）国家机关、事业组织、社会团体的工勤人员；（2）实行企业化管理的事业组织的非工勤人员；（3）其他通过劳动合同（包括聘用合同）与国家机关、事业单位、社会团体建立劳动关系的劳动者。也就是说，当劳动合同关系的用人单位一方主体是国家机关、事业单位和社会团体时，只有属于上述三种情形之一的，才适用《劳动法》的相关规定。

实务应用

01. 如何认定事实劳动关系？

中国境内的企业、个体经济组织与劳动者之间，只要形成了劳动关系，即劳动者事实上已成为企业、个体经济组织的成员，并为其提供有偿劳动，即适用《劳动法》。用人单位招用劳动者未订立书面劳动合同，但同时具备下列情形的，劳动关系即成立：（1）用人单位和劳动者符合法律、法规规定的主体资格；（2）用人单位依法制定的各项劳动规章制度适用于劳动者，劳动者服从用人单位的劳动管理，从事用人单位安排的有报酬的劳动；（3）劳动者提供的劳动是用人单位业务的组成部分。

具体来说，如用人单位未与劳动者签订劳动合同，认定双方存在劳动关系时可参照以下凭证：（1）工资支付凭证或记录（职工工资发放花名册）、缴纳各项社会保险费用的记录；（2）用人单位向劳动者发放的“工作证”“服务证”等能够证明身份的证件；（3）劳动者填写的用人单位招工招聘“登记表”、“报名表”等招用记录；（4）考勤记录；（5）其他劳动者的证言。

案例指引

01. 送餐骑手与派单平台是否构成劳动关系？①

2018年，邱某入职某信息技术公司担任送餐骑手。双方签订《合作协议》。邱某自行扫码注册某某APP（应用程序），通过在某某APP操作上线、下线、接单及转单等方式从事送餐工作。工作期间，双方未签订书面劳动合同，考勤记录方式为某某APP签到。工作初期，邱某租用某信息技术公司的电动车，后自行购买电动车用于送餐。工作报酬通过银行转账发放，每天工作满8小时送满15单且连续工作28天以上有基本工资1800元，另有好评奖励，其他收入按照单量计算，采用系统自行派单，每日可转单3次。邱某离职后，向天津市南开区劳动人事争议仲裁委员会申请仲裁，要求确认双方之间存在劳动关系等，仲裁委裁决驳回其仲裁请求。邱某不服向法院提起诉讼。

天津市南开区人民法院认为，双方签订的是《合作协议》而非劳动合同，并没有达成建立劳动关系的合意。结合庭审陈述，邱某报酬按照接单数量核算，送餐所需车辆等由其自行购买。某某APP由其自行扫码注册，上线、下线、接单及转单等操作均在APP上完成，其可在

---

① 参见《天津法院发布劳动争议典型案例》（2022年4月29日发布），邱某与某信息技术公司劳动争议案，载天津法院网https：//tjfy. tjcourt. gov. cn/article/detail/2022/04/id/6662902. shtml，最后访问日期：2023年5月19日。

某某APP选择上下线时间，选择是否承接订单，也可进行转单操作。邱某提交的证据不能充分证明其与某信息技术公司之间存在劳动关系，故对其主张确认劳动关系的诉讼请求，不予支持。邱某提起上诉后，天津市第一中级人民法院认为，结合双方《合作协议》约定内容以及实际合作模式，二者之间不具备劳动合同法律关系所必需的从属性特点，劳动者和用工单位之间无人身依附性。判决：驳回上诉，维持原判。

近年来，平台经济迅速发展，创造了大量就业机会，依托互联网平台就业的网约配送员、网约车驾驶员、货车司机、互联网营销师等新就业形态劳动者数量大幅增加，新就业形态用工纠纷愈加多发。其中，劳动者要求确认与用工单位或用工平台之间存在劳动关系的案件较为典型。由于平台用工的灵活性和多样化特征，不同平台的用工情况差异较大，因此在新就业形态劳动关系的认定上，需要结合个案情况，从劳动关系最核心的特征——从属性的各个要素角度综合分析判断。审理该类案件，着重考虑新就业形态下从业者的劳动权益保护，同时着眼于依法促进平台经济健康发展。

关联参见

《劳动合同法》第2条、第96条；《劳动合同法实施条例》第3条、第4条；《劳动争议解释（一）》第1条；《最高人民法院关于人民法院审理事业单位人事争议案件若干问题的规定》

第三条　【劳动者的权利和义务】劳动者享有平等就业和选择职业的权利、取得劳动报酬的权利、休息休假的权利、获得劳动安全卫生保护的权利、接受职业技能培训的权利、享受社会保险和福利的权利、提请劳动争议处理的权利以及法律规定的其他劳动权利。

劳动者应当完成劳动任务，提高职业技能，执行劳动安全卫生规程，遵守劳动纪律和职业道德。

条文解读

劳动者的权利 ➲《劳动法》对于劳动者权利的规定比较广泛，不仅有经济方面的权利，还有劳动者安全保护及提请纠纷解决等多方面的权利，主要包括：参加劳动、获取劳动安全卫生保护、享受社会保险、享受社会福利、接受职业培训、参加工会和职工民主管理、决定劳动法律关系的存续、保护合法权益不受侵犯等。

劳动者的义务 ➲ 劳动者的义务主要包括：承担劳动任务的责任、忠实的义务及因违反前两项义务所需承担的责任，如违纪处分、赔偿单位损失、违反劳动合同的违约责任等。

平等权既是《宪法》规定的公民的基本权利，也是各法律的基本规定，《劳动法》也不例外。因此，各类职工在用人单位享有的权利是平等的。过去意义上相对于“正式工”而言的“临时工”的名称已不复存在。用人单位如在临时性的工作岗位上用工，也应当与劳动者签订劳动合同并依法为其缴纳各种社会保险，但在劳动合同的期限上可以有所区别。

实务应用

02. 除了《劳动法》第3条明确列举的权利之外，劳动者还有哪些权利？

除了上述列举的权利之外，劳动者还依法享有下列权利：参加和组织工会的权利，参加职工民主管理的权利，参加社会义务劳动的权利，参加劳动竞赛的权利，提出合理化建议的权利，从事科学研究、技术革新、发明创造的权利，依法解除劳动合同的权利，对用人单位管理人员违章指挥、强令冒险作业有拒绝执行的权利，对危害生命安全和身体健康的行为有提出批评、检举和控告的权利，对违反劳动法的行为进行监督的权利等。

关联参见

《关于〈劳动法〉若干条文的说明》第3条

第四条 【用人单位规章制度】 用人单位应当依法建立和完善规章制度，保障劳动者享有劳动权利和履行劳动义务。

条文解读

规章制度 ➔ 用人单位应当依法建立和完善劳动规章制度，保障劳动者享有劳动权利、履行劳动义务。

用人单位在制定、修改或者决定有关劳动报酬、工作时间、休息休假、劳动安全卫生、保险福利、职工培训、劳动纪律以及劳动定额管理等直接涉及劳动者切身利益的规章制度或者重大事项时，应当经职工代表大会或者全体职工讨论，提出方案和意见，与工会或者职工代表平等协商确定。在规章制度和重大事项决定实施过程中，工会或者职工认为不适当的，有权向用人单位提出，通过协商予以修改完善。用人单位应当将直接涉及劳动者切身利益的规章制度和重大事项决定公示，或者告知劳动者。

实务应用

03. 用人单位的规章制度可否成为审理劳动争议的依据？

《劳动争议解释（一）》第50条第1款规定，用人单位根据《劳动合同法》第4条规定，通过民主程序制定的规章制度，不违反国家法律、行政法规及政策规定，并已向劳动者公示的，可以作为确定双方权利义务的依据。可见，用人单位的规章制度可以成为人民法院审理劳动争议案件依据的三个条件是：（1）通过民主程序制定；（2）不违反国家法律、行政法规及政策的规定；（3）已向劳动者公示。只有同时具备这三个条件的单位规章制度，才可以作为劳动争议案件审理时适用的依据。

04. 用人单位制定的内部规章制度与集体合同或劳动合同约定不一致时应如何处理？

劳动规章制度是用人单位依法制定的适用于本单位及本单位全体劳动者或部分劳动者的劳动管理规则。劳动合同是劳动者与用人单位确立劳动关系，明确双方权利和义务的协议。集体合同是用人单位与本单位职工根据法律、法规、规章的规定，就劳动报酬、工作时间、休息休假、劳动安全卫生、职业培训、保险福利等事项，通过集体协商签订的书面协议。规章制度、集体合同和劳动合同都是法院处理劳动争议的重要依据。实践中，劳动争议案件处理往往出现既有内部规章制度又有双方签订的劳动合同的情况，此时以哪一个作为依据将直接导致裁判结果的差别，对当事人的权利义务也势必产生重大影响。《劳动争议解释（一）》第50条第2款规定，用人单位制定的内部规章制度与集体合同或者劳动合同约定的内容不一致，劳动者请求优先适用合同约定的，人民法院应予支持。因此，司法实践中应以劳动者的请求作为适用规章制度或劳动合同的前提，劳动者要求优先适用规章制度或劳动合同约定的，法院应当予以支持。

案例指引

02. 用人单位无正当理由可以拒绝按规定支付劳动者绩效奖金吗？①

彭宇翔诉南京市城市建设开发（集团）
有限责任公司追索劳动报酬纠纷案

（最高人民法院审判委员会讨论通过　2022年7月4日发布）

关键词　民事/追索劳动报酬/奖金/审批义务

裁判要点

用人单位规定劳动者在完成一定绩效后可以获得奖金，其无正当理由拒绝履行审批义务，符合奖励条件的劳动者主张获奖条件成就，用人

---

① 最高人民法院指导案例182号。

单位应当按照规定发放奖金的，人民法院应予支持。

相关法条

《中华人民共和国劳动法》第4条、《中华人民共和国劳动合同法》第3条

基本案情

南京市城市建设开发（集团）有限责任公司（以下简称城开公司）于2016年8月制定《南京城开集团关于引进投资项目的奖励暂行办法》（以下简称《奖励办法》），规定成功引进商品房项目的，城开公司将综合考虑项目规模、年化平均利润值合并表等综合因素，以项目审定的预期利润或收益为奖励基数，按照0.1%-0.5%确定奖励总额。该奖励由投资开发部拟定各部门或其他人员的具体奖励构成后提出申请，经集团领导审议、审批后发放。2017年2月，彭宇翔入职城开公司担任投资开发部经理。2017年6月，投资开发部形成《会议纪要》，确定部门内部的奖励分配方案为总经理占部门奖金的75%、其余项目参与人员占部门奖金的25%。

彭宇翔履职期间，其所主导的投资开发部成功引进无锡红梅新天地、扬州GZ051地块、如皋约克小镇、徐州焦庄、高邮鸿基万和城、徐州彭城机械六项目，后针对上述六项目投资开发部先后向城开公司提交了六份奖励申请。

直至彭宇翔自城开公司离职，城开公司未发放上述奖励。彭宇翔经劳动仲裁程序后，于法定期限内诉至法院，要求城开公司支付奖励1689083元。

案件审理过程中，城开公司认可案涉六项目初步符合《奖励办法》规定的受奖条件，但以无锡等三项目的奖励总额虽经审批但具体的奖金分配明细未经审批，及徐州等三项目的奖励申请未经审批为由，主张彭宇翔要求其支付奖金的请求不能成立。对于法院“如彭宇翔现阶段就上述项目继续提出奖励申请，城开公司是否启动审核程序”的询问，城开公司明确表示拒绝，并表示此后也不会再启动六项目的审批程序。此

外，城开公司还主张，彭宇翔在无锡红梅新天地项目、如皋约克小镇项目中存在严重失职行为，二项目存在严重亏损，城开公司已就拿地业绩突出向彭宇翔发放过奖励，但均未提交充分的证据予以证明。

裁判结果

南京市秦淮区人民法院于 2018 年 9 月 11 日作出（2018）苏 0104 民初 6032 号民事判决：驳回彭宇翔的诉讼请求。彭宇翔不服，提起上诉。江苏省南京市中级人民法院于 2020 年 1 月 3 日作出（2018）苏 01 民终 10066 号民事判决：一、撤销南京市秦淮区人民法院（2018）苏 0104 民初 6032 号民事判决；二、城开公司于本判决生效之日起十五日内支付彭宇翔奖励 1259564. 4 元。

裁判理由

法院生效裁判认为：本案争议焦点为城开公司应否依据《奖励办法》向彭宇翔所在的投资开发部发放无锡红梅新天地等六项目奖励。

首先，从《奖励办法》设置的奖励对象来看，投资开发部以引进项目为主要职责，且在城开公司引进各类项目中起主导作用，故其系该文适格的被奖主体；从《奖励办法》设置的奖励条件来看，投资开发部已成功为城开公司引进符合城开公司战略发展目标的无锡红梅新天地、扬州 GZ051 地块、如皋约克小镇、徐州焦庄、高邮鸿基万和城、徐州彭城机械六项目，符合该文规定的受奖条件。故就案涉六项目而言，彭宇翔所在的投资开发部形式上已满足用人单位规定的奖励申领条件。城开公司不同意发放相应的奖励，应当说明理由并对此举证证明。但本案中城开公司无法证明无锡红梅新天地项目、如皋约克小镇项目存在亏损，也不能证明彭宇翔在二项目中确实存在失职行为，其关于彭宇翔不应重复获奖的主张亦因欠缺相应依据而无法成立。故而，城开公司主张彭宇翔所在的投资开发部实质不符合依据《奖励办法》获得奖励的理由法院不予采纳。

其次，案涉六项目奖励申请未经审核或审批程序尚未完成，不能成为城开公司拒绝支付彭宇翔项目奖金的理由。城开公司作为奖金的设立者，有权设定相应的考核标准、考核或审批流程。其中，考核标准系员工能否获奖的实质性评价因素，考核流程则属于城开公司为实现其考核权所设置的程序性流程。在无特殊规定的前提下，因流程本身并不涉及奖励评判标准，故而是否经过审批流程不能成为员工能否获得奖金的实质评价要素。城开公司也不应以六项目的审批流程未启动或未完成为由，试图阻却彭宇翔获取奖金的实体权利的实现。此外，对劳动者的奖励申请进行实体审批，不仅是用人单位的权利，也是用人单位的义务。本案中，《奖励办法》所设立的奖励系城开公司为鼓励员工进行创造性劳动所承诺给员工的超额劳动报酬，其性质上属于《国家统计局关于工资总额组成的规定》第7条规定中的“其他奖金”，此时《奖励办法》不仅应视为城开公司基于用工自主权而对员工行使的单方激励行为，还应视为城开公司与包括彭宇翔在内的不特定员工就该项奖励的获取形成的约定。现彭宇翔通过努力达到《奖励办法》所设奖励的获取条件，其向城开公司提出申请要求兑现该超额劳动报酬，无论是基于诚实信用原则，还是基于按劳取酬原则，城开公司皆有义务启动审核程序对该奖励申请进行核查，以确定彭宇翔关于奖金的权利能否实现。如城开公司拒绝审核，应说明合理理由。本案中，城开公司关于彭宇翔存在失职行为及案涉项目存在亏损的主张因欠缺事实依据不能成立，该公司也不能对不予审核的行为作出合理解释，其拒绝履行审批义务的行为已损害彭宇翔的合法权益，对此应承担相应的不利后果。

综上，法院认定案涉六项目奖励的条件成就，城开公司应当依据《奖励办法》向彭宇翔所在的投资开发部发放奖励。

关联参见

《劳动合同法》第4条；《劳动争议解释（一）》第50条

第五条　【国家发展劳动事业】 国家采取各种措施，促进劳动就业，发展职业教育，制定劳动标准，调节社会收入，完善社会保险，协调劳动关系，逐步提高劳动者的生活水平。

条文解读

职业教育 职业教育是指国家和用人单位为提高劳动者的就业能力和职业技能而采取的训练与教育措施，大多采取职业培训的方式。

调节社会收入 调节社会收入是指国家通过宏观调控措施调节全社会收入的总量以及不同地区、不同部门、不同单位、不同人员之间的收入关系，其目的是使全社会个人收入总量在国民收入中保持合理的比重，保证社会公平，促进社会发展。国家采取的主要措施是通过税收对全体社会的工资总额进行调控，将得到的税金用于国家重点建设项目和社会公益事业，为形成社会的基本公平创造条件，提高劳动者的生活水平。

关联参见

《关于〈劳动法〉若干条文的说明》第 5 条

第六条 【国家的倡导、鼓励和奖励政策】 国家提倡劳动者参加社会义务劳动，开展劳动竞赛和合理化建议活动，鼓励和保护劳动者进行科学研究、技术革新和发明创造，表彰和奖励劳动模范和先进工作者。

第七条 【工会的组织和权利】 劳动者有权依法参加和组织工会。

工会代表和维护劳动者的合法权益，依法独立自主地开展活动。

条文解读

工会 工会是中国共产党领导的职工自愿结合的工人阶级群众组织，是中国共产党联系职工群众的桥梁和纽带。中华全国总工会及其各工会组织代表职工的利益，依法维护职工的合法权益。用人单位有会员 25 人以上的，应当建立基层工会委员会；不足 25 人的，可以单独建立基层工会委员会，也可以由两个以上单位的会员联合建立基层工会委员会，也可以选举组织员一人，组织会员开展活动。女职工人数较多的，可以建立工会女职工委员会，在同级工会领导下开展工作；女职工人数较少的，可以在工会委员会中设女职工委员。企业职工较多的乡镇、城市街道，可以建立基层工会的联合会。县级以上地方建立地方各级总工会。同一行业或者性质相近的几个行业，可以根据需要建立全国的或者地方的产业工会。全国建立统一的中华全国总工会。

实务应用

05. 工会有哪些权限？

根据《工会法》的规定，我国工会的权限主要有以下几个方面：(1) 工会帮助、指导职工与企业、实行企业化管理的事业单位、社会组织签订劳动合同。工会代表职工与企业、实行企业化管理的事业单位、社会组织进行平等协商，依法签订集体合同。集体合同草案应当提交职工代表大会或者全体职工讨论通过。工会签订集体合同，上级工会应当给予支持和帮助。企业、事业单位、社会组织违反集体合同，侵犯职工劳动权益的，工会可以依法要求企业、事业单位、社会组织予以改正并承担责任；因履行集体合同发生争议，经协商解决不成的，工会可以向劳动争议仲裁机构提请仲裁，仲裁机构不予受理或者对仲裁裁决不服的，可以向人民法院提起诉讼。(2) 企业、事业单位、社会组织处分职工，工会认为不适当的，有权提出意见。用人单位单方面解除职工劳动合同时，应当事先将理由通知工会，工会认为用人单位违反法律、法规和有关合同，要求重新研究处理时，用人单位应当研究工会的意见，并将处理结果书面通知工会。职工认为用人单位侵犯其劳动权益而申请劳动争议仲裁或者向人民法院提起诉讼的，工会应当给予支持和帮助。(3) 企业、事业单位、社会组织违反劳动法律法规规定，有下列侵犯职工劳动权益情形，工会应当代表职工与企业、事业单位、社会组织交涉，要求企业、事业单位、社会组织采取措施予以改正；企业、事业单位、社会组织应当予以研究处理，并向工会作出答复；企业、事业单位、社会组织拒不改正的，工会可以提请当地人民政府依法作出处理：①克扣、拖欠职工工资的；②不提供劳动安全卫生条件的；③随意延长劳动时间的；④侵犯女职工和未成年工特殊权益的；⑤其他严重侵犯职工劳动权益的。(4) 职工因工伤亡事故和其他严重危害职工健康问题的调查处理，必须有工会参加。(5) 工会有权对企业、事业单位、社会组织侵犯职工合法权益的问题进行调查，有关单位应当予以协助。(6) 企业、事业单位、社会组织发生停工、怠工事件，工会应当代表职工同企业、事业单位、社会组织或者有关方面协商，反映职工的意见和要求并提出解决意见。(7) 工会参加企业的劳动争议调解工作。地方劳动争议仲裁组织应当有同级工会代表参加。(8) 县级以上各级总工会依法为所属工会和职工提供法律援助等法律服务。(9) 工会协助用人单位办好职工集体福利事业，做好工资、劳动安全卫生和社会保险工作。等等。

案例指引

03. 用人单位对孕期女员工"恶意调岗"如何维权？[①]

李某某于 2017 年 3 月入职宁夏某公司，签订了为期 2 年的劳动合同，岗位系办公室文员。2018 年 11 月，李某某因怀孕向单位请了两周保胎假，休完假后正常复岗工作。2019 年 1 月 22 日，单位以李某某工作表现不符合岗位职责为由，将其调到销售岗位。李某某不同意，认为以目前自身情况无法完成销售任务。公司以李某某不服从管理为由，要求她递交辞职报告。1 月 24 日，李某某来到银川市总工会职工（农民工）法律援助工作站求助。法律援助工作站联系该公司负责人核实情况，并告知其违反了用人单位在女职工孕期不得单方解除劳动合同的法律规

---

① 参见《全国妇联发布"依法维护妇女儿童权益十大案例"》(2019 年 11 月 28 日发布)，宁夏李某某孕期被劝退仲裁维权案：孕期调岗被劝退 仲裁调解重返岗，载中国妇女网 http://www.cnwomen.com.cn/2019/11/28/99182618.html，最后访问日期：2023 年 5 月 19 日。

定。该公司负责人态度强硬，称劝退不是辞退，没有违反法律规定。

面对这种情况，法律援助工作站为李某某指派了律师，代写了劳动仲裁申请书，递交到银川市劳动人事争议仲裁院。用人单位收到劳动人事争议仲裁院的通知后，考虑到如果败诉将承担不利法律后果，公司负责人主动要求调解。2019 年 3 月 12 日，仲裁庭根据《劳动合同法》《女职工劳动保护特别规定》进行裁前调解。经调解，用人单位同意不予辞退，李某某返回原岗位，安排每日一定时间的工间休息，并根据《宁夏回族自治区女职工劳动保护办法》相关规定，将两周保胎假计入产假，补发此前扣发的两周工资。

本案是一起典型的用人单位"恶意调岗"侵犯孕期女职工权益的案件。用人单位出于规避法律的故意，无视劳动合同的约定，将怀孕女职工调整到相对繁重的工作岗位，然后以女职工不服从调整或者不能胜任工作岗位为由"劝退"，达到辞退女职工的目的。这种做法侵犯了女职工的生育权利，在现实中具有一定的代表性。我国《女职工劳动保护特别规定》第 6 条明确规定了孕期调岗的情形，即女职工在孕期不能适应原劳动的，用人单位应当根据医疗机构的证明，予以减轻劳动量或者安排其他能够适应的劳动。这种从保护女职工特殊权益角度出发的调岗，需要有医疗机构的医学证明，并且征得女职工同意，安排职级、待遇相当的职位。

李某某在被强迫调整岗位后及时向工会投诉，市总工会采取"仲裁+工会"为职工提供法律援助的维权模式，一方面向用人单位核实情况，进行普法宣传，另一方面向女职工提供法律援助，申请劳动仲裁，促成调解，最大限度维护女职工权益。

关联参见

《劳动合同法》第 6 条、第 64 条、第 78 条；《工会法》第 23 条、第 39 条；《关于〈劳动法〉若干条文的说明》第 7 条；《工会参与劳动争议处理试行办法》

第八条　【劳动者参与民主管理和平等协商】 劳动者依照法律规定，通过职工大会、职工代表大会或者其他形式，参与民主管理或者就保护劳动者合法权益与用人单位进行平等协商。

条文解读

参与民主管理的形式 ➲ 通过职工大会、职工代表大会、参与民主管理这几种形式主要适用于国有企业。其他形式是指通过工会或推举代表。与用人单位进行平等协商的形式主要适用于非国有企业。

关联参见

《劳动合同法》第5条；《关于〈劳动法〉若干条文的说明》第6条

第九条　【劳动行政部门设置】 国务院劳动行政部门主管全国劳动工作。

县级以上地方人民政府劳动行政部门主管本行政区域内的劳动工作。

条文解读

本条是关于对劳动工作进行管理的主管机关的规定。本条第1款以法律形式明确了国务院劳动行政部门的地位和职责，第2款明确了县级以上各级地方劳动行政部门的地位和职责。

国务院劳动行政主管部门 ➲ 国务院劳动行政主管部门是指人力资源和社会保障部。

地方人民政府劳动行政主管部门 ➲ 地方人民政府劳动行政主管部门是指各级人力资源和社会保障厅、局。

劳动工作 ➲ 劳动工作在此处应作广义的理解，包括劳动就业、劳动合同和集体合同、工时和休息休假、工资、劳动安全卫生、女职工和未成年工特殊保护、职业培训、社会保险和福利、劳动争议处理、劳动监督检查以及依照法律追究违法行为人责任等。

关联参见

《劳动合同法》第73条；《劳动保障监察条例》第3条、第4条；《关于〈劳动法〉若干条文的说明》第9条

第二章　促进就业

第十条　【国家促进就业政策】 国家通过促进经济和社会发展，创造就业条件，扩大就业机会。

国家鼓励企业、事业组织、社会团体在法律、行政法规规定的范围内兴办产业或者拓展经营，增加就业。

国家支持劳动者自愿组织起来就业和从事个体经营实现就业。

实务应用

06. 促进就业的措施主要包括哪些?

《劳动法》对于促进就业只作了原则性的规定，具体规定可以参见《就业促进法》。大体来说，国家促进就业的措施主要包括以下几个方面：(1) 采取多种方式，拓宽就业渠道，增加就业岗位。国家鼓励发展劳动密集型产业、服务业，扶持中小企业，多渠道、多方式增加就业岗位；国家鼓励、支持、引导非公有制经济的发展，扩大就业，增加就业岗位；国家发展国内外贸易和国际经济合作，拓宽就业渠道；发挥投资和重大建设项目的带动就业作用，增加就业岗位。(2) 采取有利于就业的财政政策。县级以上人民政府应当根据就业状况和就业工作目标在财政预算中安排就业专项资金用于促进就业。(3) 采取税收优惠政策，鼓励企业增加就业岗位，扶持失业人员和残疾人就业。(4) 采取有利于就业的金融政策，增加中小企业融资渠道；鼓励金融机构改进金融服务，加大对中小企业的信贷支持，并对自主创业人员在一定期限内给予小额信

贷等扶持。(5) 国家建立健全失业保险制度，依法保障失业人员的基本生活，并促进其实现就业。

关联参见

《就业促进法》第二章；《关于〈劳动法〉若干条文的说明》第10条

第十一条 【地方政府促进就业措施】 地方各级人民政府应当采取措施，发展多种类型的职业介绍机构，提供就业服务。

条文解读

多种类型的职业介绍机构 多种类型的职业介绍机构是指劳动部门、非劳动部门和个人开办的职业介绍机构，各级劳动就业服务机构开办的职业介绍机构，非劳动部门针对不同的求职对象开办的职业介绍机构等。各种类型的职业介绍机构业务范围不同。

人民政府的就业服务 对于发展职业介绍机构、提供就业服务的具体措施，《就业促进法》进行了详细的规定。县级以上人民政府建立健全公共就业服务体系，设立公共就业服务机构，为劳动者免费提供以下服务：(1) 就业政策法规咨询；(2) 职业供求信息、市场工资指导价位和职业培训信息发布；(3) 职业指导和职业介绍；(4) 对就业困难人员实施就业援助；(5) 办理就业登记、失业登记等事务；(6) 其他公共就业服务。

关联参见

《就业促进法》第四章；《就业服务与就业管理规定》第四章；《关于〈劳动法〉若干条文的说明》第11条

第十二条 【就业平等原则】 劳动者就业，不因民族、种族、性别、宗教信仰不同而受歧视。

条文解读

平等就业权 ➔ 平等就业权包含三层含义：一是任何公民都平等地享有就业的权利和资格，不因民族、种族、性别、宗教信仰而受到限制；二是在应聘某一职位时，任何公民都需平等地参与竞争，任何人不得享有特权，也不得对任何人予以歧视；三是平等不等于同等，平等是指对于符合要求、符合特殊职位条件的人，应给予他们平等的机会，而不是不论条件如何都同等对待。

案例指引

04. 以地域事由拒绝招用人员是否涉嫌就业歧视？①

闫佳琳诉浙江喜来登度假村有限公司平等就业权纠纷案

（最高人民法院审判委员会讨论通过 2022 年 7 月 4 日发布）

关键词 民事/平等就业权/就业歧视/地域歧视

裁判要点

用人单位在招用人员时，基于地域、性别等与“工作内在要求”无必然联系的因素，对劳动者进行无正当理由的差别对待的，构成就业歧视，劳动者以平等就业权受到侵害，请求用人单位承担相应法律责任的，人民法院应予支持。

相关法条

《中华人民共和国就业促进法》第 3 条、第 26 条

基本案情

2019 年 7 月，浙江喜来登度假村有限公司（以下简称喜来登公司）通过智联招聘平台向社会发布了一批公司人员招聘信息，其中包含有

① 最高人民法院指导案例 185 号。

“法务专员”“董事长助理”两个岗位。2019年7月3日，闫佳琳通过智联招聘手机App软件针对喜来登公司发布的前述两个岗位分别投递了求职简历。闫佳琳投递的求职简历中，包含有姓名、性别、出生年月、户口所在地、现居住城市等个人基本信息，其中户口所在地填写为“河南南阳”，现居住城市填写为“浙江杭州西湖区”。据杭州市杭州互联网公证处出具的公证书记载，公证人员使用闫佳琳的账户、密码登录智联招聘App客户端，显示闫佳琳投递的前述“董事长助理”岗位在2019年7月4日14点28分被查看，28分时给出岗位不合适的结论，“不合适原因：河南人”；“法务专员”岗位在同日14点28分被查看，29分时给出岗位不合适的结论，“不合适原因：河南人”。闫佳琳因案涉公证事宜，支出公证费用1000元。闫佳琳向杭州互联网法院提起诉讼，请求判令喜来登公司赔礼道歉、支付精神抚慰金以及承担诉讼相关费用。

裁判结果

杭州互联网法院于2019年11月26日作出（2019）浙0192民初6405号民事判决：一、被告喜来登公司于本判决生效之日起十日内赔偿原告闫佳琳精神抚慰金及合理维权费用损失共计10000元。二、被告喜来登公司于本判决生效之日起十日内，向原告闫佳琳进行口头道歉并在《法制日报》[①] 公开登报赔礼道歉（道歉声明的内容须经本院审核）；逾期不履行，本院将在国家级媒体刊登判决书主要内容，所需费用由被告喜来登公司承担。三、驳回原告闫佳琳其他诉讼请求。宣判后，闫佳琳、喜来登公司均提起上诉。杭州市中级人民法院于2020年5月15日作出（2020）浙01民终736号民事判决：驳回上诉，维持原判。

裁判理由

法院生效裁判认为：平等就业权是劳动者依法享有的一项基本权利，既具有社会权利的属性，亦具有民法上的私权属性，劳动者享有平等就业权是其人格独立和意志自由的表现，侵害平等就业权在民法领域

① 现为《法治日报》。

侵害的是一般人格权的核心内容——人格尊严，人格尊严重要的方面就是要求平等对待，就业歧视往往会使人产生一种严重的受侮辱感，对人的精神健康甚至身体健康造成损害。据此，劳动者可以在其平等就业权受到侵害时向人民法院提起民事诉讼，寻求民事侵权救济。

闫佳琳向喜来登公司两次投递求职简历，均被喜来登公司以“河南人”不合适为由予以拒绝，显然在针对闫佳琳的案涉招聘过程中，喜来登公司使用了主体来源的地域空间这一标准对人群进行归类，并根据这一归类标准而给予闫佳琳低于正常情况下应当给予其他人的待遇，即拒绝录用，可以认定喜来登公司因“河南人”这一地域事由要素对闫佳琳进行了差别对待。

《中华人民共和国就业促进法》第三条在明确规定民族、种族、性别、宗教信仰四种法定禁止区分事由时使用“等”字结尾，表明该条款是一个不完全列举的开放性条款，即法律除认为前述四种事由构成不合理差别对待的禁止性事由外，还存在与前述事由性质一致的其他不合理事由，亦为法律所禁止。何种事由属于前述条款中“等”的范畴，一个重要的判断标准是，用人单位是根据劳动者的专业、学历、工作经验、工作技能以及职业资格等与“工作内在要求”密切相关的“自获因素”进行选择，还是基于劳动者的性别、户籍、身份、地域、年龄、外貌、民族、种族、宗教等与“工作内在要求”没有必然联系的“先赋因素”进行选择，后者构成为法律禁止的不合理就业歧视。劳动者的“先赋因素”，是指人们出生伊始所具有的人力难以选择和控制的因素，法律作为一种社会评价和调节机制，不应该基于人力难以选择和控制的因素给劳动者设置不平等条件；反之，应消除这些因素给劳动者带来的现实上的不平等，将与“工作内在要求”没有任何关联性的“先赋因素”作为就业区别对待的标准，根本违背了公平正义的一般原则，不具有正当性。

本案中，喜来登公司以地域事由要素对闫佳琳的求职申请进行区别对待，而地域事由属于闫佳琳乃至任何人都无法自主选择、控制的与生俱来的“先赋因素”，在喜来登公司无法提供客观有效的证据证明，地域要素与闫佳琳申请的工作岗位之间存在必然的内在关联或存在其他的合法目的的情况下，喜来登公司的区分标准不具有合理性，构成法定禁止事由。故喜来登公司在案涉招聘活动中提出与职业没有必然联系的地域事由对闫佳琳进行区别对待，构成对闫佳琳的就业歧视，损害了闫佳琳平等地获得就业机会和就业待遇的权益，主观上具有过错，构成对闫佳琳平等就业权的侵害，依法应承担公开赔礼道歉并赔偿精神抚慰金及合理维权费用的民事责任。

关联参见

《就业促进法》第3条

第十三条　【妇女享有与男子平等的就业权利】妇女享有与男子平等的就业权利。在录用职工时，除国家规定的不适合妇女的工种或者岗位外，不得以性别为由拒绝录用妇女或者提高对妇女的录用标准。

条文解读

妇女享有同男子平等的就业权利；凡是适合妇女从事劳动的岗位，用人单位不得以性别为由拒绝录用；凡是适合妇女从事的工作或者岗位，用人单位在招收职工时不得提高对妇女的录用标准。

不适合妇女的工种或者岗位 ➲ 不适合妇女的工种或者岗位主要是指《女职工劳动保护特别规定》中“女职工禁忌从事的劳动范围”中规定的禁止安排妇女从事的工种或者岗位。可见，确保妇女平等就业权的实现，是以照顾妇女生理特点为前提的。

05. 网络招聘服务平台上发布含有“男士优先”等歧视性招聘信息是否合法?①

北京市海淀区部分用人单位在网络招聘服务平台上发布含有“男士优先”“限男性”等性别歧视性内容的网络招聘信息，海淀区某人力资源服务机构以提供网络招聘服务平台为服务方式，在为劳动者求职和用人单位招用人员提供服务的过程中，对用人单位提供的含有性别歧视性内容的网络招聘信息进行平台发布，未尽到审核义务。用人单位和人力资源服务机构的上述行为，侵犯了妇女平等就业的合法权益，损害了社会公共利益。

北京铁路运输检察院（以下简称北京铁检院）开展“保障妇女权益，促进平等就业”专项活动，依托构建的网络招聘服务平台就业歧视公益诉讼线索发现模型，对北京各大网络招聘服务平台开展大数据筛查，发现海淀区 4 家用人单位在发布招聘平面设计学徒、现场代表、客服经理等工作岗位时，岗位要求中存在“男士优先”“限男性”等性别歧视性内容，于 2022 年 4 月 6 日以行政公益诉讼立案。进一步调查发现，在海淀区某人力资源服务机构运营的大型网络招聘服务平台上，有 13 家外省市用人单位存在发布性别歧视网络招聘信息的违法行为。北京铁检院经审查认为，根据《中华人民共和国妇女权益保障法》《中华人民共和国就业促进法》《人力资源市场暂行条例》《网络招聘服务管理规定》等法律法规规定，北京市海淀区人力资源和社会保障局（以下简称海淀区人社局）负有监管职责。2022 年 4 月 20 日，北京铁检院与海淀区人社局召开座谈会并发出检察建议书，督促行政机关对存在违

---

① 参见《妇女权益保障检察公益诉讼典型案例》（2022 年 11 月 25 日发布），北京铁路运输检察院督促整治妇女就业歧视行政公益诉讼案，载最高人民检察院网 https://www.spp.gov.cn/xwfbh/dxal/202211/t20221125_593721.shtml，最后访问日期：2023 年 5 月 19 日。

法行为的用人单位及未尽审核义务的网络招聘服务平台依法查处，健全网络招聘服务监管机制，加大对辖区内人力资源服务机构开展网络招聘服务的监管力度。

检察建议发出后，行政机关积极开展整改工作：一是对4家用人单位逐一核查，督促用人单位对发布的网络招聘信息进行修改，删除性别歧视性岗位要求；二是督促涉案的某人力资源服务机构对其发布在网络招聘服务平台上的网络招聘信息自行全面筛查，及时发现并纠正违法信息，并对该人力资源服务机构分阶段开展三轮检查，确保该机构在平台发布的169家企业的网络招聘信息合法，全面整改到位；三是在辖区内开展人力资源服务行业规范经营自查行动和“以案释法”法规宣讲活动，切实保障辖区内人力资源服务机构规范化、专业化经营；四是通过督促机构自查自改和“双随机”检查相结合的方式，实现对辖区内人力资源服务机构的常态化监管。

收到行政机关书面回复后，北京铁检院积极开展跟进监督，通过网上核实行政机关履职情况，确认相关违法情形已经消除，社会公益已得到有效维护。2022年7月，北京铁检院与海淀区人社局召开座谈会，就检察建议整改、后续监管等情况深入交流，进一步凝聚共识，共同促进妇女就业、维护社会公益。

反对就业歧视，保障妇女平等就业和自主择业的权利，是尊重和保障妇女权益的必然要求。随着网络招聘模式的逐渐普及，妇女就业歧视的违法行为更趋隐蔽，给行政机关监管、妇女就业维权带来一定困难。本案中，检察机关从网络招聘服务平台的监管盲区入手，依托大数据筛查，通过制发检察建议，激发行政机关监督执法主动性，规范网络招聘服务平台审核管理职责，有效避免歧视性招聘信息的发布，拓宽妇女就业渠道，注重溯源治理，推动形成妇女权益保护合力，实现了双赢多赢共赢的办案效果。

关联参见

《就业促进法》第62条；《女职工劳动保护特别规定》；《关于〈劳动法〉若干条文的说明》第13条

第十四条 【特殊就业群体的就业保护】 残疾人、少数民族人员、退出现役的军人的就业，法律、法规有特别规定的，从其规定。

实务应用

07. 残疾人就业有哪些特殊规定？

《残疾人就业条例》第22条规定，中国残疾人联合会及其地方组织所属的残疾人就业服务机构应当免费为残疾人就业提供下列服务：(1) 发布残疾人就业信息；(2) 组织开展残疾人职业培训；(3) 为残疾人提供职业心理咨询、职业适应评估、职业康复训练、求职定向指导、职业介绍等服务；(4) 为残疾人自主择业提供必要的帮助；(5) 为用人单位安排残疾人就业提供必要的支持。国家鼓励其他就业服务机构为残疾人就业提供免费服务。第24条规定，残疾人职工与用人单位发生争议的，当地法律援助机构应当依法为其提供法律援助，各级残疾人联合会应当给予支持和帮助。

08. 少数民族人员就业有哪些特殊规定？

我国对少数民族人员就业的特殊规定主要包括：(1) 民族自治地方的企业、事业单位依照国家规定招收人员时，优先招收少数民族人员，并且可以从农村和牧区少数民族人口中招收。(2) 上级国家机关隶属的在民族自治地方的企业、事业单位依照国家规定招收人员时，优先招收当地少数民族人员。

09. 退役军人就业有哪些特殊规定？

退役军人，是指从中国人民解放军依法退出现役的军官、军士和义务兵等人员。国务院退役军人工作主管部门负责全国的退役军人保障工作。县级以上地方人民政府退役军人工作主管部门负责本行政区域的退役军人保障工作。中央和国家有关机关、中央军事委员会有关部门、地方各级有关机关应当在各自职责范围内做好退役军人保障工作。军队各级负责退役军人有关工作的部门与县级以上人民政府退役军人工作主管部门应当密切配合，做好退役军人保障工作。

对退役的军士，国家采取逐月领取退役金、自主就业、安排工作、退休、供养等方式妥善安置。服现役不满规定年限，以自主就业方式安置的，领取一次性退役金。对退役的义务兵，国家采取自主就业、安排工作、供养等方式妥善安置。以自主就业方式安置的，领取一次性退役金。

转业军官、安排工作的军士和义务兵，由机关、群团组织、事业单位和国有企业接收安置。对下列退役军人，优先安置：（1）参战退役军人；（2）担任作战部队师、旅、团、营级单位主官的转业军官；（3）属于烈士子女、功臣模范的退役军人；（4）长期在艰苦边远地区或者特殊岗位服现役的退役军人。

机关、群团组织、事业单位接收安置转业军官、安排工作的军士和义务兵的，应当按照国家有关规定给予编制保障。国有企业接收安置转业军官、安排工作的军士和义务兵的，应当按照国家规定与其签订劳动合同，保障相应待遇。前述规定的用人单位依法裁减人员时，应当优先留用接收安置的转业和安排工作的退役军人。

国家采取政府推动、市场引导、社会支持相结合的方式，鼓励和扶持退役军人就业创业。各级人民政府应当加强对退役军人就业创业的指导和服务。县级以上地方人民政府退役军人工作主管部门应当加强对退役军人就业创业的宣传、组织、协调等工作，会同有关部门采取退役军人专场招聘会等形式，开展就业推荐、职业指导，帮助退役军人就业。

公共人力资源服务机构应当免费为退役军人提供职业介绍、创业指导等服务。国家鼓励经营性人力资源服务机构和社会组织为退役军人就业创业提供免费或者优惠服务。退役军人未能及时就业的，在人力资源和社会保障部门办理求职登记后，可以按照规定享受失业保险待遇。

机关、群团组织、事业单位和国有企业在招录或者招聘人员时，对退役军人的年龄和学历条件可以适当放宽，同等条件下优先招录、招聘退役军人。退役的军士和义务兵服现役经历视为基层工作经历。退役的军士和义务兵入伍前是机关、群团组织、事业单位或者国有企业人员的，退役后可以选择复职复工。

各地应当设置一定数量的基层公务员职位，面向服现役满 5 年的高校毕业生退役军人招考。服现役满 5 年的高校毕业生退役军人可以报考面向服务基层项目人员定向考录的职位，同服务基层项目人员共享公务员定向考录计划。各地应当注重从优秀退役军人中选聘党的基层组织、社区和村专职工作人员。军队文职人员岗位、国防教育机构岗位等，应当优先选用符合条件的退役军人。国家鼓励退役军人参加稳边固边等边疆建设工作。

案例指引

06. 不属于国家规定的不适合妇女的工种或者岗位，却限招男性是否合法？[①]

2022 年 5 月，一名“益心为公”检察云平台志愿者向上海市松江区人民检察院（以下简称松江区院）反映，近期本区残疾人线上专场招聘中，部分招聘岗位指向性明显，涉嫌性别歧视。松江区院迅速研判并调查核实，发现该招聘活动系 2022 年松江区国有企业招录残疾人线上专场招聘，旨在帮扶残疾人就业。招聘启事中有企业岗位设定性别限制，岗位信息显示：上海某置业公司招聘招标审价员 1 人，性别男，岗

① 参见《妇女权益保障检察公益诉讼典型案例》（2022 年 11 月 25 日发布），上海市松江区人民检察院督促保护残疾妇女平等就业权行政公益诉讼案，载最高人民检察院网 https：//www.spp.gov.cn/xwfbh/dxal/202211/t20221125_ 593721.shtml，最后访问日期：2023 年 5 月 19 日。

位要求是遵守国家法律法规，爱岗敬业，品行端正；具有全日制本科及以上学历，理工类相关或相近专业；具有5年以上招标审价工作经验。上海某园林公司招聘绿化修剪工1人，性别男，岗位要求是熟悉园艺修剪，能够适当从事体力劳动。松江区院经审查认为，上述岗位并不属于国家规定的不适合妇女的工种或者岗位，却限招男性，侵害残疾妇女平等就业权，损害了社会公共利益。根据《中华人民共和国劳动法》《中华人民共和国就业促进法》等相关法律规定，松江区人力资源和社会保障局（以下简称区人社局）负有监督管理职责。2022年5月30日，松江区院以行政公益诉讼立案并开展调查取证。

2022年6月8日，松江区院举行线上公开听证会，邀请区人社局、区国有资产监督管理委员会（以下简称区国资委）、区残疾人联合会（以下简称区残联）、人民监督员、“益心为公”志愿者及用人单位代表共同参与听证，就公益侵害事实、如何保护妇女平等就业权等问题开展探讨并取得共识，一致认为涉案企业积极落实帮扶残疾人群体就业值得肯定，但在招聘岗位并不属于国家规定的不适合妇女的工种或者岗位、仅限招录男性的做法，违反了《中华人民共和国妇女权益保障法》等法律规定，未充分保障残疾妇女平等就业权。听证会结束后，松江区院依法向区人社局发出行政公益诉讼诉前检察建议，建议其履行保障残疾妇女平等就业权的法定监管职责，并协同有关职能部门进一步规范辖区内企业单位招聘工作，建立健全长效工作机制。同时，松江区院向区国资委、区残疾人就业促进指导中心分别制发《关于进一步规范辖区国有企业招聘工作的提示函》《关于进一步优化辖区残疾人就业指导工作的提示函》，提示规范招聘信息征集、发布流程管理，凝聚多部门工作保护合力。

各行政机关收到检察建议或提示函后高度重视，并积极推动整改。区人社局回函表示，已第一时间约谈涉案企业，责令立即改正违法行为，并就规范辖区内企业单位的招聘工作进行了整体部署；区国资委回函表示，已删除原招聘链接并重新制作后予以发布；区残疾人就业促进指导中心回函表示，已向各街镇残联下发通知，取消性别限制，延长报名时间，同时优化招聘工作流程与机制，截至目前已有残疾女性报名。

收到回函后，松江区院通过线下上门走访、线上调查核实等方式进行跟进监督，确认了相关整改事实，社会公共利益得到维护。同时，为进一步做好溯源治理，松江区院与区妇女联合会建立工作机制，全方位保护残疾妇女合法权益。

国家高度关注残疾人就业，2022 年全国助残日主题就是“促进残疾人就业，保障残疾人权益”。本案中，检察机关围绕残疾女性的平等就业权开展公益诉讼，依法向主管行政机关发出诉前检察建议，督促及时纠正违法招聘行为、消除就业歧视。既立足残疾人弱势群体保护，也着眼妇女平等就业权保障。同时，坚持以“我管”促“都管”，注重拓展办案效果，分别向相关部门发出工作提示函，督促其进一步优化就业招聘工作机制，形成多元主体协同保护残疾妇女合法权益的治理格局。

关联参见

《就业促进法》第 28 条、第 29 条；《残疾人保障法》第 32 条、第 34 条；《退役军人保障法》第三章、第五章；《关于〈劳动法〉若干条文的说明》第 14 条

第十五条　【使用童工的禁止】 禁止用人单位招用未满十六周岁的未成年人。

文艺、体育和特种工艺单位招用未满十六周岁的未成年人，必须遵守国家有关规定，并保障其接受义务教育的权利。

条文解读

本条中的国家有关规定主要指《关于界定文艺工作者、运动员、艺徒概念的通知》《使用童工罚款标准的规定》等。

在我国，使用童工行为是法律严格禁止的，但是有一类特殊情况，

即根据《禁止使用童工规定》第13条，文艺、体育单位经未成年人的父母或者其他监护人同意，可以招用不满16周岁的专业文艺工作者、运动员。用人单位应当保障被招用的不满16周岁的未成年人的身心健康，保障其接受义务教育的权利。

文艺、体育单位招用不满16周岁的专业文艺工作者、运动员至少必须符合以下三个基本条件：（1）只限于文艺或者体育单位的招用行为，其他单位不可以；（2）必须经未成年人的父母或者其他监护人同意；（3）必须保障未成年人的身心健康，保障其接受义务教育的权利。

案例指引

07. 非法雇佣童工受伤应该由谁担责？①

2012年6月，15岁的陈某到舒某经营的某轮胎修理厂做学徒工。当月8日，在支千斤顶的过程中，挂车一端下坠将陈某左脚砸伤导致入院治疗，因双方对赔偿事宜未能协商达成一致意见，原告李某诉至法院要求被告舒某赔偿其相关损失。科尔沁区人民法院经审理认为，原告陈某为被告舒某提供劳务，双方形成劳务关系。原告陈某因劳务受到损害，应根据双方各自的过错承担相应的责任。原告陈某系未满16周岁的未成年人，又是学徒工，根据其年龄及从业经验，其对从事工作的危险性必然缺乏足够的认知，被告舒某使用未满16周岁的未成年人为工，违反了《未成年人保护法》第61条“任何组织或者个人不得招用未满十六周岁未成年人，国家另有规定的除外”的规定，其行为存在过错；舒某在违法招用原告陈某后，应对陈某承担相应的教导、注意及管理义务，被告舒某放任原告陈某参与危险工作，没有尽到注意的义务，管理上存在严重的疏漏，舒某对陈某人身遭受伤害有过错，应当承担赔偿责任。原告陈某对事故的发生没有过错，但陈某未满16周岁即自己出来打

---

① 参见科尔沁区人民法院：《雇佣的“童工”劳动受伤　雇主家长皆有责》，载通辽市中级人民法院网 http://tlzy.nmgfy.gov.cn/article/detail/2020/05/id/5241204.shtml，最后访问日期：2023年5月19日。

工，是其监护人未能尽到监护责任，可以酌情减轻舒某赔偿责任的15%。判决被告舒某赔偿原告陈某经济损失57471.82元，其余部分由原告监护人承担。该案上诉后，通辽市中级人民法院判决驳回上诉，维持原判。

关联参见

《禁止使用童工规定》;《关于〈劳动法〉若干条文的说明》第15条

第三章　劳动合同和集体合同

第十六条　【劳动合同的概念】劳动合同是劳动者与用人单位确立劳动关系、明确双方权利和义务的协议。

建立劳动关系应当订立劳动合同。

条文解读

建立劳动关系➲建立劳动关系，应当订立书面劳动合同。已建立劳动关系，未同时订立书面劳动合同的，应当自用工之日起1个月内订立书面劳动合同。用人单位与劳动者在用工前订立劳动合同的，劳动关系自用工之日起建立。

涉外劳动关系的认定➲外国人、无国籍人未依法取得就业证件即与中华人民共和国境内的用人单位签订劳动合同，当事人请求确认与用人单位存在劳动关系的，人民法院不予支持。持有《外国专家证》并取得《外国专家来华工作许可证》的外国人，与中华人民共和国境内的用人单位建立用工关系的，可以认定为劳动关系。

劳动合同的种类➲劳动合同分为固定期限劳动合同、无固定期限劳动合同和以完成一定工作任务为期限的劳动合同。固定期限劳动合同，是指用人单位与劳动者约定合同终止时间的劳动合同。用人单位与劳动者协商一致，可以订立固定期限劳动合同。无固定期限劳动合同，是指用人单位与劳动者约定无确定终止时间的劳动合同。以完成一定工作任务为期限的劳动合同，是指用人单位与劳动者约定以某项工作的完成为合同期限的劳动合同。用人单位与劳动者协商一致，可以订立以完成一定工作任务为期限的劳动合同。

实务应用

10. 用人单位发生法定代表人变更、分立或合并情况时，如何处理劳动合同？

根据《关于实行劳动合同制度若干问题的通知》的规定，企业法定代表人的变更，不影响劳动合同的履行，用人单位和劳动者不需因此重新签订劳动合同。根据《关于贯彻执行〈中华人民共和国劳动法〉若干问题的意见》（以下简称《劳动法意见》）的规定，用人单位发生分立或合并后，分立或合并后的用人单位可以依照其实际情况与原用人单位的劳动者遵循平等自愿、协商一致的原则变更原劳动合同。

11. 明知是即将毕业的高校学生，用人单位仍与其签订劳动合同，劳动关系是否成立？

即将毕业的高校学生以就业为目的与用人单位签订劳动合同，且接受用人单位管理，按合同约定付出劳动；用人单位在明知求职者系在校学生的情况下，仍与之订立劳动合同并向其发放劳动报酬的，该劳动合同合法有效，应当认定双方之间形成劳动合同关系。

案例指引

08. 双方签订合作经营协议，能否据此确认存在劳动关系？①

聂美兰诉北京林氏兄弟文化有限公司确认劳动关系案

（最高人民法院审判委员会讨论通过　2022 年 7 月 4 日发布）

关键词　民事/确认劳动关系/合作经营/书面劳动合同

① 最高人民法院指导案例 179 号。

裁判要点

1. 劳动关系适格主体以“合作经营”等为名订立协议，但协议约定的双方权利义务内容、实际履行情况等符合劳动关系认定标准，劳动者主张与用人单位存在劳动关系的，人民法院应予支持。

2. 用人单位与劳动者签订的书面协议中包含工作内容、劳动报酬、劳动合同期限等符合劳动合同法第十七条规定的劳动合同条款，劳动者以用人单位未订立书面劳动合同为由要求支付第二倍工资的，人民法院不予支持。

相关法条

《中华人民共和国劳动合同法》第10条、第17条、第82条

基本案情

2016年4月8日，聂美兰与北京林氏兄弟文化有限公司（以下简称林氏兄弟公司）签订了《合作设立茶叶经营项目的协议》，内容为：“第一条：双方约定，甲方出资进行茶叶项目投资，聘任乙方为茶叶经营项目经理，乙方负责公司的管理与经营。第二条：待项目启动后，双方相机共同设立公司，乙方可享有管理股份。第三条：利益分配：在公司设立之前，乙方按基本工资加业绩方式取酬。公司设立之后，按双方的持股比例进行分配。乙方负责管理和经营，取酬方式：基本工资+业绩、奖励+股份分红。第四条：双方在运营过程中，未尽事宜由双方友好协商解决。第五条：本合同正本一式两份，公司股东各执一份。”

协议签订后，聂美兰到该项目上工作，工作内容为负责《中国书画》艺术茶社的经营管理，主要负责接待、茶叶销售等工作。林氏兄弟公司的法定代表人林德汤按照每月基本工资10000元的标准，每月15日通过银行转账向聂美兰发放上一自然月工资。聂美兰请假需经林德汤批准，且实际出勤天数影响工资的实发数额。2017年5月6日林氏兄弟公司通知聂美兰终止合作协议。聂美兰实际工作至2017年5月8日。

聂美兰申请劳动仲裁，认为双方系劳动关系并要求林氏兄弟公司支付未签订书面劳动合同二倍工资差额，林氏兄弟公司主张双方系合作关

系。北京市海淀区劳动人事争议仲裁委员会作出京海劳人仲字（2017）第9691号裁决：驳回聂美兰的全部仲裁请求。聂美兰不服仲裁裁决，于法定期限内向北京市海淀区人民法院提起诉讼。

裁判结果

北京市海淀区人民法院于2018年4月17日作出（2017）京0108民初45496号民事判决：一、确认林氏兄弟公司与聂美兰于2016年4月8日至2017年5月8日期间存在劳动关系；二、林氏兄弟公司于判决生效后七日内支付聂美兰2017年3月1日至2017年5月8日期间工资22758.62元；三、林氏兄弟公司于判决生效后七日内支付聂美兰2016年5月8日至2017年4月7日期间未签订劳动合同二倍工资差额103144.9元；四、林氏兄弟公司于判决生效后七日内支付聂美兰违法解除劳动关系赔偿金27711.51元；五、驳回聂美兰的其他诉讼请求。林氏兄弟公司不服一审判决，提出上诉。北京市第一中级人民法院于2018年9月26日作出（2018）京01民终5911号民事判决：一、维持北京市海淀区人民法院（2017）京0108民初45496号民事判决第一项、第二项、第四项；二、撤销北京市海淀区人民法院（2017）京0108民初45496号民事判决第三项、第五项；三、驳回聂美兰的其他诉讼请求。林氏兄弟公司不服二审判决，向北京市高级人民法院申请再审。北京市高级人民法院于2019年4月30日作出（2019）京民申986号民事裁定：驳回林氏兄弟公司的再审申请。

裁判理由

法院生效裁判认为：申请人林氏兄弟公司与被申请人聂美兰签订的《合作设立茶叶经营项目的协议》系自愿签订的，不违反强制性法律、法规规定，属有效合同。对于合同性质的认定，应当根据合同内容所涉及的法律关系，即合同双方所设立的权利义务来进行认定。双方签订的协议第一条明确约定聘任聂美兰为茶叶经营项目经理，“聘任”一词一般表明当事人有雇佣劳动者为其提供劳动之意；协议第三条约定了聂美兰的取酬方式，无论在双方设定的目标公司成立之前还是之后，聂美兰均可获得“基本工资”“业绩”等报酬，与合作经营中的收益分配明显不符。合作经营合同的典型特征是共同出资，共担风险，本案合同中既未约定聂美兰出资比例，也未约定共担风险，与合作经营合同不符。从本案相关证据上看，聂美兰接受林氏兄弟公司的管理，按月汇报员工的考勤、款项分配、开支、销售、工作计划、备用金的申请等情况，且所发工资与出勤天数密切相关。双方在履行合同过程中形成的关系，符合劳动合同中人格从属性和经济从属性的双重特征。故原判认定申请人与被申请人之间存在劳动关系并无不当。双方签订的合作协议还可视为书面劳动合同，虽缺少一些必备条款，但并不影响已约定的条款及效力，仍可起到固定双方劳动关系、权利义务的作用，二审法院据此依法改判是正确的。林氏兄弟公司于 2017 年 5 月 6 日向聂美兰出具了《终止合作协议通知》，告知聂美兰终止双方的合作，具有解除双方之间劳动关系的意思表示，根据《最高人民法院关于民事诉讼证据的若干规定》第 6 条，在劳动争议纠纷案件中，因用人单位作出的开除、除名、辞退、解除劳动合同等决定而发生的劳动争议，由用人单位负举证责任，林氏兄弟公司未能提供解除劳动关系原因的相关证据，应当承担不利后果。二审法院根据本案具体情况和相关证据所作的判决，并无不当。

关联参见

《劳动合同法》第 7 条、第 10 条；《劳动合同法实施条例》第 4-7 条、第 13-15 条；《劳动法意见》第 12 条；《劳动争议解释（一）》第 33 条

第十七条　【订立和变更劳动合同的原则】订立和变更劳动合同，应当遵循平等自愿、协商一致的原则，不得违反法律、行政法规的规定。

劳动合同依法订立即具有法律约束力，当事人必须履行劳动合同规定的义务。

条文解读

劳动合同 ➔ 劳动合同是合同的一种，应当符合《劳动合同法》规定的订立合同的基本原则。但是劳动合同与民事合同又有着很大的不同，合同双方在地位上往往具有很大程度的不平等性，因此对于订立劳动合同的基本原则，法律特别强调了平等自愿和协商一致的原则，以期保护处于弱势地位的劳动者的合法权益。

实务应用

12. 签订劳动合同时，用人单位违背劳动者意愿或者向劳动者收取定金、保证金、抵押金的，如何处理？

《劳动合同法》第 9 条明确规定，用人单位招用劳动者，不得扣押劳动者的居民身份证或者其他证件，不得要求劳动者提供担保或者以担保名义向劳动者收取财物。按此规定，用人单位不能向劳动者收取财物作为担保，也不能要求劳动者提供保证人作为担保，同时《劳动合同法》第 84 条赋予了劳动行政部门对设定担保行为进行监督检查的职权。劳动行政部门有权对用人单位设定担保行为进行监督检查，对用人单位要求劳动者提供担保或者其他名义向劳动者收取财物的，劳动行政部门可以责令限期退还劳动者本人，按每一名劳动者 500 元以上 2000 元以下的标准处以罚款。用人单位设定担保行为对劳动者造成损害的，还应当承担赔偿责任。用人单位违反《劳动合同法》规定，扣押劳动者身份证等证件的，由劳动行政部门责令限期退还劳动者本人，并依照有关法律规定给予处罚。

同时《劳动合同法》规定，劳动合同订立应当平等自愿，协商一致，不允许一方将自己的意志强加于另一方。《劳动合同法》第 26 条规定，以欺诈、胁迫的手段或者乘人之危，使对方在违背其真实意思的情况下订立的劳动合同无效；第 38 条规定，用人单位以欺诈、胁迫的手段或者乘人之危，使劳动者在违背其真实意思的情况下订立或者变更劳动合同的，劳动者可以随时通知用人单位解除劳动合同，此时用人单位需要支付经济补偿金；第 39 条规定，劳动者以欺诈、胁迫的手段或者乘人之危，使用人单位在违背其真实意思的情况下订立或者变更劳动合同，致使劳动合同无效的，用人单位可以解除劳动合同，不需要提前通知劳动者，也不需要支付经济补偿金。

案例指引

09. 用人单位未与劳动者协商一致增加工作任务，劳动者是否有权拒绝？①

张某于 2018 年 9 月入职某报刊公司从事投递员工作，每天工作 6 小时，每周工作 6 天，月工资 3500 元。2020 年 6 月，因同区域另外一名投递员离职，某报刊公司在未与张某协商的情况下，安排其在第三季度承担该投递员的工作任务。张某认为，要完成加倍的工作量，其每天工作时间至少需延长 4 小时以上，故拒绝上述安排。某报刊公司依据员工奖惩制度，以张某不服从工作安排为由与其解除劳动合同。张某向劳动人事争议仲裁委员会（以下简称仲裁委员会）申请仲裁。要求裁决某报刊公司支付违法解除劳动合同赔偿金 14000 元。

本案的争议焦点是某报刊公司未与张某协商一致增加其工作任务，张某是否有权拒绝。《劳动合同法》第 31 条规定，“用人单位应当严格执行劳动定额标准，不得强迫或者变相强迫劳动者加班”。第 35 条规定，“用人单位与劳动者协商一致，可以变更劳动合同约定的内容”。劳动合同是明确用人单位和劳动者权利义务的书面协议，未经变更，双方均应严格按照约定履行，特别是涉及工作时间等劳动定额标准的内容。

本案中，某报刊公司超出合理限度大幅增加张某的工作任务，应视为变更劳动合同约定的内容，违反了关于“协商一致”变更劳动合同

---

① 参见《案例｜用人单位未与劳动者协商一致增加工作任务，劳动者是否有权拒绝》，载中华人民共和国人力资源和社会保障部网 http：//www. mohrss. gov. cn/SYrlzyhshbzb/ztzl/ldrszytjzc/dxal/202303/t20230322_ 497191. html，最后访问日期：2023 年 5 月 19 日。

的法律规定，已构成变相强迫劳动者加班。因此，张某有权依法拒绝上述安排。某报刊公司以张某不服从工作安排为由与其解除劳动合同不符合法律规定。故仲裁委员会依法裁决某报刊公司支付张某违法解除劳动合同赔偿金。

允许用人单位与劳动者协商一致变更劳动合同，有利于保障用人单位根据生产经营需要合理调整用工安排的权利。但要注意的是，变更劳动合同要遵循合法、公平、平等自愿、协商一致、诚实信用的原则。工作量、工作时间的变更直接影响劳动者休息权的实现，用人单位对此进行大幅调整，应与劳动者充分协商，而不应采取强迫或者变相强迫的方式，更不得违反相关法律规定。

关联参见

《劳动合同法》第 3 条、第 29 条、第 33-35 条、第 84 条；《劳动法意见》第 6-50 条

第十八条　【无效劳动合同】下列劳动合同无效：

（一）违反法律、行政法规的劳动合同；

（二）采取欺诈、威胁等手段订立的劳动合同。

无效的劳动合同，从订立的时候起，就没有法律约束力。确认劳动合同部分无效的，如果不影响其余部分的效力，其余部分仍然有效。

劳动合同的无效，由劳动争议仲裁委员会或者人民法院确认。

条文解读

无效劳动合同 无效劳动合同是指所订立的劳动合同不符合法定条件，不能发生当事人预期的法律后果的劳动合同。劳动合同的无效由劳动争议仲裁委员会或人民法院确认，不能由合同双方当事人决定。

对于无效的劳动合同，《劳动法》只规定了两种。对这一问题，

《劳动合同法》第26条进行了补充规定，规定下列劳动合同无效：(1) 以欺诈、胁迫的手段或者乘人之危，使对方在违背真实意思的情况下订立或者变更劳动合同的；(2) 用人单位免除自己的法定责任、排除劳动者权利的；(3) 违反法律、行政法规强制性规定的。

违法的劳动合同 对于违法的劳动合同，相比《劳动法》，《劳动合同法》对此进行了更为准确的界定，即只有违反法律、行政法规强制性规定的劳动合同才无效。法律、行政法规包含强制性规定和任意性规定。强制性规定排除了合同当事人的意思自治，即当事人在合同中不得合意排除法律、行政法规的强制性规定的适用，如果当事人排除了强制性规定，则构成劳动合同无效的情形。这里的强制性规定，主要是指国家制定的关于劳动者最基本劳动条件的规定，包括最低工资、工作时间、劳动安全与卫生法律法规等。劳动合同的无效，经仲裁未引起诉讼的，由劳动争议仲裁委员会认定；经仲裁引起诉讼的，由人民法院认定。

实务应用

13. 劳动合同无效的法律后果是什么？

根据《劳动合同法》第28条的规定，劳动合同被确认无效，劳动者已经付出劳动的，用人单位应当向劳动者支付劳动报酬。劳动报酬的数额，参照本单位相同或相似岗位劳动者的劳动报酬确定。但是，用人单位与劳动者有恶意串通，损害国家利益、社会公共利益或者他人合法权益的情形除外。

根据《劳动法》第97条的规定，由于用人单位的原因订立的无效合同，给劳动者造成损害的，应承担赔偿责任。

无效劳动合同被依法确认，还会导致特殊的法律后果。主要有：(1) 返还向劳动者收取的保证金或抵押证件等物品。(2) 用人单位过错导致合同全部无效，若双方主体合法，劳动者要求订立合同的，在合同终止的同时，用人单位应与之订立劳动合同。(3) 用人单位使用童工的，负有对童工安置、治疗和赔偿的责任，并承担相应的行政或刑事处罚。(4)涉及当事人故意损害国家或公共利益的，应当按规定追缴故意一方或双方取得或者约定取得的财产，收归国家所有。

14. 职工已达到法定退休年龄，超出退休年龄的劳动合同是否还有效？

《国务院关于工人退休、退职的暂行办法》第1条规定，男性年满60周岁，女性年满50周岁连续工龄满10年的，应该退休。《国务院关于安置老弱病残干部的暂行办法》第4条规定，党政机关、群众团体、企业、事业单位的干部，男年满60周岁，女年满55周岁，参加革命工作年限满10年的，可以退休。《劳动法》第18条规定，违反法律、行政法规的劳动合同无效。无效劳动合同，从订立的时候起，就没有法律约束力。超出退休年龄的劳动合同，与国家行政法规相抵触，因而是无效的。用人单位与劳动者签订劳动合同不能违反国家的法律和行政法规，违反国家规定签订的劳动合同即使双方当事人签字同意也是无效的。

案例指引

10. 提供虚假学历证书、个人履历是否导致劳动合同无效？[①]

2018年6月，某网络公司发布招聘启事，招聘计算机工程专业大学本科以上学历的网络技术人员1名。赵某为销售专业大专学历，但其向该网络公司提交了计算机工程专业大学本科学历的学历证书、个人履历等材料。后赵某与网络公司签订了劳动合同，进入网络公司从事网络技术工作。2018年9月初，网络公司偶然获悉赵某的实际学历为大专，并向赵某询问。赵某承认自己为应聘而提供虚假学历证书、个人履历的事实。网络公司认为，赵某提供虚假学历证书、个人履历属欺诈行为，严

---

① 参见《劳动者提供虚假学历证书是否导致劳动合同无效》，载新疆维吾尔自治区人力资源和社会保障厅网 https://rst.xinjiang.gov.cn/xjrst/c113095/202211/d58d345a53854b568196ce6f3abb097d.shtml，最后访问日期：2023年5月19日。

重违背诚实信用原则，根据《劳动合同法》第26条、第39条规定解除了与赵某的劳动合同。赵某不服，向劳动人事争议仲裁委员会（以下简称仲裁委员会）申请仲裁。要求裁决网络公司继续履行劳动合同。

《劳动合同法》第8条规定："用人单位招用劳动者时，应当如实告知劳动者工作内容、工作条件、工作地点、职业危害、安全生产状况、劳动报酬，以及劳动者要求了解的其他情况；用人单位有权了解劳动者与劳动合同直接相关的基本情况，劳动者应当如实说明。"第26条第1款规定："下列劳动合同无效或者部分无效：（一）以欺诈、胁迫的手段或者乘人之危，使对方在违背真实意思的情况下订立或者变更劳动合同的……"第39条规定："劳动者有下列情形之一的，用人单位可以解除劳动合同：……（五）因本法第二十六条第一款第一项规.定的情形致使劳动合同无效的……"

从上述条款可知，劳动合同是用人单位与劳动者双方协商一致达成的协议，相关信息对于是否签订劳动合同、建立劳动关系的真实意思表示具有重要影响。《劳动合同法》第8条既规定了用人单位的告知义务，也规定了劳动者的告知义务。如果劳动者违反诚实信用原则，隐瞒或者虚构与劳动合同直接相关的基本情况，根据《劳动合同法》第26条第1款规定属于劳动合同无效或部分无效的情形。用人单位可以根据《劳动合同法》第39条规定解除劳动合同并不支付经济补偿。

此外，应当注意的是，《劳动合同法》第8条"劳动者应当如实说明"应仅限于"与劳动合同直接相关的基本情况"，如履行劳动合同所必需的知识技能、学历、学位、职业资格、工作经历等，用人单位无权要求劳动者提供婚姻状况、生育情况等涉及个人隐私的信息，也即不能任意扩大用人单位知情权及劳动者告知义务的外延。

本案中，"计算机工程专业""大学本科学历"等情况与网络公司招聘的网络技术人员岗位职责、工作完成效果有密切关联性，属于"与劳动合同直接相关的基本情况"。赵某在应聘时故意提供虚假学历证书、个人履历，致使网络公司在违背真实意思的情况下与其签订了劳动合同。因此，根据《劳动合同法》第 26 条第 1 款规定，双方签订的劳动合同无效。网络公司根据《劳动合同法》第 39 条第 5 项规定，解除与赵某的劳动合同符合法律规定，故依法驳回赵某的仲裁请求。

《劳动合同法》第 3 条第 1 款规定："订立劳动合同，应当遵循合法、公平、平等自愿、协商一致、诚实信用的原则。"第 26 条规定以欺诈、胁迫的手段或者乘人之危，使对方在违背真实意思的情况下订立或者变更劳动合同的劳动合同无效或部分无效；第 39 条有关以欺诈手段订立的劳动合同无效、可以单方解除的规定，进一步体现了诚实信用原则。诚实信用既是《劳动合同法》的基本原则之一，也是社会基本道德之一。用人单位与劳动者订立劳动合同时都必须遵循诚实信用原则，建立合法、诚信、和谐的劳动关系。

11. 订立免责协议能否免除用人单位对工伤职工的法定义务？[①]

乔某系某保安服务公司乘务管理员，于 2019 年 1 月入职，月均实发工资 3500 元，最后工作至 2019 年 10 月 14 日，当天在接车时发生交通事故。在职期间，保安服务公司未为乔某缴纳社会保险费。2020 年 12 月，某区人社局作出《认定工伤决定书》，认定乔某所受伤害为工伤。2021 年 4 月 30 日，某区劳动能力鉴定委员会作出鉴定结论为：目前已达到职工工伤与职业病致残等级标准八级。保安服务公司认为，入职之时，其与乔某签订《乘务管理员劳动协议》，约定乔某自愿放弃社保，其工资中有一部分是社保补偿等；事故发生后，双方订立《协议书》，其中载明"……为向肇事方申请补偿，特向公司申请开具误工证明。此证明只限于本人向肇事方申请补偿之用，不会利用此证明对公司进行法律诉讼或责任追究，与公司不存在任何法律纠纷"，故不同意向乔某赔付任何工伤待遇。2021 年 6 月，乔某向劳动人事争议仲裁委员会

---

① 参见《2022 年北京市劳动人事争议仲裁典型案例》（2022 年 12 月 22 日发布），订立免责协议不能免除用人单位对工伤职工法定义务，载北京市人力资源和社会保障局网 http：//rsj. beijing. gov. cn/bm/ztzl/dxal/202212/t20221222_ 2882841. html，最后访问日期：2023 年 5 月 19 日。

（以下简称仲裁委员会）提出仲裁申请。

本案争议的焦点在于，保安服务公司与乔某订立的两份“免责协议”，能否让保安服务公司免于支付乔某应享有的工伤待遇？

《劳动合同法》第26条第1款规定：“下列劳动合同无效或者部分无效：……；（三）违反法律、行政法规强制性规定的。”保安服务公司虽与乔某订立《乘务管理员劳动协议》《协议书》，但上述协议违反《社会保险法》《工伤保险条例》有关用人单位应当依法为劳动者缴纳社会保险费（工伤保险费）的强制性规定，故不能发生免责的法律效果。《工伤保险条例》第62条第2款规定：“依照本条例规定应当参加工伤保险而未参加工伤保险的用人单位职工发生工伤的，由该用人单位按照本条例规定的工伤保险待遇项目和标准支付费用。”本案中，保安服务公司未依法缴纳工伤保险费，致使本可由社保基金列支的相关工伤保险待遇，均由该公司全额向乔某支付。

依法为劳动者办理社会保险，缴纳社会保险费用系用人单位的法定义务，劳动者要求或同意停缴社会保险费不能免除该法定义务的履行以及不履行该法定义务产生的法律责任。用人单位应当依照《社会保险法》的相关规定，自用工之日起30日内为其职工向社会保险经办机构申请办理社会保险登记，并按时足额缴纳社会保险费。用人单位应增强合规意识，加强合规管理，可将新入职员工不同意缴纳应缴社会保险费作为不符合录用条件之一而拒绝录用，避免出现本案中“因小失大”“得不偿失”的情形；劳动者应提高风险防范意识，避免只顾眼前利益而不顾后患，为自身权益维护带来不必要的困难和障碍。

关联参见

《劳动合同法》第7条、第10条；《劳动合同法实施条例》第4-7条、第13-15条；《劳动争议解释（一）》第33条

第十九条　【劳动合同的形式和内容】 劳动合同应当以书面形式订立，并具备以下条款：

（一）劳动合同期限；

（二）工作内容；

（三）劳动保护和劳动条件；

（四）劳动报酬；

（五）劳动纪律；

（六）劳动合同终止的条件；

（七）违反劳动合同的责任。

劳动合同除前款规定的必备条款外，当事人可以协商约定其他内容。

条文解读

《劳动法》规定劳动合同必须采取书面的形式订立，对此，《劳动合同法》又进一步作出了详细的规定，其第 10 条要求已建立劳动关系，未同时订立书面劳动合同的，应当自用工之日起 1 个月内订立书面劳动合同。

对于劳动合同的内容，即其应当具备的条款，《劳动合同法》第 17 条规定，劳动合同应当具备以下条款：（1）用人单位的名称、住所和法定代表人或者主要负责人；（2）劳动者的姓名、住址和居民身份证或者其他有效身份证件号码；（3）劳动合同期限；（4）工作内容和工作地点；（5）工作时间和休息休假；（6）劳动报酬；（7）社会保险；（8）劳动保护、劳动条件和职业危害防护；（9）法律、法规规定应当纳入劳动合同的其他事项。

本条中“协商约定其他内容”是指劳动合同中的约定条款，即劳动合同双方当事人除依据《劳动法》就劳动合同的必备条款达成一致外，如果认为某些方面与劳动合同有关的内容仍需协调，便可将协商一致的内容写进合同，这些内容是合同当事人自愿协商确定的，而不是法定的。用人单位与劳动者可以约定的其他内容包括试用期、培训、保守秘密、补充保险和福利待遇等其他事项。

实务应用

15. 试用期、见习期和学徒期应如何约定？

根据《关于实行劳动合同制度若干问题的通知》第3条规定，如果约定试用期，则试用期应包括在劳动合同期限中。也就是说，在试用期期间用人单位应当为劳动者缴纳社会保险费用；试用期满，合同期未满而用人单位依据《劳动法》第24、27条的规定解除劳动合同计发经济补偿金时，应将试用期计算在工作时间内。约定试用期的长短应根据合同期限的长短而定。《劳动合同法》第19条规定，劳动合同期限3个月以上不满1年的，试用期不得超过1个月；劳动合同期限1年以上不满3年的，试用期不得超过2个月；3年以上固定期限和无固定期限的劳动合同，试用期不得超过6个月。以完成一定工作任务为期限的劳动合同或者劳动合同期限不满3个月的，不得约定试用期。另外，《劳动合同法》第19条还规定，同一用人单位与同一劳动者只能约定一次试用期。试用期是用人单位与劳动者建立劳动关系后为相互了解、选择而约定的考察期，一般情况下适用于初次就业或再次就业时改变劳动岗位或工种的劳动者。因此，在试用期内劳动者若被证明不符合录用条件，用人单位可随时解除合同，而劳动者在试用期内认为用人单位的工作不适合自己，也可随时解除合同。学徒期是对进入某些工作岗位的新招工人熟悉业务、提高工作技能的一种培训方式。目前，这一培训方式仍在继续采用，并按照技术等级标准规定的期限执行。见习期是大中专、技校毕业生新分配到用人单位工作的一种见习制度，期限为1年。综上所述，试用期与学徒期，或与见习期可以在劳动合同中同时约定，执行时应注意相互衔接好。这方面的具体规定可见《劳动部办公厅对〈关于劳动用工管理有关问题的请示〉的复函》。

16. 劳动者承担违约金的情形有哪些？

当事人可以在劳动合同中约定违约金，其中用人单位承担违约金的情形法律没有限制。而劳动者承担违约金的情形只有以下两种：（1）在培训服务期约定中约定违约金。（2）在竞业限制约定中约定违约金。除上述两种情形外，用人单位不得与劳动者约定由劳动者承担的违约金，或者以赔偿金、违约赔偿金、违约责任金等其他名义约定由劳动者承担违约责任。

案例指引

12. 用人单位如何行使用工自主权合法调整劳动者的工作岗位和地点？①

孙某于2017年8月入职某模具公司，双方订立了无固定期限劳动合同，约定孙某的工作地点为某直辖市，岗位为“后勤辅助岗”，具体工作内容为“财务、预算管理和其他行政性工作”。双方还约定：“模具公司可以根据生产经营的需要，对孙某工作岗位、工作内容及工作地点进行调整。”入职后，孙某被安排在模具公司位于某城区的开发中心从事财务人事等辅助性工作。2019年7月1日，基于公司生产经营和管理需要，为减轻各中心的工作负担，模具公司将各中心的财务工作统一转回公司总部的财务处统一管理。为此，孙某办理了开发中心全部财务凭证的交接，模具公司与孙某沟通协商，提出安排其到开发中心其他岗位工作，但均被孙某拒绝。后模具公司安排孙某到位于相邻城区的公司总部从事人事相关工作。7月底，孙某要求模具公司将其调回原工作地点原岗位工作，双方由此发生争议。孙某向劳动人事争议仲裁委员会（以下简称仲裁委员会）申请仲裁。要求模具公司按原工作地点及原工作岗位继续履行劳动合同。

《就业促进法》第8条第1款规定：“用人单位依法享有自主用人的

---

① 参见《案例解读13：用人单位如何行使用工自主权合法调整劳动者的工作岗位和地点》，载张家港市人民政府网 https：//www. zjg. gov. cn/zjg/jycy_ ldqy/202009/401bb2ba1ce44f018b02e358b0b04a3f. shtml，最后访问日期：2023年5月19日。

权利。”用人单位作为市场主体，根据自身生产经营需要而对劳动者的工作岗位、工作地点进行适当调整，是行使用工自主权的重要内容，对其正常生产经营不可或缺。但同时，用人单位用工自主权的行使也必须在相关法律和政策的框架内，符合一定条件和范围，如用人单位须对岗位或工作地点的调整作出合理说明，防止用人单位借此打击报复或变相逼迫劳动者主动离职，也即防止其权利的滥用。仲裁和司法实务中，岗位或工作地点调整的合理性一般考虑以下因素：（1）是否基于用人单位生产经营需要；（2）是否属于对劳动合同约定的较大变更；（3）是否对劳动者有歧视性、侮辱性；（4）是否对劳动报酬及其他劳动条件产生较大影响；（5）劳动者是否能够胜任调整的岗位；（6）工作地点作出不便调整后，用人单位是否提供必要协助或补偿措施等。

本案中，双方在劳动合同中约定孙某的工作岗位为“后勤辅助岗”，该岗位不属固定或专业岗位；模具公司根据生产经营需要，适当调整孙某的工作岗位、工作内容及工作地点是基于财务统一管理的需要，对孙某并无针对性；同时，该工作地点和工作内容的调整模具公司亦与孙某进行了沟通协商，给出了包括在原工作地点适当调整岗位等多种选择方案，体现了对孙某劳动权益的尊重；且调整后的人事岗位与孙某的原先岗位性质相近，孙某也完全能够胜任；最后，孙某调整后的工作地点也处于交通便利的城区，上下班时间虽有所增加，但该地点变更不足以认定对其产生较大不利影响，对其劳动权益也构不成侵害，故依法驳回孙某的仲裁请求。

在市场经济条件下，用人单位因生产经营需要而调整变化属正常现象。法律允许用人单位根据自身生产经营需要，合理调整劳动者的工作岗位及工作地点，不仅有利于维护用人单位发展，也有利于劳动关系稳定。需要注意的是，如果支持用人单位对岗位或工作地点进行不合理调整必然侵害劳动者合法权益，劳动者可依法请求继续履行劳动合同或补偿工资差额等。《劳动合同法》第35条第1款规定：“用人单位与劳动者协商一致，可以变更劳动合同约定的内容。变更劳动合同，应当采用书面形式。”对于用人单位来说，在生产经营或管理调整时，首先应当选择与劳动者充分协商，尽量通过变更或补充签订劳动合同方式完成调整；若未能协商一致，在基于用工自主权调整劳动者工作岗位或地点时，也要充分考虑劳动者的权益保障问题。作为劳动者，也应理解用人单位发展，在发生调整时，充分了解对自己权益的影响，积极与用人单位开展协商，共同寻求调整变化中的和谐。

关联参见

《劳动合同法》第 11 条、第 16-18 条、第 58 条、第 59 条；《劳动合同法实施条例》第 16 条、第 17 条

第二十条　【劳动合同的期限】 劳动合同的期限分为有固定期限、无固定期限和以完成一定的工作为期限。

劳动者在同一用人单位连续工作满十年以上，当事人双方同意续延劳动合同的，如果劳动者提出订立无固定期限的劳动合同，应当订立无固定期限的劳动合同。

条文解读

有固定期限的劳动合同 ➔ 有固定期限的劳动合同是指劳动合同中明确规定合同的有效期限。劳动合同约定固定期限，可以是长期的，如 5 年以上；也可以是短期的，如 1 年、2 年等。

无固定期限的劳动合同 ➔ 无固定期限的劳动合同是指用人单位与劳动者约定无确定终止时间的劳动合同。通常，劳动合同约定无固定期限都是长期的，只要在履行过程中不发生法定解除劳动合同的事项或者行为，劳动合同的有效期可至劳动者退休。

以完成一定工作任务为期限的劳动合同 ➔ 以完成一定工作任务为期限的劳动合同是指经劳动合同双方约定，用人单位招用劳动者完成特定的工作任务，一旦工作任务完成，劳动合同自行终止。这种劳动合同

的有效期限以完成工作任务的时间为限。因此，其有效期可能为数周、数月，也可能长达数年。

当事人双方同意续延劳动合同 ➲ 本条中“当事人双方同意续延劳动合同的”是指已有劳动合同到期，双方同意延续的，并非指原固定工同意而一律订立无固定期限的劳动合同。

劳动者在同一用人单位中连续工作满十年 ➲ “劳动者在同一用人单位连续工作满十年”要从以下两个方面理解：一是与签订劳动合同的次数和劳动合同的期限都没有关系，这 10 年中从前到后劳动者可以签订多个劳动合同，每个劳动合同的期限都可以不同。如劳动者的劳动合同一年一签，连续签了十次，属于本法规定中连续工作满 10 年的情形。再如，劳动者与用人单位先签订了两年期限的劳动合同，后出于种种原因，接下来一年没有签订书面劳动合同，之后几年又签订了书面劳动合同，只要连续工作满 10 年，就属于本法规定的情形。二是工作必须是连续的，中间不得有间断。如有的劳动者在用人单位工作 5 年后，离职到别的单位去工作了 2 年，然后又回到了这个用人单位工作 5 年。虽然累计时间达到了 10 年，但是工作期限有所间断，不属于本法规定的情形。劳动者患病或非因工负伤，依法享有医疗期，在计算“同一用人单位连续工作时间”时，不应扣除劳动者依法享有的医疗期时间。在计算医疗期、经济补偿时，“本单位工作年限”与“同一用人单位连续工作时间”为同一概念，也不应扣除劳动者此前依法享有的医疗期时间。

实务应用

17. 何种情形下可以签订无固定期限劳动合同？

无固定期限劳动合同是指用人单位与劳动者约定无确定终止时间的劳动合同。用人单位与劳动者协商一致，可以订立无固定期限劳动合同。《劳动合同法》第 14 条进一步规定，有下列情形之一，劳动者提出或者同意续订、订立劳动合同的，除劳动者提出订立固定期限劳动合同外，应当订立无固定期限劳动合同：（1）劳动者在该用人单位连续工作满 10 年的；（2）用人单位初次实行劳动合同制度或者国有企业改制重新订立劳动合同时，劳动者在该用人单位连续工作满 10 年且距法定退休年龄不足 10 年的；（3）连续订立二次固定期限劳动合同，且劳动者没有《劳动合同法》第 39 条和第 40 条第 1 项、第 2 项规定的情形，续订劳动合同的。除了用人单位与劳动者自愿签订的以外，还有一种是“视为”已签订无固定期限劳动合同的情形，即用人单位自用工之日起满 1 年不与劳动者订立书面劳动合同的，视为用人单位与劳动者已订立无固定期限劳动合同。《劳动合同法实施条例》第 9 条规定：“劳动合同法第十四条第二款规定的连续工作满 10 年的起始时间，应当自用人单位用工之日起计算，包括劳动合同法施行前的工作年限。”第 10 条规定：“劳动者非因本人原因从原用人单位被安排到新用人单位工作的，劳动者在原用人单位的工作年限合并计算为新用人单位的工作年限。原用人单位已经向劳动者支付经济补偿的，新用人单位在依法解除、终止劳动合同计算支付经济补偿的工作年限时，不再计算劳动者在原用人单位的工作年限。”第 11 条规定：“除劳动者与用人单位协商一致的情形外，劳动者依照劳动合同法第十四条第二款的规定，提出订立无固定期限劳动合同的，用人单位应当与其订立无固定期限劳动合同。对劳动合同的内容，双方应当按照合法、公平、平等自愿、协商一致、诚实信用的原则协商确定；对协商不一致的内容，依照劳动合同法第十八条的规定执行。”

18. “临时工”能否与用人单位签订无固定期限的劳动合同？

自《劳动法》实施后，用人单位与职工全面实行劳动合同制度，各类职工在用人单位享有的权利是平等的，因此，过去意义上相对于“正式工”而言所谓的“临时工”已经不存在。用人单位在临时性岗位上用工，应当与劳动者签订劳动合同并依法为其建立各种社会保险。对于在本企业连续工作已满 10 年的“临时工”，续订劳动合同时，也应当按照《劳动法》和《劳动合同法》的规定，如果本人提出要求，应当订立无固定期限的劳动合同，并在劳动合同中明确其工资、保险福利待遇。用人单位及劳动者本人应当按照国家规定缴纳社会保险费用，并享受有关保险福利待遇。

19. 连续订立二次固定期限劳动合同的次数应如何计算？

《劳动合同法》第 14 条第 2 款规定："用人单位与劳动者协商一致，可以订立无固定期限劳动合同。有下列情形之一，劳动者提出或者同意续订、订立劳动合同的，除劳动者提出订立固定期限劳动合同外，应当订立无固定期限劳动合同：（一）劳动者在该用人单位连续工作满十年的；（二）用人单位初次实行劳动合同制度或者国有企业改制重新订立劳动合同时，劳动者在该用人单位连续工作满十年且距法定退休年龄不足十年的；（三）连续订立二次固定期限劳动合同，且劳动者没有本法第三十九条和第四十条第一项、第二项规定的情形，续订劳动合同的。"第 97 条第 1 款规定："本法施行前已依法订立且在本法施行之日存续的劳动合同，继续履行；本法第十四条第二款第三项规定连续订立固定期限劳动合同的次数，自本法施行后续订固定期限劳动合同时开始计算。"因此，连续订立二次固定期限劳动合同的次数应从《劳动合同法》实施之日即 2008 年 1 月 1 日起算，若劳动合同期限横跨《劳动合同法》实施前后，双方当事人在劳动合同期限届满后续订劳动合同的，属于第一次订立固定期限劳动合同，下次续订时才发生是否可以订立无固定期限劳动合同的问题。

案例指引

13. 视为订立无固定期限劳动合同后用人单位仍未与劳动者签订劳动合同的是否应当支付第二倍工资？①

2016 年 8 月 1 日，万某入职某食品公司，从事检验工作，双方口头

---

① 参见《案例解读 11：视为订立无固定期限劳动合同后，用人单位仍未与劳动者签订劳动合同的是否应当支付第二倍工资》，载张家港市人民政府网 https：//www.zjg.gov.cn/zjg/jycy_ ldqy/202009/513dfb406eaf4dbbae8440817b04d142.shtml，最后访问日期：2023 年 5 月 19 日。

约定万某月工资为 3000 元。万某入职时，公司负责人告知其 3 个月试用期后签订书面劳动合同，但是双方一直未签订书面劳动合同。2018 年 7 月 31 日，万某与食品公司解除劳动关系。万某要求食品公司支付 2017 年 8 月至 2018 年 7 月期间未与其签订无固定期限劳动合同的第二倍工资，该公司拒绝支付。万某遂向劳动人事争议仲裁委员会（以下简称仲裁委员会）申请仲裁。要求裁决食品公司支付 2017 年 8 月至 2018 年 7 月期间未签订无固定期限劳动合同的第二倍工资 36000 元。

《劳动合同法》第 82 条规定："用人单位自用工之日起超过一个月不满一年未与劳动者订立书面劳动合同的，应当向劳动者每月支付二倍的工资。用人单位违反本法规定不与劳动者订立无固定期限劳动合同的，自应当订立无固定期限劳动合同之日起向劳动者每月支付二倍的工资。"从上述条款可知，用人单位支付未依法签订劳动合同第二倍工资的情形包括两种：一种是用人单位自用工之日起超过 1 个月不满 1 年未与劳动者订立书面劳动合同的；第二种是用人单位应当与劳动者订立无固定期限劳动合同，但违反《劳动合同法》规定不与劳动者订立无固定期限劳动合同的。第二种情形中的"本法规定"，是指《劳动合同法》第 14 条第 2 款规定的"除劳动者提出订立固定期限劳动合同外，应当订立无固定期限劳动合同"的三种情形，即"（一）劳动者在该用人单位连续工作满十年的；（二）用人单位初次实行劳动合同制度或者国有企业改制重新订立劳动合同时，劳动者在该用人单位连续工作满十年且距法定退休年龄不足十年的；（三）连续订立二次固定期限劳动合同，且劳动者没有本法第三十九条和第四十条第一项、第二项规定的情形，续订劳动合同的"。而《劳动合同法》第 14 条第 3 款规定的"用人单位自用工之日起满一年不与劳动者订立书面劳动合同的，视为用人单位与劳动者已订立无固定期限劳动合同"是对用人单位不签订书面劳动合同满 1 年的法律后果的拟制规定，并非有关应当订立无固定期限劳动合同的情形规定。《劳动合同法实施条例》第 7 条对于此种情形的法律后果也作了相同的分类规定。

本案中，万某于2016年8月1日入职，食品公司一直未与其签订书面劳动合同，自2017年8月1日起，根据上述法律法规的规定，双方之间视为已订立了无固定期限劳动合同，而非《劳动合同法》第82条规定的用人单位违反《劳动合同法》规定不与劳动者订立无固定期限劳动合同的情形。因此，食品公司无须向万某支付未依法签订无固定期限劳动合同的第二倍工资，故依法驳回万某的仲裁请求。

无固定期限劳动合同是指用人单位与劳动者约定无确定终止时间的劳动合同。为了保障劳动关系稳定性，《劳动合同法》第14条规定了"可以""应当""视为"三类订立无固定期限劳动合同的情形，其中"视为"签订无固定期限劳动合同的规定，主要是为解决一些用人单位不愿与劳动者签订劳动合同，造成劳动者合法权益无法得到保障的问题。未依法签订劳动合同所应承担的第二倍工资责任在法律性质上是惩罚性赔偿，该责任设定与拟制无固定期限劳动合同的签订相结合，既保障了劳动者合法权益，又限制了用人单位赔偿责任的无限扩大，有效地平衡了各方利益。

关联参见

《劳动合同法》第12-15条；《劳动合同法实施条例》第9-12条、第18条、第19条；《劳动法意见》第22条

第二十一条　【试用期条款】 劳动合同可以约定试用期。试用期最长不得超过六个月。

条文解读

试用期 ➲ 试用期适用于初次就业或再次就业时改变劳动岗位或劳动工种的劳动者。试用期，是指用人单位对新招收的职工的思想品德、劳动态度、实际工作能力、身体情况等进行进一步考察的时间期限。试用期是一个约定的条款，如果双方没有事先约定，用人单位就不能以试用期为由解除劳动合同。

试用期期限 ➲ 试用期最长为6个月，《劳动合同法》第19条根据劳动合同期限的不同情形进行了区分：劳动合同期限3个月以上不满1年的，试用期不得超过1个月；劳动合同期限1年以上不满3年的，试用期不得超过2个月；3年以上固定期限和无固定期限的劳动合同，试用期不得超过6个月。另外，同一用人单位与同一劳动者只能约定一次试用期。以完成一定工作任务为期限的劳动合同或者劳动合同期限不满3个月的，不得约定试用期。试用期包含在劳动合同期限内。劳动合同仅约定试用期的，试用期不成立，该期限为劳动合同期限。

劳动者在试用期间应当享有全部的劳动权利。这些权利包括取得劳动报酬的权利、休息休假的权利、获得劳动安全卫生保护的权利、接受职业技能培训的权利、享受社会保险和福利的权利、提请劳动争议处理的权利以及法律规定的其他劳动权利，还包括依照法律规定，通过职工大会、职工代表大会或者其他形式，参与民主管理或者就保护劳动者合法权益与用人单位进行平等协商的权利。

实务应用

20. 对于试用期，法律有哪些方面的限制？

为了防止用人单位滥用试用期的规定侵害员工利益，法律对试用期的适用进行了限制，具体包括：(1) 对试用期的期限进行了限制。根据《劳动法》第21条、《劳动合同法》第19条第1款的规定，劳动合同可以约定不超过6个月的试用期。劳动合同期限3个月以上不满1年的，试用期不得超过1个月；劳动合同期限1年以上3年以下的，试用期不得超过2个月；3年以上固定期限和无固定期限的劳动合同试用期不得超过6个月。(2) 对试用期适用的范围进行了限制。根据《劳动合同法》第19条第3款的规定，以完成一定工作任务为期限的劳动合同或者劳动合同期限不满3个月的，不得约定试用期。(3) 对试用期的适用次数进行了限制。根据《劳动合同法》第19条第2款的规定，用人单位与同一劳动者只能约定一次试用期。(4) 对试用期的适用主体进行了限制。根据《关于〈中华人民共和国劳动法〉若干条文的说明》和《劳动法意见》的精神，劳动合同试用期适用于初次就业或再次就业时改变劳动岗位或工种的劳动者。在原固定工进行劳动合同制度的转制过程中，用人单位与原固定工签订劳动合同时，可以不再约定试用期。同时，《劳动合同法》第 19 条第 4 款还规定，试用期包含在劳动合同期限内。劳动合同仅约定试用期的，试用期不成立，该期限为劳动合同期限。《劳动合同法实施条例》第 15 条规定："劳动者在试用期的工资不得低于本单位相同岗位最低档工资的 80%或者不得低于劳动合同约定工资的 80%，并不得低于用人单位所在地的最低工资标准。"

案例指引

14. 如何依法认定网络主播的劳动关系主体地位？①

2019 年 6 月，某传媒公司与李某签订《艺人签约独家经纪合同》，约定李某为该公司的签约艺人，李某每天工作 8 小时，在钉钉打卡考勤，根据公司安排完成短视频的拍摄，公司每月向李某发放"工资"，并按公司规定比例分配收益。后李某提起劳动仲裁，主张确认劳动关系及要求公司支付经济补偿。

深圳市中级人民法院审理认为，传媒公司对李某实行考勤管理，决定李某的工作内容、工作步骤、工作成果的展示方式，拥有李某的工作成果，同时对收益分配进行了规定，向李某发放工资。李某遵守公司的各项规章制度，对工作内容、工作步骤、工作成果等都没有决定权、控制权和主动权，其工作构成了传媒公司的业务组成部分。双方实际履行的内容符合劳动关系的法律特征，遂判决双方构成劳动合同关系。

网络主播虽为新业态从业者，但仍应适用劳动关系的基本特征来认定是否构成劳动关系。本案从双方之间是否具有人格从属性、经济从属

---

① 参见《广东法院劳动争议十大典型案例》(2022 年 4 月 28 日发布)，某传媒公司诉李某劳动争议案，载广东法院网 https://www.gdcourts.gov.cn/index.php?v=show&cid=170&id=56555，最后访问日期：2023 年 5 月 19 日。

性，分析双方是劳动关系还是其他关系，为界定网络主播劳动关系的认定起到示范作用，有利于保障网络主播享有的合法权益，同时促进线上经济的蓬勃发展。

关联参见

《劳动合同法》第 19 条、第 20 条；《劳动合同法实施条例》第 15 条；《劳动法意见》第 18 条、第 19 条

第二十二条　【保守商业秘密之约定】 劳动合同当事人可以在劳动合同中约定保守用人单位商业秘密的有关事项。

条文解读

商业秘密 ➲ 商业秘密，是指不为公众所知悉、具有商业价值并经权利人采取相应保密措施的技术信息、经营信息等商业信息。因此，商业秘密包括两部分：技术信息和经营信息，如管理方法、产销策略、客户名单、货源情报等经营信息；生产配方、工艺流程、技术诀窍、设计图纸等技术信息。获得商业秘密的合法手段包括：独立开发获得、合法购买、从公开渠道观察获得、合法接受许可获得及通过反向工程获得等。

用人单位与劳动者可以在劳动合同中约定保守用人单位的商业秘密和与知识产权相关的保密事项。对负有保密义务的劳动者，用人单位可以在劳动合同或者保密协议中与劳动者约定竞业限制条款，并约定在解除或者终止劳动合同后，在竞业限制期限内按月给予劳动者经济补偿。劳动者违反竞业限制约定的，应当按照约定向用人单位支付违约金。

实务应用

21. 如何认定当事人是否承担保密义务？

《最高人民法院关于审理侵犯商业秘密民事案件适用法律若干问题的规定》第 10 条规定，当事人根据法律规定或者合同约定所承担的保

密义务，人民法院应当认定属于《反不正当竞争法》第9条第1款所称的保密义务。当事人未在合同中约定保密义务，但根据诚信原则以及合同的性质、目的、缔约过程、交易习惯等，被诉侵权人知道或者应当知道其获取的信息属于权利人的商业秘密的，人民法院应当认定被诉侵权人对其获取的商业秘密承担保密义务。

22. 如何认定竞业禁止条款的效力？

竞业禁止是指负有特定义务的劳动者从原用人单位离职后，在一定期间内不得自营或为他人经营与原用人单位有直接竞争关系的业务。根据有关法律、行政法规的规定，用人单位与负有保守商业秘密义务的劳动者，可以在劳动合同或者保密协议中约定竞业禁止条款，同时应约定在解除或者终止劳动合同后，给予劳动者一定的竞业禁止经济补偿；未约定给予劳动者竞业禁止经济补偿，或者约定的竞业禁止经济补偿数额过低、不符合相关规定的，该竞业禁止条款对劳动者不具有约束力。

23. 劳动者违反劳动合同中约定的保密事项，对用人单位造成经济损失的，应如何进行赔偿？

《违反〈劳动法〉有关劳动合同规定的赔偿办法》第5条规定：“劳动者违反劳动合同中约定的保密事项，对用人单位造成经济损失的，按《反不正当竞争法》第二十条[①]的规定支付用人单位赔偿费用。”此外，《劳动和社会保障部办公厅关于劳动争议案中涉及商业秘密侵权问题的函》规定：“《中华人民共和国反不正当竞争法》第二十条第一款[②]规定了被侵害的经营者的损失难以计算时，确定侵权人的赔偿项目；第二款[③]规定了被侵害的经营者的合法权益受到侵害，可以向人民法院提起诉讼。原劳动部《违反〈劳动法〉有关劳动合同规定的赔偿办法》第五、六条关于按《反不正当竞争法》第二十条规定执行的含义，是指适用第一款的规定。”

---

① 现为2019年《反不正当竞争法》第17条。
② 现为2019年《反不正当竞争法》第17条第3款。
③ 现为2019年《反不正当竞争法》第17条第2款。

24. 劳动合同终止或解除后的竞业限制条款未约定经济补偿费或用人单位拒绝给付劳动者经济补偿费的，该条款对劳动者是否有效？

劳动合同终止或解除后的竞业限制是指承担保密义务的劳动者在离开用人单位一定期限内不得自营或者为他人经营与原用人单位有竞争的业务。这项制度的目的是保护企业的利益，但它同时限制了劳动者的择业自由。工资等劳动报酬是劳动者在履行劳动合同义务期间的应得报酬，劳动报酬主要是劳动者参加劳动的分配所得，不是劳动力出卖的对价，保守用人单位的商业秘密虽是劳动者的法定义务，但竞业限制补偿是劳动合同终止或解除以后不能就业或限制从业期间的补偿，就像解除合同的经济补偿金不应当包含在工资之内一样，没有约定经济补偿费的竞业限制条款对劳动者不具有约束力。另外，如果用人单位拒绝在竞业限制期限内给付劳动者经济补偿的，该竞业限制条款对劳动者也不具有约束力。同时，如果单纯限制劳动者的竞争活动，而不对劳动者提供公平、有效的对价补偿，必然会剥夺劳动者的择业自由权与生存发展权，因此，劳动者履行竞业限制条款规定的义务，就有权获得相应的合理的补偿费。根据《劳动争议解释（一）》第36条的规定，当事人在劳动合同或者保密协议中约定了竞业限制，但未约定解除或者终止劳动合同后给予劳动者经济补偿，劳动者履行了竞业限制义务，要求用人单位按照劳动者在劳动合同解除或者终止前12个月平均工资的30%按月支付经济补偿的，人民法院应予支持。上述规定的月平均工资的30%低于劳动合同履行地最低工资标准的，按照劳动合同履行地最低工资标准支付。当事人在劳动合同或者保密协议中约定了竞业限制和经济补偿，当事人解除劳动合同时，除另有约定外，用人单位要求劳动者履行竞业限制义务，或者劳动者履行了竞业限制义务后要求用人单位支付经济补偿的，人民法院应予支持。劳动合同解除或者终止后，因用人单位的原因导致3个月未支付经济补偿，劳动者请求解除竞业限制约定的，人民法院应予支持。

15. 如何判断劳动者自营或者新入职单位与原用人单位是否形成竞争关系？[①]

王山诉万得信息技术股份有限公司竞业限制纠纷案

（最高人民法院审判委员会讨论通过 2022年12月8日发布）

关键词 民事/竞业限制/审查标准/营业范围

裁判要点

人民法院在审理竞业限制纠纷案件时，审查劳动者自营或者新入职单位与原用人单位是否形成竞争关系，不应仅从依法登记的经营范围是否重合进行认定，还应当结合实际经营内容、服务对象或者产品受众、对应市场等方面是否重合进行综合判断。劳动者提供证据证明自营或者新入职单位与原用人单位的实际经营内容、服务对象或者产品受众、对应市场等不相同，主张不存在竞争关系的，人民法院应予支持。

相关法条

《中华人民共和国劳动合同法》第23条、第24条

基本案情

王山于2018年7月2日进入万得信息技术股份有限公司（以下简称万得公司）工作，双方签订了期限为2018年7月2日至2021年8月31日的劳动合同，约定王山就职智能数据分析工作岗位，月基本工资4500元、岗位津贴15500元，合计20000元。

2019年7月23日，王山、万得公司又签订《竞业限制协议》，对竞业行为、竞业限制期限、竞业限制补偿金等内容进行了约定。2020年7月27日，王山填写《辞职申请表》，以个人原因为由解除与万得公司的劳动合同。

2020年8月5日，万得公司向王山发出《关于竞业限制的提醒

---

① 最高人民法院指导案例190号。

函》，载明“……您（即王山）从离职之日2020年7月27日起须承担竞业限制义务，不得到竞业企业范围内工作或任职。从本月起我们将向您支付竞业限制补偿金，请您在收到竞业限制补偿金的10日内，提供新单位签订的劳动合同及社保记录，若为无业状态的请由所在街道办事处等国家机关出具您的从业情况证明。若您违反竞业限制义务或其他义务，请于10日内予以改正，继续违反竞业协议约定的，则公司有权再次要求您按《竞业限制协议》约定承担违约金，违约金标准为20万元以上，并应将公司在离职后支付的竞业限制补偿金全部返还……”

2020年10月12日，万得公司向王山发出《法务函》，再次要求王山履行竞业限制义务。

另查明，万得公司的经营范围包括：计算机软硬件的开发、销售，计算机专业技术领域及产品的技术开发、技术转让、技术咨询、技术服务。

王山于2020年8月6日加入上海哔哩哔哩科技有限公司（以下简称哔哩哔哩公司），按照营业执照记载，该公司经营范围包括：信息科技、计算机软硬件、网络科技领域内的技术开发、技术转让、技术咨询、技术服务等。

王山、万得公司一致确认：王山竞业限制期限为2020年7月28日至2022年7月27日；万得公司已支付王山2020年7月28日至2020年9月27日竞业限制补偿金6796.92元。

2020年11月13日，万得公司向上海市浦东新区劳动人事争议仲裁委员会申请仲裁，要求王山：1. 按双方签订的《竞业限制协议》履行竞业限制义务；2. 返还2020年8月、9月支付的竞业限制补偿金6796元；3. 支付竞业限制违约金200万元。2021年2月25日，仲裁委员会作出裁决：王山按双方签订的《竞业限制协议》继续履行竞业限制义务，王山返还万得公司2020年8月、9月支付的竞业限制补偿金6796元，王山支付万得公司竞业限制违约金200万元。王山不服仲裁裁决，诉至法院。

裁判结果

上海市浦东新区人民法院于2021年6月29日作出（2021）沪0115民初35993号民事判决：一、王山与万得公司继续履行竞业限制义务；二、王山于本判决生效之日起十日内返还万得公司2020年7月28日至2020年9月27日竞业限制补偿金6796元；三、王山于本判决生效之日起十日内支付万得公司违反竞业限制违约金240000元。王山不服一审判决，提起上诉。上海市第一中级人民法院于2022年1月26日作出（2021）沪01民终12282号民事判决：一、维持上海市浦东新区人民法院（2021）沪0115民初35993号民事判决第一项；二、撤销上海市浦东新区人民法院（2021）沪0115民初35993号民事判决第二项、第三项；三、上诉人王山无需向被上诉人万得公司返还2020年7月28日至2020年9月27日竞业限制补偿金6796元；四、上诉人王山无需向被上诉人万得公司支付违反竞业限制违约金200万元。

裁判理由

法院生效裁判认为：关于王山是否违反了竞业限制协议的问题。所谓竞业限制是指对原用人单位负有保密义务的劳动者，于离职后在约定的期限内，不得生产、自营或为他人生产、经营与原用人单位有竞争关系的同类产品及业务，不得在与原用人单位具有竞争关系的用人单位任职。竞业限制制度的设置系为了防止劳动者利用其所掌握的原用人单位的商业秘密为自己或为他人谋利，从而抢占了原用人单位的市场份额，给原用人单位造成损失。所以考量劳动者是否违反竞业限制协议，最为核心的是应评判原用人单位与劳动者自营或者入职的单位之间是否形成竞争关系。

需要说明的是，正是因为竞业限制制度在保护用人单位权益的同时对劳动者的就业权利有一定的限制，所以在审查劳动者是否违反了竞业限制义务时，应当全面客观地审查劳动者自营或入职公司与原用人单位之间是否形成竞争关系。一方面考虑到实践中往往存在企业登记经营事项和实际经营事项不相一致的情形，另一方面考虑到经营范围登记类别是工商部门划分的大类，所以这种竞争关系的审查，不应拘泥于营业执照登记的营业范围，否则对劳动者抑或对用人单位都可能造成不公平。故在具体案件中，还可以从两家企业实际经营的内容是否重合、服务对象或者所生产产品的受众是否重合、所对应的市场是否重合等多角度进行审查，以还原事实之真相，从而能兼顾用人单位和劳动者的利益，以达到最终的平衡。

本案中，万得公司的经营范围为计算机软硬件的开发、销售、计算机专业技术领域及产品的技术开发、技术转让、技术咨询、技术服务。而哔哩哔哩公司的经营范围包括从事信息科技、计算机软硬件、网络科技领域内的技术开发、技术转让、技术咨询、技术服务等。对比两家公司的经营范围，确实存在一定的重合。但互联网企业往往在注册登记时，经营范围都包含了软硬件开发、技术咨询、技术转让、技术服务。若仅以此为据，显然会对互联网就业人员尤其是软件工程师再就业造成极大障碍，对社会人力资源造成极大的浪费，也有悖于竞业限制制度的立法本意。故在判断是否构成竞争关系时，还应当结合公司实际经营内容及受众等因素加以综合评判。

本案中，王山举证证明万得公司在其 Wind 金融手机终端上宣称 Wind 金融终端是数十万金融专业人士的选择、最佳的中国金融业生产工具和平台。而万得公司的官网亦介绍，“万得公司（下称 Wind）是中国大陆领先的金融数据、信息和软件服务企业，在国内金融信息服务行业处于领先地位，是众多证券公司、基金管理公司、保险公司、银行、投资公司、媒体等机构不可或缺的重要合作伙伴，在国际市场中，Wind 同样受到了众多中国证监会批准的合格境外机构投资者的青睐。此外，知名的金融学术研究机构和权威的监管机构同样是 Wind 的客户；权威的中英文媒体、研究报告、学术论文也经常引用 Wind 提供的数据……”由此可见，万得公司目前的经营模式主要是提供金融信息服务，其主要的受众为相关的金融机构或者金融学术研究机构。而反观哔哩哔哩公司，众所周知其主营业务是文化社区和视频平台，即提供网络空间供用户上传视频、进行交流。其受众更广，尤其年轻人对其青睐有加。两者对比，不论是经营模式、对应市场还是受众，都存在显著差别。即使普通百姓，也能轻易判断两者之差异。虽然哔哩哔哩公司还涉猎游戏、音乐、影视等领域，但尚无证据显示其与万得公司经营的金融信息服务存在重合之处。在此前提下，万得公司仅以双方所登记的经营范围存在重合即主张两家企业形成竞争关系，尚未完成其举证义务。且万得公司在竞业限制协议中所附录的重点限制企业均为金融信息行业，足以表明万得公司自己也认为其主要的竞争对手应为金融信息服务企业。故一审法院仅以万得公司与哔哩哔哩公司的经营范围存在重合，即认定王山入职哔哩哔哩公司违反了竞业限制协议的约定，继而判决王山返还竞业限制补偿金并支付违反竞业限制违约金，有欠妥当。

关于王山是否应当继续履行竞业限制协议的问题。王山与万得公司签订的竞业限制协议不存在违反法律法规强制性规定的内容，故该协议合法有效，对双方均有约束力。因协议中约定双方竞业限制期限为 2020 年 7 月 28 日至 2022 年 7 月 27 日，目前尚在竞业限制期限内。故一审法院判决双方继续履行竞业限制协议，并无不当。王山主张无需继续履行竞业限制协议，没有法律依据。需要强调的是，根据双方的竞业限制协议，王山应当按时向万得公司报备工作情况，以供万得公司判断其是否违反了竞业限制协议。本案即是因为王山不履行报备义务导致万得公司产生合理怀疑，进而产生了纠纷。王山在今后履行竞业限制协议时，应恪守约定义务，诚信履行协议。

关联参见

《劳动合同法》第 23 条

第二十三条　【劳动合同的终止】劳动合同期满或者当事人约定的劳动合同终止条件出现，劳动合同即行终止。

条文解读

劳动合同的终止 ➔ 有下列情形之一的，劳动合同终止：（1）劳动合同期满的；（2）劳动者开始依法享受基本养老保险待遇的；（3）劳动者死亡，或者被人民法院宣告死亡或者宣告失踪的；（4）用人单位被依法宣告破产的；（5）用人单位被吊销营业执照、责令关闭、撤销或者用人单位决定提前解散的；（6）法律、行政法规规定的其他情形。

实务应用

25. 劳动合同的终止与解除有何区别？

劳动合同的终止，是指劳动合同所确立的劳动关系因合同解除以外的法律事实而消灭。根据《劳动法》与《劳动合同法》的相关规定，劳动合同的终止与解除主要有以下几方面的区别：（1）阶段不同。劳动合同终止是劳动合同关系的自然结束；而解除是劳动合同关系的提前结束。（2）结束劳动合同关系的条件不同。劳动合同终止的条件中，用人单位与劳动者不得在《劳动合同法》第44条规定的法定终止条件之外约定其他的终止条件；而劳动合同解除的条件中，除法定条件外，双方可协商一致约定合同解除的条件或解除合同。此外，二者法定条件的内容也完全不同。（3）预见性不同。劳动合同终止一般是可以预见的；而劳动合同解除一般不可预见。（4）适用原则不同。劳动合同终止受法律约束的程度较高，更多地体现社会法的性质和国家公权力的介入，体现对劳动者的倾斜保护；而劳动合同解除受当事人意思自治的程度多一点，一般遵循民法的原则和精神。

26. 劳动合同期满后，用人单位能否一律终止合同的履行？

一般而言，劳动合同期满，除双方续订劳动合同之外，用人单位与劳动者之间的劳动合同终止履行，双方应按约定的方式即行办理终止合同手续。用人单位应在终止之日发给劳动者终止合同证明书、支付经济补偿金等，并在15日内为劳动者办理档案和社会保险转移手续。但是，根据《劳动合同法》第45条的规定，有《劳动合同法》第42条规定情形之一的，劳动合同应当续延至相应的情形消失时才终止。其中，劳动者在本单位患职业病或者因工负伤并被确认丧失或者部分丧失劳动能力的劳动合同终止，按照国家有关工伤保险的规定执行。

27. 劳动合同期满后，用人单位继续使用劳动者又不补签劳动合同的，双方的劳动关系是否存续？

劳动合同期满后，劳动者仍在原单位工作，原用人单位未表示异议的，视为双方同意以原条件继续履行劳动合同。由于劳动关系自用工之日起建立，因此，即使用人单位没有补签劳动合同，但只要继续使用劳动者，双方之间的劳动关系就继续存续。用人单位应在前一劳动合同终止之日后劳动者继续提供劳动的第一天起一个月内，与劳动者订立书面劳动合同。否则，超过一个月就要向劳动者每月支付2倍工资，超过1年的还要与劳动者订立无固定期限劳动合同。

关联参见

《劳动合同法》第44-46条；《劳动合同法实施条例》第13条、第21条

第二十四条　【劳动合同的合意解除】经劳动合同当事人协商一致，劳动合同可以解除。

条文解读

合意解除劳动合同 ➲ 按照法律规定，劳动合同订立之后，双方当事人都应当认真履行，任何一方不得因后悔或者难以履行而擅自解除劳动合同。但是如果发生特殊情况，使继续履行合同不可能、没有必要或者会招致一方或者双方的利益损害时，法律规定可以协商解除劳动合

同。解除劳动合同后，合同未履行的部分不再履行，对当事人不再发生法律效力。

关联参见

《劳动合同法》第36条；《劳动合同法实施条例》第18条、第19条

第二十五条　【过失性辞退】劳动者有下列情形之一的，用人单位可以解除劳动合同：

（一）在试用期间被证明不符合录用条件的；

（二）严重违反劳动纪律或者用人单位规章制度的；

（三）严重失职，营私舞弊，对用人单位利益造成重大损害的；

（四）被依法追究刑事责任的。

条文解读

被解除劳动合同的情形《劳动合同法》第39条规定，劳动者有下列情形之一的，用人单位可以解除劳动合同：（1）在试用期间被证明不符合录用条件的；（2）严重违反用人单位的规章制度的；（3）严重失职，营私舞弊，给用人单位造成重大损害的；（4）劳动者同时与其他用人单位建立劳动关系，对完成本单位的工作任务造成严重影响，或者经用人单位提出，拒不改正的；（5）因《劳动合同法》第26条第1款第1项规定的情形致使劳动合同无效的；（6）被依法追究刑事责任的。

重大损害因为企业类型各有不同，对重大损害的界定也千差万别，应由企业内部规章来规定，立法机关在全国没有作统一解释。若用人单位以此为由解除劳动合同，与劳动者发生劳动争议，当事人向劳动争议仲裁委员会申请仲裁的，由劳动争议仲裁委员会根据企业类型、规模和损害程度等情况，对企业规章中规定的“重大损害”进行认定。

28. 用人单位应如何证明劳动者在试用期期间不符合录用条件？

用人单位以不符合录用条件为由解除劳动合同必须在试用期内，而不能在试用期外。在实践中，用人单位关键要把握“证明”二字。即有充分的事实来说明劳动者不符合录用条件，而且必须是劳动者自身的原因导致不符合录用条件。录用条件必须由用人单位在招工简章或招工启事中加以明确。

具体而言，用人单位需证明：（1）工作岗位的录用条件是什么，需要有具体描述；（2）劳动者在试用期内的表现如何，需要有客观的记录和评价。劳动者在试用期内如果确有《劳动合同法》第 39 条和第 40 条规定的情形时，用人单位可以单方面决定解除劳动合同。

29. 用人单位以劳动者严重违反用人单位的规章制度为由解除劳动合同需满足什么条件？

适用这一项要符合以下三个条件：第一，规章制度的内容必须符合法律、法规的规定，而且是通过民主程序公之于众的。第二，劳动者的行为客观存在，并且是属于“严重”违反用人单位的规章制度。何谓“严重”，一般应以劳动法规所规定的限度和用人单位内部的规章制度依此限度所规定的具体界限为准。第三，用人单位对劳动者的处理是按照本单位规章制度规定的程序办理的，并符合相关法律、法规规定。

30. 用人单位可否以劳动者兼职为由解除劳动合同？

我国有关劳动方面的法律、法规虽然没有对“兼职”作出禁止性的规定，但作为劳动者，完成本职工作是其应尽的义务。从事兼职工作，在时间和精神力上必然会影响到本职工作。作为用人单位，对一个不能全心全意为本单位工作，并严重影响到工作任务完成的人员，有权与其解除劳动合同。根据《劳动合同法》第 39 条的规定，符合下列情形之一的，用人单位可以单方面解除劳动合同：（1）劳动者同时与其他用人单位建立劳动关系，对完成本单位的工作任务造成严重影响的；（2）劳动者同时与其他用人单位建立劳动关系，经用人单位提出，拒不改正的。需要注意的是，必须是给用人单位造成“严重”影响，如果影响轻微，用人单位不能以此为由与劳动者解除合同。

31. 女职工在孕期严重违纪，单位是否可以解除劳动合同？

如果劳动者具有《劳动合同法》第42条规定的用人单位不能解除劳动合同的情形，但同时也符合《劳动合同法》第39条规定的用人单位可以即时解除劳动合同的情形，那么，用人单位是否可以解除劳动合同？答案是可以。这是因为，《劳动合同法》第42条所规定的不能解除劳动合同的情形，仅限于不得按照《劳动合同法》第40、41条的规定解除劳动合同，而如果用人单位按照《劳动合同法》第39条的规定解除劳动合同，并没有违反《劳动合同法》的规定。因此，女职工在孕期严重违反用人单位的规章制度，用人单位可以解除劳动合同。

案例指引

16. 判断用人单位单方解除劳动合同行为的合法性时，应当以何内容为认定依据？①

孙贤锋诉淮安西区人力资源开发有限公司劳动合同纠纷案

（最高人民法院审判委员会讨论通过　2022年7月4日发布）

关键词　民事/劳动合同/解除劳动合同/合法性判断

裁判要点

人民法院在判断用人单位单方解除劳动合同行为的合法性时，应当以用人单位向劳动者发出的解除通知的内容为认定依据。在案件审理过程中，用人单位超出解除劳动合同通知中载明的依据及事由，另行提出劳动者在履行劳动合同期间存在其他严重违反用人单位规章制度的情

---

① 最高人民法院指导案例180号。

形，并据此主张符合解除劳动合同条件的，人民法院不予支持。

相关法条

《中华人民共和国劳动合同法》第39条

基本案情

2016年7月1日，孙贤锋（乙方）与淮安西区人力资源开发有限公司（以下简称西区公司）（甲方）签订劳动合同，约定：劳动合同期限为自2016年7月1日起至2019年6月30日止；乙方工作地点为连云港，从事邮件收派与司机岗位工作；乙方严重违反甲方的劳动纪律、规章制度的，甲方可以立即解除本合同且不承担任何经济补偿；甲方违约解除或者终止劳动合同的，应当按照法律规定和本合同约定向乙方支付经济补偿金或赔偿金；甲方依法制定并通过公示的各项规章制度，如《员工手册》《奖励与处罚管理规定》《员工考勤管理规定》等文件作为本合同的附件，与本合同具有同等效力。之后，孙贤锋根据西区公司安排，负责江苏省灌南县堆沟港镇区域的顺丰快递收派邮件工作。西区公司自2016年8月25日起每月向孙贤锋银行账户结算工资，截至2017年9月25日，孙贤锋前12个月的平均工资为6329.82元。2017年9月12日、10月3日、10月16日，孙贤锋先后存在工作时间未穿工作服、代他人刷考勤卡、在单位公共平台留言辱骂公司主管等违纪行为。事后，西区公司依据《奖励与处罚管理规定》，由用人部门负责人、建议部门负责人、工会负责人、人力资源部负责人共同签署确认，对孙贤锋上述违纪行为分别给予扣2分、扣10分、扣10分处罚，但具体扣分处罚时间难以认定。

2017年10月17日，孙贤锋被所在单位用人部门以未及时上交履职期间的营业款项为由安排停工。次日，孙贤锋至所在单位刷卡考勤，显示刷卡信息无法录入。10月25日，西区公司出具离职证明，载明孙贤锋自2017年10月21日从西区公司正式离职，已办理完毕手续，即日起与公司无任何劳动关系。10月30日，西区公司又出具解除劳动合同通知书，载明孙贤锋在未履行请假手续也未经任何领导批准情况下，自

2017年10月20日起无故旷工3天以上，依据国家的相关法律法规及单位规章制度，经单位研究决定自2017年10月20日起与孙贤锋解除劳动关系，限于2017年11月15日前办理相关手续，逾期未办理，后果自负。之后，孙贤锋向江苏省灌南县劳动人事争议仲裁委员会申请仲裁，仲裁裁决后孙贤锋不服，遂诉至法院，要求西区公司支付违法解除劳动合同赔偿金共计68500元。

西区公司在案件审理过程中提出，孙贤锋在职期间存在未按规定着工作服、代人打卡、谩骂主管以及未按照公司规章制度及时上交营业款项等违纪行为，严重违反用人单位规章制度；自2017年10月20日起，孙贤锋在未履行请假手续且未经批准的情况下无故旷工多日，依法自2017年10月20日起与孙贤锋解除劳动关系，符合法律规定。

裁判结果

江苏省灌南县人民法院于2018年11月15日作出（2018）苏0724民初2732号民事判决：一、被告西区公司于本判决发生法律效力之日起十日内支付原告孙贤锋经济赔偿金18989.46元。二、驳回原告孙贤锋的其他诉讼请求。西区公司不服，提起上诉。江苏省连云港市中级人民法院于2019年4月22日作出（2019）苏07民终658号民事判决：驳回上诉，维持原判。

裁判理由

法院生效裁判认为：用人单位单方解除劳动合同是根据劳动者存在违法违纪、违反劳动合同的行为，对其合法性的评价也应以作出解除劳动合同决定时的事实、证据和相关法律规定为依据。用人单位向劳动者送达的解除劳动合同通知书，是用人单位向劳动者作出解除劳动合同的意思表示，对用人单位具有法律约束力。解除劳动合同通知书明确载明解除劳动合同的依据及事由，人民法院审理解除劳动合同纠纷案件时应以该决定作出时的事实、证据和法律为标准进行审查，不宜超出解除劳动合同通知书所载明的内容和范围。否则，将偏离劳资双方所争议的解除劳动合同行为的合法性审查内容，导致法院裁判与当事人诉讼请求以及争议焦点不一致；同时，也违背民事主体从事民事活动所应当秉持的诚实信用这一基本原则，造成劳资双方权益保障的失衡。

本案中，孙贤锋与西区公司签订的劳动合同系双方真实意思表示，合法有效。劳动合同附件《奖励与处罚管理规定》作为用人单位的管理规章制度，不违反法律、行政法规的强制性规定，合法有效，对双方当事人均具有约束力。根据《奖励与处罚管理规定》，员工连续旷工3天（含）以上的，公司有权对其处以第五类处罚责任，即解除合同、永不录用。西区公司向孙贤锋送达的解除劳动合同通知书明确载明解除劳动合同的事由为孙贤锋无故旷工达3天以上，孙贤锋诉请法院审查的内容也是西区公司以其无故旷工达3天以上而解除劳动合同行为的合法性，故法院对西区公司解除劳动合同的合法性审查也应以解除劳动合同通知书载明的内容为限，而不能超越该诉争范围。虽然西区公司在庭审中另提出孙贤锋在工作期间存在不及时上交营业款、未穿工服、代他人刷考勤卡、在单位公共平台留言辱骂公司主管等其他违纪行为，也是严重违反用人单位规章制度，公司仍有权解除劳动合同，但是根据在案证据及西区公司的陈述，西区公司在已知孙贤锋存在上述行为的情况下，没有提出解除劳动合同，而是主动提出重新安排孙贤锋从事其他工作，在向孙贤锋出具解除劳动合同通知书时也没有将上述行为作为解除劳动合同的理由。对于西区公司在诉讼期间提出的上述主张，法院不予支持。

西区公司以孙贤锋无故旷工达3天以上为由解除劳动合同，应对孙贤锋无故旷工达3天以上的事实承担举证证明责任。但西区公司仅提供了本单位出具的员工考勤表为证，该考勤表未经孙贤锋签字确认，孙贤锋对此亦不予认可，认为是单位领导安排停工并提供刷卡失败视频为证。因孙贤锋在工作期间被安排停工，西区公司之后是否通知孙贤锋到公司报到、如何通知、通知时间等事实，西区公司均没有提供证据加以证明，故孙贤锋无故旷工3天以上的事实不清，西区公司应对此承担举证不能的不利后果，其以孙贤锋旷工违反公司规章制度为由解除劳动合同，缺少事实依据，属于违法解除劳动合同。

关联参见

《劳动法合同法》第39条；《劳动合同法实施条例》第19条；《劳动法意见》第28-31条

第二十六条 【非过失性辞退】有下列情形之一的，用人单位可以解除劳动合同，但是应当提前三十日以书面形式通知劳动者本人：

（一）劳动者患病或者非因工负伤，医疗期满后，不能从事原工作也不能从事由用人单位另行安排的工作的；

（二）劳动者不能胜任工作，经过培训或者调整工作岗位，仍不能胜任工作的；

（三）劳动合同订立时所依据的客观情况发生重大变化，致使原劳动合同无法履行，经当事人协商不能就变更劳动合同达成协议的。

条文解读

医疗期 本条第1项中的“医疗期”，根据《企业职工患病或非因工负伤医疗期规定》，是指企业职工因患病或非因工负伤停止工作治病休息不得解除劳动合同的时限。

不能胜任工作 本条第2项中的“不能胜任工作”，是指不能按要求完成劳动合同中约定的任务或者同工种、同岗位人员的工作量。用人单位不得故意提高定额标准，使劳动者无法完成。

客观情况 本条第3项中的“客观情况”，是指发生不可抗力或出现致使劳动合同全部或部分条款无法履行的其他情况，如企业迁移、被兼并、企业资产转移等，并且排除《劳动法》第27条所列的客观情况。

32. 单位与职工约定"业绩不好合同就终止"，该约定有效吗？

根据《劳动合同法》规定，必须在符合法律规定的条件下，劳动合同才可以终止，而不可以由双方自由约定劳动合同终止的条件。虽然依据《劳动法》规定，劳动合同双方当事人可以自行约定终止条件，但基于后法优于前法的原则，《劳动合同法》生效施行以后，《劳动法》的上述规定自动失效。

33. 劳动者不能胜任工作被辞退，单位给补偿吗？

根据《劳动合同法》规定，劳动者不能胜任工作，经过培训或者调整工作岗位，仍不能胜任工作的，用人单位提前 30 日以书面形式通知劳动者本人或者额外支付劳动者 1 个月工资后，可以解除劳动合同。单位以不能胜任工作为由解除劳动合同需要满足 3 个条件：(1) 劳动者被证明不能胜任工作；(2) 在劳动者不能胜任工作后，单位要为其进行培训或者调整工作岗位；(3) 之后仍然不能胜任工作。

34. 客观情况发生重大变化，双方不能协商变更，单位解除合同给补偿吗？

劳动合同订立时所依据的客观情况发生重大变化，致使劳动合同无法履行，经用人单位与劳动者协商，未能就变更劳动合同内容达成协议的，用人单位提前 30 日以书面形式通知劳动者本人或者额外支付劳动者一个月工资后，可以解除劳动合同。在这种情况下，单位解除劳动合同的，应向劳动者支付经济补偿金。当然，如果客观情况发生重大变化，导致劳动合同无法履行，劳动者也可以提出解除劳动合同。但相关法律并没有规定，就此情况下劳动者解除劳动合同，用人单位必须支付经济补偿金。因此，如果发生这种情况，劳动者应慎重主动提出解除劳动合同。

35. 劳动者患有难以治疗的疾病，用人单位在医疗期内终止劳动合同，劳动者起诉要求继续履行的，法院应如何处理？

患有癌症、精神病等难以治疗的特殊疾病的劳动者，应当享受24个月的医疗期。医疗期内劳动合同期满，劳动合同应当延续至医疗期满时终止。用人单位在医疗期内违法解除或者终止劳动合同，劳动者起诉要求继续履行劳动合同的，人民法院应当判决撤销用人单位的解除或者终止通知书。

关联参见

《劳动合同法》第40条；《劳动合同法实施条例》第19条；《企业职工患病或非因工负伤医疗期规定》

第二十七条　【用人单位经济性裁员】用人单位濒临破产进行法定整顿期间或者生产经营状况发生严重困难，确需裁减人员的，应当提前三十日向工会或者全体职工说明情况，听取工会或者职工的意见，经向劳动行政部门报告后，可以裁减人员。

用人单位依据本条规定裁减人员，在六个月内录用人员的，应当优先录用被裁减的人员。

条文解读

法定整顿期间　“法定整顿期间”，是指依据《企业破产法》的破产程序进入的整顿期间。“生产经营状况发生严重困难”，可以根据地方政府规定的困难企业标准来界定。“报告”仅指说明情况，无批准的含义。

优先录用　“优先录用”，是指同等条件下优先录用。

经济性裁员的条件和适用情形　《劳动合同法》第41条规定，有下列情形之一，需要裁减人员20人以上或者裁减不足20人但占企业职工总数10%以上的，用人单位提前30日向工会或者全体职工说明情况，听取工会或者职工的意见后，裁减人员方案经向劳动行政部门报告，可以裁减人员：（1）依照企业破产法规定进行重整的；（2）生产经营发生严重困难的；（3）企业转产、重大技术革新或者经营方式调整，经变更劳动合同后，仍需裁减人员的；（4）其他因劳动合同订立时所依据的客观经济情况发生重大变化，致使劳动合同无法履行的。

裁减人员时应优先留用的人员 ➲ 除了上述适用条件和适用情形的限制外，对于经济性裁员，法律还规定了裁减人员的限制。主要有两种限制，一是禁止裁减的人员；二是应当优先留用的人员。禁止裁减的人员主要有以下几类：（1）从事接触职业病危害作业的劳动者未进行离岗前职业健康检查，或者疑似职业病病人在诊断或者医学观察期间的；（2）在本单位患职业病或者因工负伤并被确认丧失或者部分丧失劳动能力的；（3）患病或者非因工负伤，在规定的医疗期内的；（4）女职工在孕期、产期、哺乳期的；（5）在本单位连续工作满 15 年，且距法定退休年龄不足 5 年的；（6）法律、行政法规规定的其他情形。优先留用的人员主要有以下几类：（1）与本单位订立较长期限的固定期限劳动合同的；（2）与本单位订立无固定期限劳动合同的；（3）家庭无其他就业人员，有需要扶养的老人或者未成年人的。用人单位依照规定裁减人员，在 6 个月内重新招用人员的，应当通知被裁减的人员，并在同等条件下优先招用被裁减的人员。

实务应用

36. 用人单位进行经济性裁员应当经过何种程序？

根据《企业经济性裁减人员规定》，用人单位确需裁减人员，应按下列程序进行：（1）提前 30 日向工会或全体职工说明情况，并提供有关生产经营状况的资料；（2）提出裁减人员方案，内容包括：被裁减人员名单、裁减时间及实施步骤，符合法律、法规规定和集体合同约定的被裁减人员的经济补偿办法；（3）将裁减人员方案征求工会或者全体职工的意见，并对方案进行修改和完善；（4）向当地劳动行政部门报告裁减人员方案以及工会或者全体职工的意见，并听取劳动行政部门的意见；（5）由用人单位正式公布裁减人员方案，与被裁减人员办理解除劳动合同手续，按照有关规定向被裁减人员本人支付经济补偿金，并出具裁减人员证明书。

37. 用人单位在裁员时应当注意哪些情况？

用人单位裁减人员时，应注意做到以下几点：第一，裁减人员时，应当优先留用下列人员：（1）与本单位订立较长期限的固定期限劳动合同的；（2）与本单位订立无固定期限劳动合同的；（3）家庭无其他就业人员，有需要扶养的老人或者未成年人的。第二，用人单位在6个月内重新招用人员的，应当通知被裁减的人员，并在同等条件下优先招用被裁减的人员。第三，用人单位有条件的，应为被裁减人员提供培训或就业帮助。第四，对于被裁减而失业的人员，参加失业保险的，可到当地劳动就业服务机构登记，申领失业救济金。第五，工会或职工对裁员提出的合理意见，用人单位应认真听取，用人单位违反法律、法规规定和集体合同约定裁减人员的，工会有权要求重新处理。

38. 职工被裁员后又被重新录用的工作年限应当如何计算？

按照《劳动法》第27条和《劳动合同法》第41条的规定，进行经济性裁员的用人单位在6个月内招用人员的，应当通知被裁减的人员，并在同等条件下优先招用被裁减的人员。因经济性裁员而被用人单位裁减的职工，在6个月内又被原用人单位重新招用的，对劳动者被裁减前和重新招用后的工作年限应当连续计算。

39. 对企业一次性裁员的数量和比例有何特殊规定？

《劳动和社会保障部办公厅关于企业一次性裁员超过一定数量和比例问题的复函》规定，除关闭破产企业外，原则上企业从业人员在500人以上、2000人以下，一次性裁员超过10%的，企业从业人员在2000人以上，一次性裁员超过200人的，要事先向当地劳动保障行政部门报告。各省、自治区、直辖市可以根据上述原则，结合本地区经济发展和结构调整的实际情况，确定具体数量和比例。

40. 企业破产或倒闭的，需要向劳动者支付经济补偿吗？

用人单位被依法宣告破产的，用人单位被吊销营业执照、责令关闭、撤销或者用人单位决定提前解散的，用人单位与劳动者之间的劳动合同无法履行而不得不终止，而终止是基于用人单位方面的原因而非劳动者过错造成的，因此用人单位应当向劳动者支付经济补偿。

关联参见

《劳动合同法》第 41 条；《企业经济性裁减人员规定》；《劳动法意见》第 25 条

第二十八条 【用人单位解除劳动合同的经济补偿】 用人单位依据本法第二十四条、第二十六条、第二十七条的规定解除劳动合同的，应当依照国家有关规定给予经济补偿。

条文解读

经济补偿的情形 ➲ 有下列情形之一的，用人单位应当向劳动者支付经济补偿：(1) 劳动者依照《劳动合同法》第 38 条规定解除劳动合同的；(2) 用人单位依照《劳动合同法》第 36 条规定向劳动者提出解除劳动合同并与劳动者协商一致解除劳动合同的；(3) 用人单位依照《劳动合同法》第 40 条规定解除劳动合同的；(4) 用人单位依照《劳动合同法》第 41 条第 1 款规定解除劳动合同的；(5) 除用人单位维持或者提高劳动合同约定条件续订劳动合同，劳动者不同意续订的情形外，依照《劳动合同法》第 44 条第 1 项规定终止固定期限劳动合同的；(6) 依照《劳动合同法》第 44 条第 4 项、第 5 项规定终止劳动合同的；(7) 法律、行政法规规定的其他情形。

经济补偿的标准 ➲ 经济补偿按劳动者在本单位工作的年限，每满1年支付1个月工资的标准向劳动者支付。6个月以上不满1年的，按1年计算；不满6个月的，向劳动者支付半个月工资的经济补偿。劳动者月工资高于用人单位所在直辖市、设区的市级人民政府公布的本地区上年度职工月平均工资3倍的，向其支付经济补偿的标准按职工月平均工资3倍的数额支付，向其支付经济补偿的年限最高不超过12年。上述所称月工资是指劳动者在劳动合同解除或者终止前12个月的平均工资。

实务应用

41. 当事人在订立劳动合同之时或履行劳动合同期间约定了经济补偿金的标准，其效力应当如何认定？

为避免用人单位利用其强势地位，迫使劳动者以协议的方式降低经济补偿金标准，免除或部分免除其法定义务，经济补偿金的数额应按法定标准计算。如用人单位与劳动者之间在订立劳动合同之时或在履行劳动合同过程中对于经济补偿金的约定不符合法定标准，该约定应认定为无效。但如果系在解除劳动合同过程中，双方对经济补偿金的数额经协商达成一致，劳动者没有受到胁迫、主观上也不存在重大误解等情形的，则应认定为有效。对于实践中存在的用人单位与劳动者之间在劳动合同中有约定，每一合同履行期满由用人单位予以发放“解约补偿金”或用人单位与劳动者在合同期满终止发放补偿金后依然延续劳动关系的，如用人单位不当解除与劳动者的劳动合同，在计算劳动者的经济补偿金时，应以其连续工作年限计发，已领取的上述款项应予以扣除。

42. 劳动者失业救济金是否因经济补偿的发放而停发？

《劳动法意见》规定，劳动合同解除后，用人单位对符合规定的劳动者应支付经济补偿金。不能因劳动者领取了失业救济金而拒付或克扣经济补偿金，失业保险机构也不得以劳动者领取了经济补偿金为由，停发或减发失业救济金。

关联参见

《劳动合同法》第46-47条；《劳动合同法实施条例》第14条、第20条、第22条、第23条

第二十九条　【用人单位不得解除劳动合同的情形】 劳动者有下列情形之一的，用人单位不得依据本法第二十六条、第二十七条的规定解除劳动合同：

（一）患职业病或者因工负伤并被确认丧失或者部分丧失劳动能力的；

（二）患病或者负伤，在规定的医疗期内的；

（三）女职工在孕期、产期、哺乳期内的；

（四）法律、行政法规规定的其他情形。

条文解读

用人单位不得解除劳动合同的情形 ➜ 本条第1项、第2项、第3项之所以以法律的形式规定不得解除劳动合同，是为了保证劳动者在特殊情况下的权益不受侵害。在第2项、第3项规定的情形下劳动合同到期的，应延续劳动合同到医疗期满或女职工“三期”届满为止。

另外需要注意，《劳动合同法》第42条对此有进一步规定，劳动者有下列情形之一的，用人单位不得依照《劳动合同法》第40条、第41条的规定解除劳动合同：（1）从事接触职业病危害作业的劳动者未进行离岗前职业健康检查，或者疑似职业病病人在诊断或者医学观察期间的；（2）在本单位患职业病或者因工负伤并被确认丧失或者部分丧失劳动能力的；（3）患病或者非因工负伤，在规定的医疗期内的；（4）女职工在孕期、产期、哺乳期的；（5）在本单位连续工作满15年，且距法定退休年龄不足五年的；（6）法律、行政法规规定的其他情形。

但是，这些特殊情形并未排除依据《劳动法》第25条、《劳动合同

法》第39条的规定解除劳动合同，也就是说，即使劳动者有上述规定的情形，但是如果其又具备《劳动法》第25条或者《劳动合同法》第39条规定的情形之一的，用人单位仍然可以解除劳动合同。

实务应用

43. 工伤职工对鉴定结论不服的，应如何救济？

职工发生工伤，经治疗伤情相对稳定后存在残疾、影响劳动能力的，或者停工留薪期满（含劳动能力鉴定委员会确认的延长期限），工伤职工或者其用人单位应当及时向设区的市级劳动能力鉴定委员会提出劳动能力鉴定申请。申请劳动能力鉴定应当填写劳动能力鉴定申请表，并提交下列材料：（1）有效的诊断证明、按照医疗机构病历管理有关规定复印或者复制的检查、检验报告等完整病历材料；（2）工伤职工的居民身份证或者社会保障卡等其他有效身份证明原件。

工伤职工或者其用人单位对初次鉴定结论不服的，可以在收到该鉴定结论之日起15日内向省、自治区、直辖市劳动能力鉴定委员会申请再次鉴定。申请再次鉴定，应当提供劳动能力鉴定申请表，以及工伤职工的居民身份证或者社会保障卡等有效身份证明原件。省、自治区、直辖市劳动能力鉴定委员会作出的劳动能力鉴定结论为最终结论。

自劳动能力鉴定结论作出之日起1年后，工伤职工、用人单位或者社会保险经办机构认为伤残情况发生变化的，可以向设区的市级劳动能力鉴定委员会申请劳动能力复查鉴定。对复查鉴定结论不服的，可以按照上述规定申请再次鉴定。

关联参见

《劳动合同法》第42条；《劳动法意见》第34条、第35条；《工伤保险条例》第33-35条；《企业职工患病或非因工负伤医疗期规定》

第三十条　【工会对用人单位解除劳动合同的监督权】用人单位解除劳动合同，工会认为不适当的，有权提出意见。如果用人单位违反法律、法规或者劳动合同，工会有权要求重新处理；劳动者申请仲裁或者提起诉讼的，工会应当依法给予支持和帮助。

条文解读

根据《工会法》第22条和《劳动合同法》第43条的规定，用人单位单方面解除职工劳动合同时，应当事先将理由通知工会，工会认为用人单位违反法律、法规和有关合同，要求重新研究处理时，用人单位应当研究工会的意见，并将处理结果书面通知工会。职工认为用人单位侵犯其劳动权益而申请劳动争议仲裁或者向人民法院提起诉讼的，工会应当给予支持和帮助。可见，《劳动合同法》《工会法》将《劳动法》这一规定进行了细化。

实务应用

44. 用人单位解除劳动合同未提前通知工会有何后果？

《劳动争议解释（一）》第47条规定，建立了工会组织的用人单位解除劳动合同符合《劳动合同法》第39条、第40条规定，但未按照《劳动合同法》第43条规定事先通知工会，劳动者以用人单位违法解除劳动合同为由请求用人单位支付赔偿金的，人民法院应予支持，但起诉前用人单位已经补正有关程序的除外。这里的“补正有关程序”是指用人单位在劳动者起诉前就解除劳动合同情况征求工会的意见。

关联参见

《劳动合同法》第43条；《工会法》第22条

第三十一条　【劳动者单方解除劳动合同】劳动者解除劳动合同，应当提前三十日以书面形式通知用人单位。

条文解读

劳动者单方解除劳动合同的时间和形式 ➜ 劳动者解除劳动合同，应当提前30日以书面形式通知用人单位。劳动者提前30日以书面形式通知用人单位，既是解除劳动合同的程序，也是解除劳动合同的条件。劳动者提前30日以书面形式通知用人单位解除劳动合同的，无需征得用人单位的同意。超过30日，劳动者向用人单位提出办理解除劳动合同的手续，用人单位应予以办理。提前期不足30日以书面形式通知用人单位，而劳动者要求解除劳动合同，用人单位可以不予办理。由于劳动者违反劳动合同有关约定而给用人单位造成经济损失的，应依据有关法律、法规、规章的规定和劳动合同的约定，由劳动者承担赔偿责任。劳动者单方解除劳动合同的，必须提前30天通知用人单位，并且只能采取书面的形式，而不能采取口头形式。值得注意的是，《劳动合同法》规定，如果劳动者在试用期内解除劳动合同，则提前3天通知用人单位即可，而且没有书面形式的强制性要求。

关联参见

《劳动合同法》第37条；《劳动合同法实施条例》第18条；《劳动法意见》第32条

第三十二条　【劳动者无条件解除劳动合同的情形】 有下列情形之一的，劳动者可以随时通知用人单位解除劳动合同：

（一）在试用期内的；

（二）用人单位以暴力、威胁或者非法限制人身自由的手段强迫劳动的；

（三）用人单位未按照劳动合同约定支付劳动报酬或者提供劳动条件的。

条文解读

对于劳动者无条件解除劳动合同的情形，《劳动法》规定得比较简单，《劳动合同法》予以了细化。《劳动合同法》第 38 条第 1 款规定，用人单位有下列情形之一的，劳动者可以解除劳动合同：(1) 未按照劳动合同约定提供劳动保护或者劳动条件的；(2) 未及时足额支付劳动报酬的；(3) 未依法为劳动者缴纳社会保险费的；(4) 用人单位的规章制度违反法律、法规的规定，损害劳动者权益的；(5) 因《劳动合同法》第 26 条第 1 款规定的情形致使劳动合同无效的；(6) 法律、行政法规规定劳动者可以解除劳动合同的其他情形。《劳动合同法》第 38 条第 2 款规定，用人单位以暴力、威胁或者非法限制人身自由的手段强迫劳动者劳动的，或者用人单位违章指挥、强令冒险作业危及劳动者人身安全的，劳动者可以立即解除劳动合同，不需事先告知用人单位。本条中的“暴力”是指对劳动者实施捆绑、拉拽、殴打、伤害等行为；“威胁”是指对劳动者施以暴力威胁或者其他强迫手段；“非法限制人身自由”是指采用拘留、禁闭或其他强制方法非法剥夺或限制他人按照自己的意志支配自己的身体活动自由的行为。

对于《劳动合同法》的规定，应当注意以下几点：第一，根据《劳动合同法》第 37 条的规定，“在试用期内”已不再属于劳动者可以随时解除劳动合同的事由，而应当提前 3 天通知用人单位以解除劳动合同；第二，具有《劳动合同法》第 38 条第 2 款规定的情形的，劳动者可以立即解除劳动合同，不需要事先告知用人单位，其隐含的意思是，具有第 38 条第 1 款规定的情形的，尽管劳动者可以随时解除劳动合同，但是劳动者仍必须尽到通知义务，而《劳动法》第 32 条的规定，也是这个意思。

实务应用

45. 劳动者提出解除劳动合同，有何限制？

除试用期员工在试用期内提前 3 日通知用人单位可解除劳动合同，

以及《劳动法》第 32 条、《劳动合同法》第 38 条规定的可以随时向用人单位提出解除劳动合同的情形外，劳动者要求解除劳动合同，应通过与用人单位协商一致或提前 30 日以书面形式通知用人单位。除此之外，劳动者以其他形式提出的解除劳动合同，均属违法，应承担相应的法律责任。

46. 劳动合同解除后，用人单位和劳动者的附随义务有哪些？

所谓附随义务，是指合同解除或终止后，当事人依诚实信用原则应负有的某种作为或不作为义务，如通知、协助、保密义务。在劳动合同解除或终止后，尽管双方当事人不再履行劳动合同的权利义务，但并不意味着当事人不再承担其他义务，相反，当事人还应承担依诚信原则所产生的各种附随义务，即后合同义务。具体来说包括：第一，当事人具有通知的义务，即一方当事人依照法律的规定或合同约定主张解除或终止劳动合同的，应当通知对方，劳动合同自通知到达对方时解除或终止。第二，用人单位应当自解除或者终止劳动合同之日起 15 日内，为劳动者办理档案和社会保险转移手续，并为需要办理失业登记的劳动者出具解除或者终止劳动合同的证明，返还劳动者寄存的财产；用人单位须支付经济补偿金的，应当在办理工作交接时向劳动者支付。第三，劳动者应当按照双方约定，按照忠实义务的要求，结束其正在进行的事务，对紧急事务作应急处理；同时，应当按照双方的约定，办理工作交接，对原归其保管的物品，在交接前负责继续保管。第四，用人单位对已经解除或者终止的劳动合同的文本，至少保存 2 年备查。第五，劳动者对其在劳动关系存续期间得知的商业秘密，在劳动合同终止后一定期限内应当继续保密，并遵守竞业禁止的相关规定。第六，在尚未参加社会保险统筹的情况下，劳动者退休后，原用人单位还负有向劳动者支付养老金、医疗费、工伤保险待遇和其他社会保险费的义务。同时，劳动合同终止后，当事人还应当履行相互协作和照顾的义务、忠实的义务等。和违反给付义务一样，违反劳动合同附随义务造成对方损失的，应赔偿其损失。

关联参见

《劳动合同法》第38条；《劳动合同法实施条例》第18条；《劳动法意见》第40条

第三十三条 【集体合同的内容和签订程序】企业职工一方与企业可以就劳动报酬、工作时间、休息休假、劳动安全卫生、保险福利等事项，签订集体合同。集体合同草案应当提交职工代表大会或者全体职工讨论通过。

集体合同由工会代表职工与企业签订；没有建立工会的企业，由职工推举的代表与企业签订。

条文解读

企业职工一方是指企业工会或者职工推举的代表（没有建立工会的企业）。“保险福利”主要是指国家基本社会保险之外的企业补充保险和职工福利。国家基本社会保险依照法律、法规规定执行。

集体合同 ➲ 集体合同，是指用人单位与本单位职工根据法律、法规、规章的规定就劳动报酬、工作时间、休息休假、劳动安全卫生、职业培训、保险福利等事项，通过集体协商签订的书面协议。集体合同有以下特征：第一，集体合同是最低标准合同。集体合同是就劳动报酬、工作时间、休息休假、劳动安全卫生、保险福利等事项的最低标准和企业达成的协议，企业和职工个人签订的劳动合同所定的各种待遇不得低于集体合同的标准。第二，集体合同规定企业承担的义务都具有法律性质，企业不履行义务，就要承担相应的法律责任。第三，集体合同是要式合同。集体合同要以书面形式签订。

集体合同的签订 ➲ 集体合同草案应当提交职工代表大会或者全体职工讨论通过，要体现职工在集体合同订立过程中的决定权。通常程序是：(1) 深入进行调查研究，广泛征求各方面的意见和要求，提出集体合同的初步草案。(2) 组织全体职工充分考虑、讨论集体合同草案。集体合同草案制定出来以后，应组织全体职工或在职工代表大会上对集体合同草案进行讨论、修改和补充，使集体合同充分反映用人单位和广大职工的意见和要求。(3) 修改并正式通过集体合同。根据全体职工的意见，对集体合同草案进行修改，并提交职工代表大会或者全体职工通过。(4) 签字、生效。集体合同正式通过后由企业法定代表人与企业工会主席签字，并报送劳动行政部门。集体合同生效后，应向全体职工公布。集体合同草案经审议未获得通过的，由双方重新协商，进行修改。集体合同由工会代表企业职工一方与用人单位订立；尚未建立工会的用人单位，由上级工会指导劳动者推举的代表与用人单位订立。

第三十四条　【集体合同的审查】 集体合同签订后应当报送劳动行政部门；劳动行政部门自收到集体合同文本之日起十五日内未提出异议的，集体合同即行生效。

条文解读

集体合同的审查 ➲《集体合同规定》第43条规定：“集体合同或专项集体合同审查实行属地管辖，具体管辖范围由省级劳动保障行政部门规定。中央管辖的企业以及跨省、自治区、直辖市的用人单位的集体合同应当报送劳动保障部或劳动保障部指定的省级劳动保障行政部门。”第44条规定：“劳动保障行政部门应当对报送的集体合同或专项集体合同的下列事项进行合法性审查：（一）集体协商双方的主体资格是否符合法律、法规和规章规定；（二）集体协商程序是否违反法律、法规、规章规定；（三）集体合同或专项集体合同内容是否与国家规定相抵触。”

关联参见

《劳动合同法》第54条；《集体合同规定》第42-48条

第三十五条　【集体合同的效力】 依法签订的集体合同对企业和企业全体职工具有约束力。职工个人与企业订立的劳动合同中劳动条件和劳动报酬等标准不得低于集体合同的规定。

条文解读

集体劳动合同的效力 ➔ 集体合同依法签订后，对企业和全体职工具有约束力。集体合同的履行和其他合同一样，应当坚持实际履行、全面履行和协作履行的原则。集体合同的履行，应当针对不同的合同条款采用不同的履行方式。集体合同中规定的有关劳动标准方面的条款，主要要求当事人在集体合同的有效期内按照集体合同规定的各项标准签订个人劳动合同，保证个人劳动合同的劳动标准不低于集体合同规定的标准。对于目标性条款，当事人应当按照要求，自觉地实现各自的义务。

《劳动合同法》不仅要求职工个人与企业订立的劳动合同中的劳动条件和劳动报酬标准不低于集体劳动合同的规定，而且要求集体劳动合同的劳动报酬和劳动条件标准不低于当地人民政府规定的最低标准。

实务应用

47. 用人单位违反集体合同的约定，应由谁向用人单位主张权利？

根据《工会法》第 21 条第 4 款之规定，企业、事业单位、社会组织违反集体合同，侵犯职工劳动权益的，工会可以依法要求企业、事业单位、社会组织予以改正并承担责任；因履行集体合同发生争议，经协商解决不成的，工会可以向劳动争议仲裁机构提请仲裁，仲裁机构不予受理或者对仲裁裁决不服的，可以向人民法院提起诉讼。同时，《劳动合同法》第 56 条规定，用人单位违反集体合同，侵犯职工劳动权益的，工会可以依法要求用人单位承担责任；因履行集体合同发生争议，经协商解决不成的，工会可以依法申请仲裁、提起诉讼。据此，对于因履行集体合同发生的集体劳动争议，工会可以作为争议的当事人一方起诉。工会之所以可以作为当事人起诉，是因为集体合同是工会代表本单位或本行业的劳动者与用人单位签订的用于保护劳动者集体劳动权益的书面协议，工会本身就是集体合同的当事人，并且具有社会团体法人资格。因此，当因履行集体合同发生争议时，作为集体合同一方主体的工会有权作为原告向人民法院提起诉讼。

48. 集体合同与个人劳动合同规定不一致时，哪个效力更高?

依法签订的集体合同对企业和企业的全体职工具有约束力。集体合同中劳动条件和劳动报酬等标准的规定不得违背国家法律法规的规定；企业与职工签订的劳动合同在此方面不得低于集体合同的规定。即集体合同的法律效力高于劳动合同，劳动法律、法规的法律效力高于集体合同。需注意的是，这里所说的集体合同效力高于劳动合同，是指集体合同约定的是最低标准，劳动者与用人单位的约定不得低于这个标准，但可以约定高于集体合同的标准，如劳动合同可以约定比集体合同中的工资标准更高的标准。

关联参见

《劳动合同法》第 55 条、第 56 条

第四章　工作时间和休息休假

第三十六条　【标准工作时间】 国家实行劳动者每日工作时间不超过八小时、平均每周工作时间不超过四十四小时的工时制度。

条文解读

标准工作时间 ➲ 1995 年 5 月 1 日起，国务院规定标准工作日工作时间为 8 小时，每周工作时间为 40 小时。

实务应用

49. 如何认定劳动者的工作时间?

工作时间是指劳动者为用人单位从事生产和工作的时间。工作时间

一般以小时为计算单位，它包括每日工作的小时数和每周工作的天数和小时数。工作时间有如下特征：(1) 工作时间是法定的。即工作时间往往由法律进行限制，用人单位安排劳动者工作不能突破法律的限制。(2) 工作时间不限于实际工作时间，还包括工作准备时间和交接班时间，以及中间休息时间、女职工哺乳时间、出差时间等。劳动者由用人单位安排从事其他工作的，也包括在工作时间之内。(3) 工作时间是劳动者履行劳动义务的时间。根据劳动合同，劳动者必须为用人单位劳动，劳动者为用人单位劳动的时间即为工作时间。(4) 工作时间是用人单位计发劳动者报酬的依据之一。劳动者没有按劳动合同进行足够时间的劳动，其工资福利待遇往往受到影响。劳动者加班加点依照规定可得到加班工资。法律明文规定的劳动者从事劳动的时间限制称为法定工作时间，法定工作时间适用于国家机关、企事业单位、社会团体等，不适用于农民和个体劳动者。

案例指引

17. 以订立非全日制劳动合同为名，行全日制劳动关系为实，劳动者如何维权？①

杨某于 2011 年 9 月 16 日入职某商务会馆公司，担任修脚技师。工作期间，双方先后连续订立六次非全日制劳动合同，最后一份合同截止日期为 2021 年 1 月 15 日，该公司未为杨某缴纳社会保险费。杨某月工资不固定，无底薪，工资按月支付，全部为提成工资，月均工资为 5314 元。2021 年 3 月 19 日，杨某以未为其缴纳社会保险费为由，向公司发出书面通知解除劳动关系。2021 年 3 月 25 日，杨某向劳动人事争议仲裁委员会（以下简称仲裁委员会）提出仲裁申请，要求某商务会馆公

① 参见《2022 年北京市劳动人事争议仲裁典型案例》(2022 年 12 月 22 日发布)，超过用工时长非全日制劳动合同不能成为免责挡箭牌，载北京市人力资源和社会保障局网 http://rsj.beijing.gov.cn/bm/ztzl/dxal/202212/t20221222_2882841.html，最后访问日期：2023 年 5 月 19 日。

司支付解除劳动合同经济补偿。庭审中，关于工作时长，某商务会馆公司主张，杨某属于非全日制用工，实行计件工资制，没有社会保险，对其工作时间没有要求，也不要求打卡，有客人来就上钟，没有客人就休息，每周有一天休息，因属于非全日制用工，故不同意支付解除劳动合同经济补偿。杨某则主张，其每天下午 1 点上班，晚上 12 点下班，每周有一天休息需要申请，公司批准后可以休。针对工作时长的主张，杨某提交了其与上级主管的微信聊天记录予以佐证。该微信聊天记录显示，杨某称“每天下午 1 点到夜里 12 点的熬夜工作，单位没有给缴纳社保没有医疗保障……”，对方回复有“如果是班次的话可以调整”“因为现在就两个人，所以时间比较长”等内容，某商务会馆公司认可上述微信聊天记录的真实性。

本案争议的焦点在于，某商务会馆公司与杨某的用工形式应如何认定？

《劳动合同法》第 68 条规定：“非全日制用工，是指以小时计酬为主，劳动者在同一用人单位一般平均每日工作时间不超过四小时，每周工作时间累计不超过二十四小时的用工形式。”《劳动合同法》第 72 条第 2 款规定：“非全日制用工劳动报酬结算支付周期最长不得超过十五日。”本案中，第一，某商务会馆公司对杨某并非按照小时计酬，而是根据业绩提成计算工资；第二，杨某在职期间在工作地点随时待命，其提交的证据亦显示其每天工作时长 11 小时左右，每周工作至少 6 天，明显超过非全日制用工对用工时长的限制；第三，某商务会馆公司系按月向杨某发放工资，结算支付周期已超过 15 日。综上，虽然双方签订了非全日制劳动合同，但双方的劳动关系形式以及报酬结算方式不符合非全日制用工的特点，应认定双方属于全日制劳动关系。《劳动合同法》第 38 条第一款第三项规定：“用人单位有下列情形之一的，劳动者可以解除劳动合同：……；（三）未依法为劳动者缴纳社会保险费的；……”第四十六条第一项规定：“有下列情形之一的，用人单位应当向劳动者支付经济补偿：（一）劳动者依照本法第三十八条规定解除劳动合同的；……”由于某商务会馆公司未依法为杨某缴纳社会保险费，根据上述规定，仲裁委员会依法裁决支持杨某的仲裁请求。

《国务院办公厅关于支持多渠道灵活就业的意见》（国办发〔2020〕27号）指出，个体经营、非全日制以及新就业形态等灵活多样的就业方式，是劳动者就业增收的重要途径，对拓宽就业新渠道、培育发展新动能具有重要作用。非全日制用工由于具有“双方当事人可以订立口头协议”“非全日制用工双方当事人任何一方都可以随时通知对方终止用工。终止用工，用人单位不向劳动者支付经济补偿”“企业只需给劳动者缴纳工伤保险费”等特点，故具有用工成本低、用工灵活性强等优势。实践中，一些用人单位以订立非全日制劳动合同之名，行全日制劳动关系之实，这种规避劳动合同法相关规定的行为，不仅会得到仲裁委员会和人民法院的否定性评价，而且给自身带来更大的用工风险，故用人单位应以案为鉴在用工管理中予以避免。

关联参见

《国务院关于职工工作时间的规定》第3条；《劳动部关于职工工作时间有关问题的复函》

第三十七条　【计件工作时间】对实行计件工作的劳动者，用人单位应当根据本法第三十六条规定的工时制度合理确定其劳动定额和计件报酬标准。

条文解读

计件工资 ➲ 在实行计件工作的情形下，劳动者拿到的是计件工资。计件工资是指对已做工作按计件单价支付的劳动报酬。

实务应用

50. 对于实行计件工作的劳动者，如何设定其标准工作时间和加班时间？

所谓计件工作时间是指以劳动者完成一定劳动定额为标准的时间。对实行计件工作的劳动者，用人单位应当按照国家规定的工时制度合理确定其劳动定额和计件报酬标准。实行计件工作的用人单位，必须以劳动者在一个标准工作日（一昼夜工作 8 小时）和一个标准工作周（一周工作 40 小时、每周工作 5 天）的工作时间内能够完成的计件数量为标准，确定劳动者日或周的劳动定额，超过这个标准就等于延长了职工的工作时间，侵犯了职工的合法权益。由此可见，计件工作时间实际上是标准工作时间的特殊转化形式，但又比标准工作时间具有更大的灵活性。实行计件工作时间的劳动者，在 8 小时工作时间内完成了当日的劳动定额，则可以把剩余时间作为休息时间，也可以多做定额以取得相应的延长时间的劳动报酬，相反，如果劳动者未能在 8 小时内完成定额，则可以在 8 小时外加点以完成规定的劳动定额。在实行计件工作时间时应注意：(1) 对于实行计件工资的用人单位，在实行新的工时制度下，应既能保证劳动者享受缩短工时的待遇，又尽量保证劳动者的计件工资收入不减少。(2) 如果适当调整劳动定额，在保证劳动者计件工资收入不降低的前提下，计件单价可以不作调整；如果调整劳动定额有困难，就应该考虑适当调整劳动者计件单价，以保证收入不减少。

关联参见

《关于〈劳动法〉若干条文的说明》第 37 条

第三十八条　【劳动者的周休日】 用人单位应当保证劳动者每周至少休息一日。

条文解读

休息日 ➔ 本条中的休息日，又称公休假日，是劳动者工作一周之后的休息时间。有的企业因生产、工作需要，必须连续工作的，必须按照本条规定，予以统筹安排，保证劳动者每周至少休息 1 天，即至少有一次 24 小时不间断的休息。有的企业因工作情况特殊，劳动者不能在休息日休息的，企业应当安排轮流工作制度，给予劳动者相等时间的补休。按照国家现行的劳动工时制度，一个工作周为 5 天，即工作 5 天，可以休息 2 天。

实务应用

51. 用人单位可否对员工的休息日进行调整？

《国务院关于职工工作时间的规定》第 3 条、第 7 条规定，职工每日工作 8 小时，每周工作 40 小时。国家机关、事业单位实行统一的工作时间，星期六和星期日为休息日。企业和不能实行规定的统一工作时间的事业单位，可以根据实际情况灵活安排周休息日。所以，用人单位可以根据所在地的实际情况，经与工会和员工协商后，灵活安排周休息日。

案例指引

18. 劳动者超时加班发生工伤，用工单位、劳务派遣单位是否承担连带赔偿责任？①

2017 年 8 月，某服务公司（已依法取得劳务派遣行政许可）与某传媒公司签订劳务派遣协议，约定某服务公司为某传媒公司提供派遣人

---

① 参见《劳动人事争议典型案例（第二批）》（2021 年 8 月 26 日发布），劳动者超时加班发生工伤，用工单位、劳务派遣单位是否承担连带赔偿责任，载最高人民法院网 https：//www.court.gov.cn/zixun-xiangqing-319151.html，最后访问日期：2023 年 5 月 19 日。

员，每天工作 11 小时，每人每月最低保底工时 286 小时。2017 年 9 月，某服务公司招用李某并派遣至某传媒公司工作，未为李某缴纳工伤保险。2018 年 8 月、9 月、11 月，李某月工时分别为 319 小时、293 小时、322.5 小时，每月休息日不超过 3 日。2018 年 11 月 30 日，李某工作时间为当日晚 8 时 30 分至 12 月 1 日上午 8 时 30 分。李某于 12 月 1 日凌晨 5 时 30 分晕倒在单位卫生间，经抢救无效于当日死亡，死亡原因为心肌梗死等。2018 年 12 月，某传媒公司与李某近亲属惠某等签订赔偿协议，约定某传媒公司支付惠某等工亡待遇 42 万元，惠某等不得再就李某工亡赔偿事宜或在派遣工作期间享有的权利，向某传媒公司提出任何形式的赔偿要求。上述协议签订后，某传媒公司实际支付惠某等各项费用计 423497.80 元。此后，李某所受伤害被社会保险行政部门认定为工伤。某服务公司、惠某等不服仲裁裁决，诉至人民法院。

一审法院判决：按照《工伤保险条例》，因用人单位未为李某参加工伤保险，其工亡待遇由用人单位全部赔偿。某服务公司和某传媒公司连带赔偿惠某等医疗费、一次性工亡补助金、丧葬补助金、供养亲属抚恤金合计 766911.55 元。某传媒公司不服，提起上诉。二审法院判决：驳回上诉，维持原判。

《劳动法》第 38 条规定："用人单位应当保证劳动者每周至少休息一日。"第 41 条规定："用人单位由于生产经营需要，经与工会和劳动者协商后可以延长工作时间，一般每日不得超过一小时；因特殊原因需要延长工作时间的，在保障劳动者身体健康的条件下延长工作时间每日不得超过三小时，但是每月不得超过三十六小时。"《劳动合同法》第 92 条规定："……用工单位给被派遣劳动者造成损害的，劳务派遣单位与用工单位承担连带赔偿责任。"《国务院关于职工工作时间的规定》第 3 条规定："职工每日工作 8 小时、每周工作 40 小时。"休息权是劳动者的基本劳动权利，即使在支付劳动者加班费的情况下，劳动者的工作时间仍然受到法定延长工作时间上限的制约。劳务派遣用工中，劳动者超时加班发生工伤，用工单位和劳务派遣单位对劳动者的损失均负有责任，应承担连带赔偿责任。劳动者与用工单位、劳务派遣单位达成赔偿协议的，当赔偿协议存在违反法律、行政法规的强制性规定、欺诈、胁迫或者乘人之危情形时，不应认定赔偿协议有效；当赔偿协议存在重大误解或者显失公平情形时，应当支持劳动者依法行使撤销权。

本案中，某服务公司和某传媒公司协议约定的被派遣劳动者每天工作时间及每月工作保底工时，均严重超过法定标准。李某工亡前每月休息时间不超过 3 日，每日工作时间基本超过 11 小时，每月延长工作时间超过 36 小时数倍，其依法享有的休息权受到严重侵害。某传媒公司作为用工单位长期安排李某超时加班，存在过错，对李某在工作期间突发疾病死亡负有不可推卸的责任。惠某等主张某传媒公司与某服务公司就李某工伤的相关待遇承担连带赔偿责任，应予支持。惠某等虽与某传媒公司达成了赔偿协议，但赔偿协议是在劳动者未经社会保险行政部门认定工伤的情形下签订的，且赔偿协议约定的补偿数额明显低于法定工伤保险待遇标准，某服务公司和某传媒公司应对差额部分予以补足。

面对激烈的市场竞争环境，个别用人单位为降低用工成本、追求利润最大化，长期安排劳动者超时加班，对劳动者的身心健康、家庭和睦、参与社会生活等造成了严重影响，极端情况下会威胁劳动者的生命安全。本案系劳动者超时加班发生工伤而引发的工伤保险待遇纠纷，是超时劳动严重损害劳动者健康权的缩影。本案裁判明确了此种情况下用工单位、劳务派遣单位承担连带赔偿责任，可以有效避免劳务派遣用工中出现责任真空的现象，实现对劳动者合法权益的充分保障。同时，用人单位应依法为职工参加工伤保险，保障职工的工伤权益，也能分散自身风险。如用人单位未为职工参加工伤保险，工伤职工工伤保险待遇全部由用人单位支付。

19. 高级管理人员执行不定时工作制，企业应否支付加班费？[①]

刘某于2011年7月15日入职某互联网科技公司，任职副总经理。2014年12月12日，双方签订无固定期限的劳动合同，其中对工作时间的约定为“本公司实行每周五天、每天八小时标准工时制”。刘某每月基本工资25000元，2017年至2020年每年绩效奖金为350000元至550000元不等。2021年4月14日，刘某向某互联网科技公司发送《解除劳动合同通知书》，载明，“因贵司未足额支付劳动报酬，现根据《劳动合同法》第三十八条的规定，特通知贵司，自即日起我与贵司的劳动合同解除”。2021年5月，刘某向劳动人事争议仲裁委员会（以下简称仲裁委员会）提出仲裁申请，要求某互联网科技公司支付加班费及解除劳动合同经济补偿。庭审中，某互联网科技公司则主张，刘某是公司高级管理人员，适用不定时工作制；刘某称，双方签订的劳动合同中约定“本公司实行每周五天、每天八小时标准工作制”，其并非适用不定时工作制，且其需要进行打卡考勤，每月由人力资源部对打卡汇总后，通过邮件发送考勤表给其确认，公司通过此种方式进行考勤管理，2017年1月1日至2021年3月31日期间其延时加班556小时、休息日加班10天、法定节假日加班1天。刘某提交与人力资源部的邮件及考勤表予以证明，邮件载有“此考勤表仅供部门负责人做参考使用，由于人员流动频繁、流程审批延迟，导致数据导出会有偏差，请负责人务必认真核对部门人员数量、休假类型、休假天数，若有休假未提交相关手续者，督促员工按公司要求OA提交相关资料，最终将以部门负责人确认考勤为准。请您于……纸质版部门考勤……交至人力资源部”，2017年至2020年各月考勤记录为邮件附件，其上显示考勤项目包含“事假、病假、迟到/早退、旷工、年假、调休、婚假、丧假、产检、考试假”，其他员工栏偶有记录休假

---

① 参见《2022年北京市劳动人事争议仲裁典型案例》（2022年12月22日发布），高级管理人员执行不定时工作制企业无须支付加班费，载北京市人力资源和社会保障局网http://rsj.beijing.gov.cn/bm/ztzl/dxal/202212/t20221222_2882841.html，最后访问日期：2023年5月19日。

情况，刘某一栏均为空白；某互联网科技公司认可邮件及考勤表的真实性，但称邮件是公司人力资源部向刘某发送的其主管部门人员的请假等内容的记录，刘某列入该表仅是系统自动生成，未体现其有任何的请假、缺勤、加班记录，不能证明公司对其进行打卡考勤。

本案争议的焦点在于，某互联网科技公司是否应向担任高级管理人员的刘某支付加班费？《北京市企业实行综合计算工时工作制和不定时工作制的办法》（京劳社资发〔2003〕157号）第16条中规定，企业中的高级管理人员实行不定时工作制，不办理审批手续。《工资支付暂行规定》（劳部发〔1994〕489号）第13条及《北京市工资支付规定》第17条均规定，执行不定时工作制的劳动者不适用（执行）支付加班费的相关规定。本案中，从刘某提交的与人力资源部的邮件和考勤表的内容可知，考勤表主要用于部门负责人对部门人员休假情况的确认，并非刘某所述的打卡汇总；退一步讲，若如刘某所述是打卡汇总，由人力资源部发给其确认，公司通过该种方式对其进行考勤管理，则已经过其确认的考勤表，也没有显示其存在任何加班情况；因此，刘某被纳入考勤表，其记录均为空白，更符合某互联网科技公司所述系因系统自动生成，公司不对其进行考勤管理；虽然双方签订的劳动合同中约定“本公司实行每周五天、每天八小时标准工作制”，但刘某作为公司高级管理人员，公司不对其进行考勤管理，其工作时间自由灵活，综合考虑其工作岗位、履职情况等因素，故仲裁委员会采信某互联网科技公司关于刘某实行不定时工作制的主张，并对刘某要求支付加班费的请求不予支持。由于某互联网科技公司不存在拖欠刘某劳动报酬的情形，故刘某的辞职理由不能成立，其要求支付解除劳动合同经济补偿的请求，因无事实依据也不能得到支持。

近年来，部分企业行业超时加班现象较为突出。加班不仅影响劳动者休息，易引发劳动争议，而且增加用工成本。为减少不必要的加班，有效控制用工成本，用人单位除采取合理安排工作、加强劳动定额和岗位职责考核、完善考勤管理制度、及时安排休息日加班的劳动者补休等措施外，还应用好工时制度。对符合实行综合计算工时制和不定时工作制度的劳动者，报经劳动行政部门批准执行不定时工作制和综合工时制，最大限度的利用法定工作时间。由于对企业高级管理人员实行不定时工作制无须劳动行政部门审批，故应在劳动合同中对高级管理人员实行的工时制度进行明确约定，避免引发争议。此外，对“高级管理人员”的认定，应严格适用《公司法》第 216 条对“高级管理人员”的界定，即“指公司的经理、副经理、财务负责人，上市公司董事会秘书和公司章程规定的其他人员”，而不是仅依据双方当事人在劳动合同中的约定或双方当事人的“自认”。

关联参见

《关于〈劳动法〉若干条文的说明》第 38 条

第三十九条　【其他工时制度】企业因生产特点不能实行本法第三十六条、第三十八条规定的，经劳动行政部门批准，可以实行其他工作和休息办法。

条文解读

其他工时制度 1994 年劳动部《关于企业实行不定时工作制和综合计算工时工作制的审批办法》对此进行了详细的规定，并界定了其他工时制度主要有不定时工作制和综合计算工时工作制。

实务应用

52. 哪些企业职工可实行不定时工作制？

不定时工作制是针对因生产特点、工作特殊需要或职责范围的关系，无法按标准工作时间衡量或需要机动作业的职工所采用的一种工时制度。例如，企业中从事高级管理、推销、货运、装卸、长途运输驾驶、押运、非生产性值班和特殊工作形式的个体工作岗位的职工，出租车驾驶员等，可实行不定时工作制。鉴于每个企业的情况不同，企业可依据上述原则结合自身的实际情况进行研究，并按有关规定报批。

53. 哪些企业职工可实行综合计算工时工作制？

综合计算工时工作制是针对因工作性质特殊，需连续作业或受季节及自然条件限制的企业的部分职工，采用的以周、月、季、年等为周期综合计算工作时间的一种工时制度，但其平均日工作时间和平均周工作时间应与法定标准工作时间基本相同。该工作制涉及的职工主要有，交通、铁路、邮电、水运、航空、渔业等行业中因工作性质特殊，需要连续作业的职工；地质、石油及资源勘探、建筑、制盐、制糖、旅游等受季节和自然条件限制的行业的部分职工；亦工亦农或由于受能源、原材料供应等条件限制难以均衡生产的乡镇企业的职工等。另外，对于那些在市场竞争中，受外界因素影响，生产任务不均衡的企业的部分职工也可以参照综合计算工时工作制的办法实施。对于因工作性质或生产特点的限制，实行不定时工作制或综合计算工时工作制等其他工作和休息办法的职工，企业都应根据《劳动法》等有关规定，在保障职工身体健康并充分听取职工意见的基础上，采取集中工作、集中休息、轮休调休、弹性工作时间等适当的工作和休息方式，确保职工的休息休假权利和生产、工作任务的完成。

54. 实行综合计算工时工作制的企业，如何认定劳动者加班？

实行综合计算工时工作制的企业，在综合计算周期内，如果劳动者的实际工作时间总数超过该周期的法定标准工作时间总数，超过部分应视为延长工作时间。如果在整个综合计算周期内的实际工作时间总数不超过该周期的法定标准工作时间总数，只是该综合计算周期内的某一具体日（或周、或月、或季）超过法定标准工作时间，其超过部分不应视为延长工作时间。另外，在法定休假节日、休息日轮班工作的，应视为正常工作，企业无须履行《劳动法》第 41 条所规定的延长工作时间的手续，但在劳动报酬上，法定休假节日轮班的应按加班处理。

20. 用人单位与劳动者自行约定实行不定时工作制是否有效?①

2017年11月1日，张某与某物业公司签订3年期劳动合同，约定张某担任安全员，月工资为3500元，所在岗位实行不定时工作制。物业公司于2018年4月向当地人力资源社会保障部门就安全员岗位申请不定时工作制，获批期间为2018年5月1日至2019年4月30日。2018年9月30日，张某与物业公司经协商解除了劳动合同。双方认可2017年11月至2018年4月、2018年5月至2018年9月期间，张某分别在休息日工作15天、10天，物业公司既未安排调休也未支付休息日加班工资。张某要求物业公司支付上述期间休息日加班工资，物业公司以张某实行不定时工作制为由未予支付。2018年10月，张某向劳动人事争议仲裁委员会（以下简称仲裁委员会）申请仲裁。申请人请求裁决物业公司支付2017年11月至2018年9月的休息日加班工资共计8046元（3500元÷21.75天×25天×200%）。

仲裁委员会裁决物业公司支付张某2017年11月至2018年4月的休息日加班工资4828元（3500元÷21.75天×15天×200%），张某不服仲裁裁决起诉，一审法院判决与仲裁裁决一致，后不服一审判决向上一级人民法院提起上诉，二审判决维持原判。

《劳动法》第39条规定：“企业因生产特点不能实行本法第三十六条、第三十八条规定的，经劳动行政部门批准，可以实行其他工作和休息办法。”《关于企业实行不定时工作制和综合计算工时工作制的审批办法》（劳部发〔1994〕503号）第4条规定：“企业对符合下列条件之一的职工，可以实行不定时工作制。（一）企业中的高级管理人员、外勤人员、推销人员、部分值班人员和其他因工作无法按标准工作时间衡

---

① 参见《案例解读14：用人单位与劳动者自行约定实行不定时工作制是否有效》，载张家港市人民政府网 https://www.zjg.gov.cn/zjg/jycy_ldqy/202009/bbcf5d014efc44159c2c997afa7721e5.shtml，最后访问日期：2023年5月19日。

量的职工……”从上述条款可知，用人单位对劳动者实行不定时工作制，有严格的适用主体和适用程序要求。只有符合国家规定的特殊岗位劳动者，并经过人力资源社会保障部门审批，用人单位才能实行不定时工作制，否则不能实行。

本案中，张某所在的安全员岗位经审批实行不定时工作制的期间为2018年5月1日至2019年4月30日，此期间内根据《工资支付暂行规定》（劳部发〔1994〕489号）第13条规定，物业公司依法可以不支付张某休息日加班工资。2017年11月至2018年4月期间，物业公司未经人力资源社会保障部门审批，对张某所在岗位实行不定时工作制，违反相关法律规定。因此，应当认定此期间张某实行标准工时制，物业公司应当按照《劳动法》第44条“休息日安排劳动者工作又不能安排补休的，支付不低于工资的百分之二百的工资报酬”的规定支付张某休息日加班工资。

不定时工作制是针对因生产特点、工作特殊需要或职责范围的关系，无法按标准工作时间衡量或需要机动作业的劳动者所采用的一种工时制度。法律规定不定时工作制必须经审批方可实行。一方面，用人单位不能仅凭与劳动者约定就实行不定时工作制，而应当及时报人力资源社会保障部门批准后实行。对实行不定时工作制劳动者，也应当根据有关规定，采用集中工作、集中休息、轮休调休、弹性工作时间等方式，确保劳动者休息休假权利。另一方面，人力资源社会保障部门不断完善特殊工时工作制的审批机制，及时满足用人单位经营管理需要。

关联参见

《关于企业实行不定时工作制和综合计算工时工作制的审批办法》；《劳动法意见》第65-69条

第四十条　【法定休假节日】用人单位在下列节日期间应当依法安排劳动者休假：

（一）元旦；

（二）春节；

（三）国际劳动节；

（四）国庆节；

（五）法律、法规规定的其他休假节日。

条文解读

法定休假日 ➲ 本条所指法定休假日，是由国家法律、法规统一规定的用以开展纪念、庆祝活动以及民族传统习惯节日的休息时间。本条规定，“元旦、春节、国际劳动节、国庆节”，以及“法律、法规规定的其他休假节日”为法定休假日。

实务应用

55. 劳动者的休假，除了法定节假日以外，还有哪些？

休假，即劳动者带薪休息，是法定的劳动者免于上班并且有工资保障的休息时间。我国劳动法及相关法规规定的休假，主要有以下几种：（1）法定节假日。即《劳动法》第40条所规定的节假日。（2）年休假。对于这种休假，将在《劳动法》第45条进行解释。（3）探亲假。探亲假，是指法定的给予家属分居两地的职工，在一定时期内与父母或配偶团聚的假期，《国务院关于职工探亲待遇的规定》中关于探亲假的规定主要有以下内容：第一，享受探亲假的条件。凡在国家机关、人民团体和全民所有制企业、事业单位工作满1年的固定职工，与配偶不住在一起，又不能在公休假日团聚的，可以享受本规定探望配偶的待遇；与父亲、母亲都不住在一起，又不能在公休假日团聚的，可以享受本规定探望父母的待遇。但是，职工与父亲或与母亲一方能够在公休假日团聚的，不能享受本规定探望父母的待遇。第二，探亲假假期。主要有以下几种情形：①职工探望配偶的，每年给予一方探亲假一次，假期为30天。②未婚职工探望父母，原则上每年给假一次，假期为20天。如果因为工作需要，本单位当年不能给予假期，或者职工自愿两年探亲一次的，可以两年给假一次，假期为45天。③已婚职工探望父母的，每4年给假一次，假期为20天。探亲假期是指职工与配偶、父、母团聚的时间，另外，根据实际需要给予路程假。上述假期均包括公休假日和法定节日在内。（4）其他假期。除了上述假期之外，依规定还有女职工产假、职工婚丧假等。对于女职工产假，《劳动法》第62条规定，女职工生育享受不少于90天的产假，2012年4月28日实施的《女职工劳动保护特别规定》中明确女职工享受98天产假。

关联参见

《全国年节及纪念日放假办法》

第四十一条　【延长工作时间】 用人单位由于生产经营需要，经与工会和劳动者协商后可以延长工作时间，一般每日不得超过一小时；因特殊原因需要延长工作时间的，在保障劳动者身体健康的条件下延长工作时间每日不得超过三小时，但是每月不得超过三十六小时。

条文解读

延长劳动时间 ➔ 延长劳动时间是指工作时间超出法定正常界限在休息时间范围内的延伸，亦即职工在正常工作时间以外应当休息的时间内进行工作。为保障劳动者的身体健康，国家对延长工作时间的条件有严格规定：延长工作时间是“由于生产经营需要”和“因特殊原因”。生产经营需要主要是指紧急生产任务；因特殊原因主要是指由于生产经营需要按照法定工作时间工作后，仍不能完成紧急生产任务的，延长工作时间可以超过1小时，但每日不得超过3小时，月总计不得超过36

小时。延长工作时间需要符合以下条件：(1) 生产经营需要。生产经营需要是指有紧急生产任务等情况。(2) 用人单位要与工会和劳动者协商。协商是用人单位决定延长工作时间的必经程序（特殊情况延长工作时间的除外）。此外，根据《劳动法》及相关法律法规的规定，怀孕7个月以上和哺乳期内的女职工，不得安排延长工作时间；禁止安排未成年工延长工作时间。

实务应用

56. 未经批准自愿加班能索要加班费吗？

根据《劳动法》规定，企业可以制订与国家法律不相抵触的加班制度，对符合加班制度的加班情况支付不低于法定标准的加班工资。可见，用人单位支付加班工资的前提是“用人单位根据实际需要安排劳动者在法定标准工作时间以外工作”，劳动者自愿加班的，用人单位依据以上规定可以不支付加班工资。

关联参见

《劳动合同法》第31条；《国务院关于职工工作时间的规定》第6条；《劳动法意见》第71条

第四十二条　【特殊情况下的延长工作时间】有下列情形之一的，延长工作时间不受本法第四十一条规定的限制：

（一）发生自然灾害、事故或者因其他原因，威胁劳动者生命健康和财产安全，需要紧急处理的；

（二）生产设备、交通运输线路、公共设施发生故障，影响生产和公众利益，必须及时抢修的；

（三）法律、行政法规规定的其他情形。

条文解读

其他情形主要包括：(1) 在法定节日和公休假日内工作不能间断，必须连续生产、运输或者营业的；(2) 必须利用法定节日或公休假日的停产期间进行设备检修、保养的；(3) 为完成国防紧急任务的；(4) 为完成国家下达的其他紧急生产任务的。

关联参见

《国务院关于职工工作时间的规定》；《劳动部贯彻〈国务院关于职工工作时间的规定〉的实施办法》第7条

第四十三条　【用人单位延长工作时间的禁止】 用人单位不得违反本法规定延长劳动者的工作时间。

案例指引

21. 用人单位违法延长工作时间和安排非本职工作后，以工作效率低为由辞退，属于违法解除劳动合同吗？[①]

2017年12月1日，黄某入职某管业公司，工作岗位是机修副班长，双方签订了期限至2019年11月30日的劳动合同，约定工作时间为标准工时工作制。2019年10月，某管业公司向员工发出“因公司9月停产，为确保员工能拿到保底工资3200元，如员工上班工时不足264小时，则由周六日补足264小时”的通告，强令员工每天上班12小时、每月上班不少于264小时，并安排黄某从事公司经营范围以外的非其本职范围内的安装架子、搭棚架、铺水泥地等工作。2019年10月8日，

---

① 参见《2019年度江门市劳动争议十大典型案例发布 权益受到侵害时需理性维权》(2020年5月5日发布)，每天工作12个小时，劳动者上班睡觉被辞退，载江门市人民政府网 http://www.jiangmen.gov.cn/home/zwyw/content/post_2044813.html，最后访问日期：2023年5月19日。

某管业公司以黄某“上班睡觉、工作效率低”等多次违反公司规章制度为由将其辞退。黄某申请仲裁，要求某管业公司支付解除劳动关系的赔偿金，仲裁裁决予以支持，双方没有提起诉讼。

国家实行每日工作不超过 8 小时、平均每周工作不超过 40 小时的标准工作工时制度，是为了保证劳动者能够得到充足的休息，保障劳动者的身体健康。本案中，某管业公司要求黄某每天上班 12 小时、每月上班不少于 264 小时，已违反了《劳动法》第 41 条和《国务院关于职工工作时间的规定》的规定，严重影响到黄某的休息权利。某管业公司安排黄某从事的安装架子、搭棚架、铺水泥地等工作，超出黄某的本职（机修）工作范围，已非其熟悉的工作领域。超时加班和从事非本职工作，必然对黄某的工作效率造成影响。因此，上班睡觉、工作效率低等行为并非黄某自身原因所致，不应被认定为严重违反公司规章制度的行为，某管业公司以此为由将其辞退，属于违法解除劳动合同，应向黄某支付赔偿金。

关联参见

《劳动合同法》第 31 条

第四十四条　【延长工作时间的工资支付】 有下列情形之一的，用人单位应当按照下列标准支付高于劳动者正常工作时间工资的工资报酬：

（一）安排劳动者延长工作时间的，支付不低于工资的百分之一百五十的工资报酬；

（二）休息日安排劳动者工作又不能安排补休的，支付不低于工资的百分之二百的工资报酬；

（三）法定休假日安排劳动者工作的，支付不低于工资的百分之三百的工资报酬。

条文解读

劳动者正常工作时间工资 ➲ 本条中的“劳动者正常工作时间工

资”是指劳动合同规定的与劳动者本人所在工作岗位（职位）相对应的工资。实行计时工资制的劳动者的日工资，按其本人月工资标准除以平均每月法定工作天数进行计算。

加班费的举证责任 ➜ 劳动者主张加班费的，应当就加班事实的存在承担举证责任。但劳动者有证据证明用人单位掌握加班事实存在的证据，用人单位不提供的，由用人单位承担不利后果。

补休 ➜ 休息日安排劳动者加班工作的，应首先安排补休，不能补休时，则应支付不低于工资的200%的工资报酬。补休时间应等同于加班时间。法定休假日安排劳动者加班工作的，应另外支付不低于工资的300%的工资报酬，一般不安排补休。

案例指引

22. 劳动者与用人单位订立放弃加班费协议，能否主张加班费？①

张某于2020年6月入职某科技公司，月工资20000元。某科技公司在与张某订立劳动合同时，要求其订立一份协议作为合同附件，协议内容包括“我自愿申请加入公司奋斗者计划，放弃加班费”。半年后，张某因个人原因提出解除劳动合同，并要求支付加班费。某科技公司认可张某加班事实，但以其自愿订立放弃加班费协议为由拒绝支付。张某向劳动人事争议仲裁委员会（简称仲裁委员会）申请仲裁。请求裁决某科技公司支付2020年6月至12月加班费24000元。

《劳动合同法》第26条规定：“下列劳动合同无效或者部分无效：……（二）用人单位免除自己的法定责任、排除劳动者权利的……”《劳动争议解释（一）》第35条规定：“劳动者与用人单位就解除或者终止劳动合同办理相关手续、支付工资报酬、加班费、经济补偿或者赔偿金等达成的协议，不违反法律、行政法规的强制性规定，且不存在欺诈、

---

① 参见《劳动人事争议典型案例（第二批）》（2021年8月26日发布），劳动者与用人单位订立放弃加班费协议，能否主张加班费，载最高人民法院网https：//www.court.gov.cn/zixun-xiangqing-319151.html，最后访问日期：2023年5月19日。

胁迫或者乘人之危情形的，应当认定有效。前款协议存在重大误解或者显失公平情形，当事人请求撤销的，人民法院应予支持。”加班费是劳动者延长工作时间的工资报酬，《劳动法》第44条、《劳动合同法》第31条明确规定了用人单位支付劳动者加班费的责任。约定放弃加班费的协议免除了用人单位的法定责任、排除了劳动者权利，显失公平，应认定无效。

本案中，某科技公司利用在订立劳动合同时的主导地位，要求张某在其单方制定的格式条款上签字放弃加班费，既违反法律规定，也违背公平原则，侵害了张某工资报酬权益。故仲裁委员会依法裁决某科技公司支付张某加班费2020年6月至12月加班费24000元。

崇尚奋斗无可厚非，但不能成为用人单位规避法定责任的挡箭牌。谋求企业发展、塑造企业文化都必须守住不违反法律规定、不侵害劳动者合法权益的底线，应在坚持按劳分配原则的基础上，通过科学合理的措施激发劳动者的主观能动性和创造性，统筹促进企业发展与维护劳动者权益。

关联参见

《对〈工资支付暂行规定〉有关问题的补充规定》；《劳动法意见》第55条、第60-62条、第70条

第四十五条　【年休假制度】国家实行带薪年休假制度。

劳动者连续工作一年以上的，享受带薪年休假。具体办法由国务院规定。

条文解读

带薪年休假制度➲带薪年休假是劳动者连续工作满1年后，每年依法享有的保留职务和工资的一定期限连续休息的假期。根据本条规定，只要劳动者连续工作时间在1年以上，就有资格享受带薪年休假，

不论用人单位实行什么样的工资制度，都应给予劳动者带薪年休假的权利。既然是带薪年休假，那么休假期间用人单位就要照发工资而不能扣工资。对于带薪年休假，2007年国务院制定的《职工带薪年休假条例》进行了更为详尽的规定，主要包括以下几个方面的内容：(1）享受带薪休年假的条件。机关、团体、企业、事业单位、民办非企业单位、有雇工的个体工商户等单位的职工连续工作1年以上的，享受带薪年休假(以下简称年休假)。单位应当保证职工享受年休假。职工在年休假期间享受与正常工作期间相同的工资收入。(2）休假的天数。职工累计工作已满1年不满10年的，年休假5天；已满10年不满20年的，年休假10天；已满20年的，年休假15天。国家法定休假日、休息日不计入年休假的假期。“累计工作时间”，包括职工在机关、团体、企业、事业单位、民办非企业单位、有雇工的个体工商户等单位从事全日制工作期间，以及依法服兵役和其他按照国家法律、行政法规和国务院规定可以计算为工龄的期间（视同工作期间)。职工的累计工作时间可以根据档案记载、单位缴纳社保费记录、劳动合同或者其他具有法律效力的证明材料确定。(3）不享受年休假的情形。职工有下列情形之一的，不享受当年的年休假：①职工依法享受寒暑假，其休假天数多于年休假天数的；②职工请事假累计20天以上且单位按照规定不扣工资的；③累计工作满1年不满10年的职工，请病假累计2个月以上的；④累计工作满10年不满20年的职工，请病假累计3个月以上的；⑤累计工作满20年以上的职工，请病假累计4个月以上的。(4）年休假的安排方式。单位根据生产、工作的具体情况，并考虑职工本人意愿，统筹安排职工年休假。年休假在1个年度内可以集中安排，也可以分段安排，一般不跨年度安排。单位因生产、工作特点确有必要跨年度安排职工年休假的，可以跨1个年度安排。(5）不安排年休假情形下对职工的补偿。单位确因工作需要不能安排职工休年休假的，经职工本人同意，可以不安排职工休年休假。对职工应休未休的年休假天数，单位应当按照该职工日工资收入的300%支付年休假工资报酬。

案例指引

23. 用人单位是否有权自主决定劳动者休福利年休假相关事项?①

张某于2014年8月1日入职某税务咨询公司，岗位是高级税务经理，双方于2018年8月1日订立无固定期限劳动合同。2020年12月28日，某税务咨询公司以“客观情况发生重大变化致使劳动合同无法履行，经双方协商，未能就变更劳动合同内容达成协议”为由，与张某解除劳动合同并向其支付了解除劳动合同经济补偿及额外1个月工资。张某离职前12个月的平均工资为35000元。在职期间，张某每年享有20天年休假，其中法定带薪年休假15天，公司福利年休假5天。张某在2019年、2020年共计有9天福利年休假未休。在离职结算时，由于对未休福利年休假该如何补偿未作明确规定，某税务咨询公司按照单倍工资标准向张某支付上述未休福利年休假工资报酬，但张某认为应按照法定带薪年休假即双倍工资标准支付，双方因此发生争议。2021年1月6日，张某向劳动人事争议仲裁委员会（以下简称仲裁委员会）提出仲裁申请。

本案争议的焦点在于，张某未休的福利年休假是否应按照法定带薪年休假标准予以补偿?《职工带薪年休假条例》第3条第1款规定：“职工累计工作已满1年不满10年的，年休假5天；已满10年不满20年的，年休假10天；已满20年的，年休假15天。”《企业职工带薪年休假实施办法》第10条第1款规定：“用人单位经职工同意不安排年休假或者安排职工年休假天数少于应休年休假天数，应当在本年度内对职工应休未休年休假天数，按照其日工资收入的300%支付未休年休假工资报酬，其中包含用人单位支付职工正常工作期间的工资收入。”上述条

---

① 参见《2022年北京市劳动人事争议仲裁典型案例》（2022年12月22日发布），用人单位有权自主决定劳动者休福利年休假相关事项，载北京市人力资源和社会保障局网http://rsj.beijing.gov.cn/bm/ztzl/dxal/202212/t20221222_2882841.html，最后访问日期：2023年5月19日。

文对劳动者应享有的法定带薪年休假天数及未休年休假应予如何补偿进行了明确规定，但对于用人单位自行设立的福利年休假，在未休的情况下是否应予补偿及补偿标准是多少，法律并无明文规定。按照民事活动法无禁止即可为的原则，某税务咨询公司按照单倍工资标准向张某支付未休福利年休假工资报酬，并不违反法律法规强制性规定，且张某要求按照双倍工资标准予以补偿并无相应依据，故其仲裁请求不应得到支持。

现阶段，不少用人单位在法律规定之外自设福利假期，而福利年休假是其中较为常见的类型。福利年休假作为一种员工福利，具有吸引更多的优秀人才、增强员工对企业的认同感、让员工得到更好休养、激发员工干事创业活力等作用，无疑值得提倡和鼓励。用人单位若建立福利年休假制度，应当按照《劳动合同法》第4条的规定，经职工代表大会或者全体职工讨论，提出方案和意见，与工会或者职工代表平等协商确定。福利年休假制度内容至少应包含以下几个方面：福利年休假的享有条件及天数；法定带薪年休假与福利年休假在使用上的先后顺序；福利年休假休假程序及时限要求；未休完的福利年休假是否支付相应补偿（如支付补偿，应明确补偿的标准）等。只有这样，用人单位才能既“把好事办好”又避免引发争议。

关联参见

《中共中央、国务院关于职工休假问题的通知》；《职工带薪年休假条例》

第五章　工　资

第四十六条　【工资分配基本原则】 工资分配应当遵循按劳分配原则，实行同工同酬。

工资水平在经济发展的基础上逐步提高。国家对工资总量实行宏观调控。

条文解读

工资 “工资”是指用人单位依据国家有关规定或劳动合同的约定，以货币形式直接支付给本单位劳动者的劳动报酬，一般包括计时工资、计件工资、奖金、津贴和补贴、延长工作时间的工资报酬以及特殊情况下支付的工资等。“工资”是劳动者劳动收入的主要组成部分。劳动者的以下劳动收入不属于工资范围：(1) 单位支付给劳动者个人的社会保险福利费用，如丧葬抚恤救济费、生活困难补助费、计划生育补贴等；(2) 劳动保护方面的费用，如用人单位支付给劳动者的工作服、解毒剂、清凉饮料费用等；(3) 按规定未列入工资总额的各种劳动报酬及其他劳动收入，如根据国家规定发放的创造发明奖、国家星火奖、自然科学奖、科学技术进步奖、合理化建议和技术改进奖、中华技能大奖等，以及稿费、讲课费、翻译费等。

同工同酬 同工同酬是指用人单位对劳动者提供的同等价值的劳动应付给同等的劳动报酬。用人单位不得在工资支付过程中，对于从事相同工作、提供同等价值劳动的劳动者因其性别、民族、年龄等方面的不同而支付不等量的劳动报酬。

关联参见

《关于工资总额组成的规定》；《劳动法意见》第53条

第四十七条 【用人单位自主确定工资分配】 用人单位根据本单位的生产经营特点和经济效益，依法自主确定本单位的工资分配方式和工资水平。

条文解读

用人单位的工资分配自主权 用人单位可以依法自主确定本单位的工资分配方式和工资水平。企业依法享有工资分配自主权，不仅可以自主确定本单位的工资制度和工资分配方式，而且有权自主决定工资水平。

实务应用

57. 在劳动者与用人单位对工资标准未约定的情况下，劳动者的工资标准应当如何确定？

根据《劳动合同法》第11条、第18条规定的精神，用人单位未在用工的同时订立书面劳动合同，与劳动者约定的劳动报酬不明确的，新招用的劳动者的劳动报酬按照集体合同规定的标准执行；没有集体合同或者集体合同未规定的，实行同工同酬。同时，用人单位虽与劳动者签订了书面的劳动合同，但劳动合同对劳动报酬和劳动条件等标准约定不明确，引发争议的，用人单位与劳动者可以重新协商；协商不成的，适用集体合同的规定；没有集体合同或者集体合同未规定劳动条件等标准的，适用国家有关规定。

案例指引

24. 双方约定实行包薪制，是否还需要依法支付劳动者加班费差额？①

周某于2020年7月入职某汽车服务公司，双方订立的劳动合同约定月工资为4000元（含加班费）。2021年2月，周某因个人原因提出解除劳动合同，并认为即使按照当地最低工资标准认定其法定标准工作时间工资，某汽车服务公司亦未足额支付加班费，要求支付差额。某汽车服务公司认可周某加班事实，但以劳动合同中约定的月工资中已含加班费为由拒绝支付。周某向劳动人事争议仲裁委员会（简称仲裁委员会）

---

① 参见《劳动人事争议典型案例（第二批）》（2021年8月26日发布），用人单位与劳动者约定实行包薪制，是否需要依法支付加班费，载最高人民法院网 https://www.court.gov.cn/zixun-xiangqing-319151.html，最后访问日期：2023年5月19日。

申请仲裁，请求裁决某汽车服务公司支付加班费差额 17000 元。

《劳动法》第 47 条规定："用人单位根据本单位的生产经营特点和经济效益，依法自主确定本单位的工资分配方式和工资水平。"第 48 条规定："国家实行最低工资保障制度……"《最低工资规定》第 3 条规定："本规定所称最低工资标准，是指劳动者在法定工作时间或依法签订的劳动合同约定的工作时间内提供了正常劳动的前提下，用人单位依法应支付的最低劳动报酬……"从上述条款可知，用人单位可以依法自主确定本单位的工资分配方式和工资水平，并与劳动者进行相应约定，但不得违反法律关于最低工资保障、加班费支付标准的规定。本案中，根据周某实际工作时间折算，即使按照当地最低工资标准认定周某法定标准工作时间工资，并以此为基数核算加班费，也超出了 4000 元的约定工资，表明某汽车服务公司未依法足额支付周某加班费。故仲裁委员会依法裁决某汽车服务公司支付周某加班费差额。

包薪制是指在劳动合同中打包约定法定标准工作时间工资和加班费的一种工资分配方式，在部分加班安排较多且时间相对固定的行业中比较普遍。虽然用人单位有依法制定内部薪酬分配制度的自主权，但内部薪酬分配制度的制定和执行须符合相关法律的规定。实践中，部分用人单位存在以实行包薪制规避或者减少承担支付加班费法定责任的情况。实行包薪制的用人单位应严格按照不低于最低工资标准支付劳动者法定标准工作时间的工资，同时按照国家关于加班费的有关法律规定足额支付加班费。

第四十八条　【最低工资保障】 国家实行最低工资保障制度。最低工资的具体标准由省、自治区、直辖市人民政府规定，报国务院备案。

用人单位支付劳动者的工资不得低于当地最低工资标准。

条文解读

最低工资 ➲ 最低工资是指劳动者在法定工作时间内提供了正常劳动的前提下，其所在单位应支付的最低劳动报酬；不包括加班加点工资，中班、夜班、高温、低温、井下、有毒有害等特殊工作环境、条件下的津贴以及国家法律法规、政策规定的劳动者社会保险和福利待遇等。最低工资标准一般采用月最低工资标准和小时最低工资标准的形式。月最低工资标准适用于全日制就业劳动者，小时最低工资标准适用于非全日制就业劳动者

正常劳动义务 ➲ 劳动者和用人单位都要明确的是：劳动者受最低工资保障的一个前提条件是其必须履行了正常的劳动义务。正常劳动是指劳动者按依法签订的劳动合同约定，在法定工作时间或劳动合同约定的工作时间内从事的劳动。劳动者依法享受带薪年休假、探亲假、婚丧假、生育（产）假、节育手术假等国家规定的假期期间，以及法定工作时间内依法参加社会活动期间，均视为提供了正常劳动。

最低工资制度的适用范围 ➲ 根据《最低工资规定》，在中华人民共和国境内的企业、民办非企业单位、有雇工的个体工商户和与之建立劳动合同关系的劳动者，以及国家机关、事业单位、社会团体和与之建立劳动合同关系的劳动者，均适用最低工资的规定。

实务应用

58. 员工在试用期内，用人单位发放的工资可否低于最低工资标准？

所谓试用期是用人单位和劳动者相互了解、选择而约定的考察期。在该期限内，用人单位和劳动者都可随时解除劳动合同，而不必征得对方的同意，故在此期间解除劳动合同与在非试用期内解除劳动合同的条件和法律后果有所不同。但除此之外，相关法律并未对工资的发放有特别规定，故在此期间，用人单位向劳动者发放的工资仍不能低于最低工资标准。同时，《劳动合同法》第20条规定，劳动者在试用期的工资不

得低于本单位相同岗位最低档工资或者劳动合同约定工资的 80%，并不得低于用人单位所在地的最低工资标准。综上，劳动者在试用期期间，用人单位发放的工资不得低于最低工资标准。

59. 劳动合同期间，用人单位以定额或任务承包的方法计算员工工资，在劳动者完成的任务不足时，用人单位发放的工资可否低于最低工资标准？

根据《劳动法意见》第 56 条的规定，在劳动合同中，双方当事人约定的劳动者在未完成定额或承包任务的情况下，用人单位可低于最低工资标准支付劳动者工资的条款不具有法律效力。所以，用人单位采用定额或任务承包的方法计算员工工资，在劳动者完成的任务不足时，用人单位发放的工资也不得低于最低工资标准。

60. 用人单位采取计件工资或提成工资的，如何确定其发放的工资是否低于最低工资标准？

《最低工资规定》第 12 条第 2 款规定，实行计件工资或提成工资等工资形式的用人单位，在科学合理的劳动定额基础上，其支付劳动者的工资不得低于相应的最低工资标准。企业在确定劳动定额时要合理，应该使大多数人在规定日内，在正常劳动情况下都能完成。应合理确定最低计件单价，应该使劳动者在规定工作日时间内完成定额计件后得到的工资报酬，不低于当地地方政府规定的按时、日、周、月所确定的最低工资标准。如果相当一部分职工在规定的工作日内不能完成定额计件，所得计件工资低于当地地方政府规定的最低工资标准，就说明企业所定的计件单价过低，计件工资的相应折算额低于最低工资标准，在这种情况下企业应予改正，提高计件单价。

关联参见

《劳动合同法》第 61 条、第 72 条、第 85 条；《劳动法意见》第 54 条、第 56-59 条；《最低工资规定》

第四十九条　【确定和调整最低工资标准的因素】确定和调整最低工资标准应当综合参考下列因素：

（一）劳动者本人及平均赡养人口的最低生活费用；

（二）社会平均工资水平；

（三）劳动生产率；

（四）就业状况；

（五）地区之间经济发展水平的差异。

条文解读

确定和调整最低工资标准应当参考的因素 ➲ 最低工资标准一般采取月最低工资标准和小时最低工资标准的形式。月最低工资标准适用于全日制就业劳动者，小时最低工资标准适用于非全日制就业劳动者。确定和调整月最低工资标准，应参考当地就业者及其赡养人口的最低生活费用、城镇居民消费价格指数、职工个人缴纳的社会保险费和住房公积金、职工平均工资、经济发展水平、就业状况等因素。确定和调整小时最低工资标准，应在颁布的月最低工资标准的基础上，考虑单位应缴纳的基本养老保险费和基本医疗保险费因素，同时还应适当考虑非全日制劳动者在工作稳定性、劳动条件和劳动强度、福利等方面与全日制就业人员之间的差异。省、自治区、直辖市范围内的不同行政区域可以有不同的最低工资标准。

实务应用

61. 对于最低工资标准的确定和调整，具体应当采用怎样的方式和程序？

《最低工资规定》第 8 条规定："最低工资标准的确定和调整方案，由省、自治区、直辖市人民政府劳动保障行政部门会同同级工会、企业联合会/企业家协会研究拟订，并将拟订的方案报送劳动保障部。方案内容包括最低工资确定和调整的依据、适用范围、拟订标准和说明。劳动保障部在收到拟订方案后，应征求全国总工会、中国企业联合会/企业家协会的意见。劳动保障部对方案可以提出修订意见，若在方案收到后 14 日内未提出修订意见的，视为同意。”第 9 条规定：“省、自治区、直辖市劳动保障行政部门应将本地区最低工资标准方案报省、自治区、直辖市人民政府批准，并在批准后 7 日内在当地政府公报上和至少一种全地区性报纸上发布。省、自治区、直辖市劳动保障行政部门应在发布后 10 日内将最低工资标准报劳动保障部。”最低工资标准发布实施后，如确定标准的相关因素发生变化，应当适时调整。最低工资标准每两年至少调整一次。

关联参见

《最低工资规定》第 8-11 条

第五十条 【工资支付形式和不得克扣、拖欠工资】 工资应当以货币形式按月支付给劳动者本人。不得克扣或者无故拖欠劳动者的工资。

条文解读

工资应当以货币形式支付 ➲ 对工资的支付，本条规定“工资应当以货币形式”支付，不得以实物形式支付，任何非货币的工资支付方式都是违法的。用人单位一般应当在劳动者工作地点将工资支付给劳动者本人，由劳动者本人直接领取。当劳动者本人不能领取工资时，可以由劳动者授权亲属代为领取。

工资应当按时支付 ➲ 无论是实行小时工资、日工资、月工资等计时工资形式，还是实行计件工资形式，用人单位至少每月都要向劳动者支付一次工资。对实行年薪制的，则应当每月按一定比例预付。任何单位不得采取年终一次性支付的办法；也不得克扣或者无故拖欠劳动者的工资。除非发生了法律意义上的“不可抗力”等客观原因，用人单位不能在每个月的固定日期支付劳动者的工资，即属无故拖欠工资。在遇到节假日和休息日的情况下，用人单位应当提前到最近的工作日内支付劳动者的工资。

克扣 “克扣”是指用人单位对履行了劳动合同规定的义务和责任，保质保量完成生产工作任务的劳动者，不支付或未足额支付其工资。注意，《劳动合同法》第30条中规定了劳动者要求用人单位支付工资的司法途径，即申请支付令。

劳动报酬 根据《最高人民法院关于审理拒不支付劳动报酬刑事案件适用法律若干问题的解释》的规定，劳动者依照《劳动法》和《劳动合同法》等法律的规定应得的劳动报酬，包括工资、奖金、津贴、补贴、延长工作时间的工资报酬及特殊情况下支付的工资等，应当认定为《刑法》第276条之一第1款规定的“劳动者的劳动报酬”。

以逃避支付劳动者的劳动报酬为目的，具有下列情形之一的，应当认定为《刑法》第276条之一第1款规定的“以转移财产、逃匿等方法逃避支付劳动者的劳动报酬”：（1）隐匿财产、恶意清偿、虚构债务、虚假破产、虚假倒闭或者以其他方法转移、处分财产的；（2）逃跑、藏匿的；（3）隐匿、销毁或者篡改账目、职工名册、工资支付记录、考勤记录等与劳动报酬相关的材料的；（4）以其他方法逃避支付劳动报酬的。

实务应用

62. 因劳动者本人原因给用人单位造成经济损失的，用人单位能否以扣工资的形式处罚劳动者？

因劳动者本人原因给用人单位造成经济损失的，用人单位可按照劳动合同的约定要求其赔偿经济损失。经济损失的赔偿，可从劳动者本人的工资中扣除，但每月扣除的部分不得超过劳动者当月工资的20%。若扣除后剩余工资部分低于当地月最低工资标准，则按最低工资标准支付。

63. 在何种情形下，用人单位扣除劳动者工资不应视为“克扣”，无需承担法律责任？

所谓“克扣”，是指用人单位无正当理由扣减劳动者应得工资。用人单位不得克扣或者无故拖欠劳动者工资，否则要承担相应法律责任。但是，根据《工资支付暂行规定》第15条的规定，有下列情况之一的，用人单位可以代扣劳动者工资：（1）用人单位代扣代缴的个人所得税；（2）用人单位代扣代缴的应由劳动者个人负担的各项社会保险费用；（3）法院判决、裁定中要求代扣的抚养费、赡养费；（4）法律、法规规定可以从劳动者工资中扣除的其他费用。另外，根据《对〈工资支付暂行规定〉有关问题的补充规定》第3条的规定，以下减发工资的情况也不属于“克扣”：（1）国家的法律、法规中有明确规定的；（2）依法签订的劳动合同中有明确规定的；（3）用人单位依法制定并经职代会批准的厂规、厂纪中有明确规定的；（4）企业工资总额与经济效益相联系，经济效益下浮时，工资必须下浮的（但支付给提供正常劳动职工的工资不得低于当地的最低工资标准）；（5）因劳动者请事假等情形相应减发工资。

64. 用人单位向劳动者之外的第三人发放工资，劳动者辩称未收到的，能否视为工资已发放？

根据《工资支付暂行规定》第6条第1款的规定，用人单位应将工资支付给劳动者本人。劳动者本人因故不能领取工资时，可由其亲属或委托他人代领。第2款规定，用人单位可委托银行代发工资。没有劳动者的同意或法律许可，用人单位不得向劳动者之外的第三人支付，否则要承担违约责任。综上，用人单位向劳动者之外的第三人发放工资，劳动者辩称未收到的，能否视为发放，应根据具体情况确定：（1）如用人单位提供的证据证明劳动者因故不能领取工资，并向代领人出具了口头或书面的代领工资委托手续的，则应视为劳动者已领取工资；（2）如用人单位提供的证据证明劳动者因故不能领取工资，且工资代领人是其亲属（即父母、子女、配偶等）时，也应视为劳动者已领取工资；(3) 如用人单位提供证据证明向第三人支付工资的行为是基于法律的规定（如接受法院的代扣款通知），则也视为已向劳动者支付工资；(4) 如用人单位向第三者支付了工资，但不能提供证据证明其付款行为系基于上述情形支付的，则用人单位仍应向劳动者支付工资，并承担逾期支付工资的法律责任。当然，如发生上述第四种情形，用人单位可向第三人追偿已支付的工资。

关联参见

《劳动合同法》第30条；《劳动法意见》第63条、第64条；《工资支付暂行规定》

第五十一条　【法定休假日等的工资支付】 劳动者在法定休假日和婚丧假期间以及依法参加社会活动期间，用人单位应当依法支付工资。

条文解读

法定休假日，是指法律、法规规定的劳动者休假的时间，包括法定节日（即元旦、春节、国际劳动节、国庆节及其他节假日）以及法定带薪休假。

婚丧假 婚丧假，是指劳动者本人结婚以及其直系亲属死亡时依法享受的假期。

依法参加社会活动 依法参加社会活动，是指行使选举权；当选代表，出席政府、党派、工会、青年团、妇女联合会等组织召开的会议；担任人民法庭的人民陪审员、证明人、辩护人；出席劳动模范、先进工作者大会；《工会法》规定的不脱产工会基层委员会委员因工会活动占用的生产时间等。

实务应用

65. 劳动者请事假，并经用人单位批准，用人单位是否需要支付劳动者该期间的工资？

劳动者依法享受年休假、探亲假、婚假、丧假期间，用人单位应按劳动合同规定的标准支付劳动者工资，所以，如果劳动者所请事假属上述事宜，则用人单位需要支付劳动者该期间的工资。除此之外，劳动者请事假期间的待遇，国家现行法律规范中没有具体规定。因此，可以由用人单位根据本单位的实际情况通过内部规章制度加以规定。有的单位规定按计时工资标准的一定比例支付待遇，有的单位规定事假期间没有任何待遇，这些规定都与国家法律规范不抵触，因而都是有效的。所以，劳动者因私事请假，没有为用人单位提供正常劳动，用人单位向其支付一定的生活费是可以的，不向其支付任何待遇也是可以的，用人单位有权因请事假减发员工的工资，该减发不视为“克扣”工资。

关联参见

《工资支付暂行规定》；《最低工资规定》第3条

第六章　劳动安全卫生

第五十二条　【劳动安全卫生制度的建立】 用人单位必须建立、健全劳动安全卫生制度，严格执行国家劳动安全卫生规程和标准，对劳动者进行劳动安全卫生教育，防止劳动过程中的事故，减少职业危害。

条文解读

劳动安全卫生制度 ➲ “劳动安全卫生制度”包括安全生产责任制度、安全教育制度、安全检查制度、伤亡事故和职业病调查处理制度。“劳动安全卫生规程”是指以防止和消除劳动过程中伤亡事故的技术规范为基本内容，旨在保护劳动者劳动安全的法律规范。劳动安全卫生标准分三级，即国家标准、行业标准和地方标准。我国的《安全生产法》《矿山安全法》及其实施条例等相关的法律法规中对劳动安全卫生方面的要求都有规定。

安全卫生教育 ➲ 保护劳动者健康，用人单位和劳动者双方都有责任，但是主要责任在用人单位。由于用人单位直接组织安排劳动者按照用人单位的意志从事各种劳动或工作，因此，用人单位应当对劳动者的健康负责。根据本条规定，职业安全卫生制度主要包括以下几项内容：用人单位必须建立、健全职业安全卫生制度；用人单位必须执行国家职业安全卫生规程和标准；用人单位必须对劳动者进行职业安全卫生教育。

实务应用

66. 劳动安全方面的规程都有哪些？

根据我国现行法律、法规的规定，劳动安全方面的规程，主要有以下几方面的内容：第一，工厂安全技术规程。主要包括：（1）厂房、建筑物和通道的安全要求；（2）工作场所的安全要求；（3）生产设备的安全要求；（4）个人防护用品的安全要求。第二，建筑安装工程的安全技术规程。主要包括：（1）施工现场的安全要求；（2）脚手架的安全要求；（3）土石方工程的拆除工程的安全要求；（4）高处作业的安全要求；（5）防护用品等其他方面的安全要求。第三，矿山安全技术规程。主要包括：（1）矿山建设的安全要求；（2）矿山开采的安全要求。

67. 对于劳动卫生方面的要求，我国法律都有哪些规定？

我国各行各业的劳动卫生规程很多，除了在《安全生产法》中规定了一般性的基本要求之外，还针对某些劳动卫生问题制定了专门的规定，如《工业企业厂界环境噪声排放标准》《使用有毒物品作业场所劳动保护条例》《关于加强防尘防毒工作的决定》等。此外，还制定了一些关于劳动卫生的国家标准和行业标准。它们关于劳动卫生的基本要求，概括起来主要有以下几个方面的内容：（1）防止有毒有害物质；（2）防止粉尘危害；（3）防止噪音和强光危害；（4）防止电磁辐射危害；（5）防暑降温、防冻取暖和防潮湿；（6）通风和照明；（7）卫生保健等。

关联参见

《安全生产法》第一章；《矿山安全法》第7-19条

第五十三条 【劳动安全卫生设施】 劳动安全卫生设施必须符合国家规定的标准。

新建、改建、扩建工程的劳动安全卫生设施必须与主体工程同时设计、同时施工、同时投入生产和使用。

条文解读

劳动安全卫生设施 ➲ 本条中的“劳动安全卫生设施”，主要指安全技术方面的设施、劳动卫生方面的设施、生产性辅助设施（如女工卫生室、更衣室、饮水设施等）。

国家规定的标准 ➲ 本条中的“国家规定的标准”主要指劳动部门和各行业主管部门制定的一系列技术标准。

实务应用

68. 用人单位违反劳动安全卫生规定的，有什么后果？

根据《劳动法》第92条的规定，用人单位的劳动安全设施和劳动卫生条件不符合国家规定或者未向劳动者提供必要的劳动防护用品和劳动保护设施的，由劳动行政部门或者有关部门责令改正，可以处以罚款；情节严重的，提请县级以上人民政府决定责令停产整顿；对事故隐患不采取措施，致使发生重大事故，造成劳动者生命和财产损失的，对责任人员比照《刑法》第135条的规定追究刑事责任。

关联参见

《安全生产法》第28条；《矿山安全法》第二章

第五十四条　【用人单位的劳动保护义务】 用人单位必须为劳动者提供符合国家规定的劳动安全卫生条件和必要的劳动防护用品，对从事有职业危害作业的劳动者应当定期进行健康检查。

条文解读

劳动防护用品 用人单位必须为劳动者提供“必要的劳动防护用品”。必要的劳动防护用品是指职工在从事某项工作时，为保证其健康与安全，所应提供的基本劳动保护防护用品。用人单位必须按照国家有关规定发放劳动防护用品。劳动防护用品应当根据职工劳动条件发放，在生产过程中保护工人的安全与健康的防护用品，必须发给职工本人。用人单位发放劳动防护用品应当依照规定免费发放，并建立健全劳动防护用品的发放、保管、使用和回收等制度。

职业危害 用人单位对从事有职业危害作业的劳动者应当定期进行健康检查。职业危害是指在生产过程中或者作业场所存在危害职工身体健康的尘毒危害、工业性毒物、辐射、噪声等危害。用人单位对从事有职业危害作业的劳动者必须按照国家有关规定，定期进行健康检查。职工因接受职业性健康检查所占用的生产、工作时间，应当按照正常出勤处理。

关联参见

《安全生产法》第二章；《职业病防治法》第三章；《使用有毒物品作业场所劳动保护条例》

第五十五条　【特种作业的上岗要求】 从事特种作业的劳动者必须经过专门培训并取得特种作业资格。

条文解读

特种作业 ➲ 特种作业，是指容易发生事故，对操作者本人、他人的安全健康及设备、设施的安全可能造成重大危害的作业。特种作业的范围由特种作业目录规定，主要包括：（1）电工作业；（2）焊接与热切割作业；（3）高处作业；（4）制冷与空调作业；（5）煤矿安全作业；（6）金属非金属矿山安全作业；（7）石油天然气安全作业；（8）冶金（有色）生产安全作业；（9）危险化学品安全作业；（10）烟花爆竹安全作业；（11）应急管理部认定的其他作业。

特种作业人员 ➲ 所谓特种作业人员是指直接从事特种作业的人员。特种作业人员应当符合下列条件：（1）年满 18 周岁，且不超过国家法定退休年龄；（2）经社区或者县级以上医疗机构体检健康合格，并无妨碍从事相应特种作业的器质性心脏病、癫痫病、美尼尔氏症、眩晕症、癔病、震颤麻痹症、精神病、痴呆症以及其他疾病和生理缺陷；（3）具有初中及以上文化程度；（4）具备必要的安全技术知识与技能；（5）相应特种作业规定的其他条件。危险化学品特种作业人员除符合前述第 1 项、第 2 项、第 4 项和第 5 项规定的条件外，应当具备高中或者相当于高中及以上文化程度。

第五十六条　【劳动者在安全生产中的权利和义务】 劳动者在劳动过程中必须严格遵守安全操作规程。

劳动者对用人单位管理人员违章指挥、强令冒险作业，有权拒绝执行；对危害生命安全和身体健康的行为，有权提出批评、检举和控告。

条文解读

劳动者在安全生产中享有的权利 ➲ 1. 生产经营单位的从业人员有权了解其作业场所和工作岗位存在的危险因素、防范措施及事故应急措施，有权对本单位的安全生产工作提出建议。

2. 从业人员有权对本单位安全生产工作中存在的问题提出批评、检举、控告；有权拒绝违章指挥和强令冒险作业。生产经营单位不得因从业人员对本单位安全生产工作提出批评、检举、控告或者拒绝违章指挥、强令冒险作业而降低其工资、福利等待遇或者解除与其订立的劳动合同。

3. 从业人员发现直接危及人身安全的紧急情况时，有权停止作业或者在采取可能的应急措施后撤离作业场所。生产经营单位不得因从业人员在前述紧急情况下停止作业或者采取紧急撤离措施而降低其工资、福利等待遇或者解除与其订立的劳动合同。

4. 因生产安全事故受到损害的从业人员，除依法享有工伤保险外，依照有关民事法律尚有获得赔偿的权利的，有权向本单位提出赔偿要求。

劳动者在安全生产中的义务 ➲ 1. 从业人员在作业过程中，应当严格遵守本单位的安全生产规章制度和操作规程，服从管理，正确佩戴和使用劳动防护用品。

2. 从业人员应当接受安全生产教育和培训，掌握本职工作所需的安全生产知识，提高安全生产技能，增强事故预防和应急处理能力。

3. 从业人员发现事故隐患或者其他不安全因素，应当立即向现场安全生产管理人员或者本单位负责人报告；接到报告的人员应当及时予以处理。生产经营单位使用被派遣劳动者的，被派遣劳动者享有上述规定的从业人员的权利，并应当履行上述规定的从业人员的义务。

关联参见

《劳动合同法》第32条；《安全生产法》第三章

第五十七条　【伤亡事故和职业病的统计、报告、处理】 国家建立伤亡事故和职业病统计报告和处理制度。县级以上各级人民政府劳动行政部门、有关部门和用人单位应当依法对劳动者在劳动过程中发生的伤亡事故和劳动者的职业病状况，进行统计、报告和处理。

条文解读

生产安全事故等级 ➜ 2007年，国务院制定了《生产安全事故报告和调查处理条例》，对生产安全事故等级进行了比较详细的规定。该条例规定，根据生产安全事故（以下简称事故）造成的人员伤亡或者直接经济损失，事故一般分为以下等级：（1）特别重大事故，是指造成30人以上死亡，或者100人以上重伤（包括急性工业中毒，下同），或者1亿元以上直接经济损失的事故；（2）重大事故，是指造成10人以上30人以下死亡，或者50人以上100人以下重伤，或者5000万元以上1亿元以下直接经济损失的事故；（3）较大事故，是指造成3人以上10人以下死亡，或者10人以上50人以下重伤，或者1000万元以上5000万元以下直接经济损失的事故；（4）一般事故，是指造成3人以下死亡，或者10人以下重伤，或者1000万元以下直接经济损失的事故。

生产安全事故的调查、报告和处理 ➜ 对于事故的报告、调查和处理，《生产安全事故报告和调查处理条例》作了以下规定：（1）报告。事故发生后，事故现场有关人员应当立即向本单位负责人报告；单位负责人接到报告后，应当于1小时内向事故发生地县级以上人民政府安全生产监督管理部门和负有安全生产监督管理职责的有关部门报告。情况紧急时，事故现场有关人员可以直接向事故发生地县级以上人民政府安全生产监督管理部门和负有安全生产监督管理职责的有关部门报告。(2) 调查。特别重大事故由国务院或者国务院授权有关部门组织事故调查组进行调查。重大事故、较大事故、一般事故分别由事故发生地省级人民政府、设区的市级人民政府、县级人民政府负责调查。省级人民政府、设区的市级人民政府、县级人民政府可以直接组织事故调查组进行调查，也可以授权或者委托有关部门组织事故调查组进行调查。未造成人员伤亡的一般事故，县级人民政府也可以委托事故发生单位组织事故调查组进行调查。(3) 处理。重大事故、较大事故、一般事故，负责事故调查的人民政府应当自收到事故调查报告之日起15日内做出批复；特别重大事故，30日内做出批复，特殊情况下，批复时间可以适当延长，但延长的时间最长不超过30日。有关机关应当按照人民政府的批复，依照法律、行政法规规定的权限和程序，对事故发生单位和有关人员进行行政处罚，对负有事故责任的国家工作人员进行处分。事故发生单位应当按照负责事故调查的人民政府的批复，对本单位负有事故责任的人员进行处理。负有事故责任的人员涉嫌犯罪的，依法追究刑事责任。

职业病 职业病，是指企业、事业单位和个体经济组织（即用人单位）的劳动者在职业活动中，因接触粉尘、放射性物质和其他有毒、有害物质等因素而引起的疾病。关于职业病的相关内容，《职业病防治法》按照前期预防、劳动过程中的防护与管理、职业病发生后的职业病诊断治疗和职业病病人的保障这三个阶段，对防治职业病分别规定了相应的法律制度和措施。例如，建设项目职业危害预评价和建设时“三同时”制度，对特殊职业危害工作场所的管理制度，工作场所职业危害因素日常监测、定期检测和评价制度，危害警告和告知制度，健康检查、监护制度，职业病诊断鉴定以及职业病病人的治疗和保障制度等。所有这些法律制度从不同的侧面、不同的环节规范了有关各方的行为，以期达到防治职业病、保护劳动者健康的目的。而2021年国家卫生健康委员会公布的《职业病诊断与鉴定管理办法》则对职业病的诊断和管理的相关内容进行了规定。详细内容，可以参考这两部法律文件的规定。

实务应用

69. 劳动合同是否必须约定有关职业病内容的条款？

根据《职业病防治法》的有关规定，用人单位与劳动者订立劳动合同时，应当将工作过程中可能产生的职业病危害及其后果、职业病防护措施和待遇等如实告知劳动者，并在劳动合同中写明，不得隐瞒或欺骗。劳动者在已订立劳动合同期间因工作岗位或工作内容变更，从事所订立劳动合同中未告知的存在职业病危害的作业时，用人单位应当依照上述规定，向劳动者履行如实告知的义务，并协商变更原劳动合同相关条款。用人单位违反上述规定的，劳动者有权拒绝从事存在职业病危害的作业，用人单位不得因此解除或者终止与劳动者订立的劳动合同。因此，对于可能产生职业病的工作，用人单位应当在劳动合同中对工作的危害及其后果、职业病防护措施和待遇等如实告知劳动者。

案例指引

25. 造成重大安全生产责任事故，生产安全事故首要责任人如何担责？①

2012 年，杨某锵在未取得相关规划和建设手续的情况下，在福建省泉州市鲤城区开工建设四层钢结构建筑物，其间将项目以包工包料方式发包给无钢结构施工资质人员进行建设施工，并委托他人使用不合格建筑施工图纸和伪造的《建筑工程施工许可证》骗取了公安机关消防设计备案手续。杨某锵又于 2016 年下半年在未履行基本建设程序且未取得相关许可的情况下，以包工包料方式将建筑物发包给他人开展钢结构夹层施工，将建筑物违规增加夹层改建为七层。2017 年 11 月，杨某

① 参见《人民法院、检察机关依法惩治危害生产安全犯罪典型案例》（2022 年 12 月 15 日发布），杨某锵等重大责任事故、伪造国家机关证件、行贿案——依法严惩生产安全事故首要责任人，载最高人民法院网 https：//www. court. gov. cn/fabu-xiangqing-383601. html，最后访问日期：2023 年 5 月 19 日。

锵将建筑物四至六层出租给他人用于经营旅馆，并伙同他人采用伪造《消防安全检查合格证》和《不动产权证书》等方法违规办理了旅馆《特种行业许可证》。2020 年 1 月中旬，杨某锵雇佣工人装修建筑物一层店面，工人发现承重钢柱变形并告知杨某锵，杨某锵要求工人不得声张暂停施工，与施工承包人商定了加固方案，但因春节期间找不到工人而未加固，后于同年 3 月 5 日雇佣无资质人员违规对建筑物承重钢柱进行焊接加固。3 月 7 日 17 时 45 分，旅馆承租人电话告知杨某锵称旅馆大堂玻璃破裂，杨某锵到场查看后离开。当日 19 时 4 分和 19 时 6 分，旅馆两名承租人先后赶到现场发现旅馆大堂墙面扣板出现裂缝且持续加剧，再次电话告知杨某锵，杨某锵 19 时 11 分到达现场查看，旅馆承租人叫人上楼通知疏散，但已错失逃生时机。19 时 14 分建筑物瞬间坍塌，造成 29 人死亡、50 人不同程度受伤，直接经济损失 5794 万元。经事故调查组调查认定，旅馆等事故单位及其实际控制人杨某锵无视法律法规，违法违规建设施工，弄虚作假骗取行政许可，安全责任长期不落实，是事故发生的主要原因。

另查明，2012 年至 2019 年间，杨某锵在建设旅馆所在建筑物、办理建筑物相关消防备案、申办旅馆《特种行业许可证》等过程中，为谋取不正当利益，单独或者伙同他人给予国家工作人员财物。

福建省泉州市丰泽区人民检察院对杨某锵以重大责任事故罪、伪造国家机关证件罪、行贿罪，对其他被告人分别以重大责任事故罪、提供虚假证明文件罪、伪造国家机关证件罪、伪造公司、企业印章罪提起公诉。泉州市丰泽区人民法院经审理认为，杨某锵违反安全管理规定，在无合法建设手续的情况下雇佣无资质人员，违法违规建设、改建钢结构大楼，违法违规组织装修施工和焊接加固作业，导致发生重大伤亡事故，造成严重经济损失，行为已构成重大责任事故罪，情节特别恶劣；单独或者伙同他人共同伪造国家机关证件用于骗取消防备案及特种行业许可证审批，导致违规建设的建筑物安全隐患长期存在，严重侵犯国家机关信誉与公信力，最终造成本案严重后果，行为已构成伪造国家机关证件罪，情节严重；为谋取不正当利益，单独或者伙同他人给予国家工作人员财物，致涉案建筑物、旅馆违法违规建设经营行为得以长期存在，最终发生坍塌，社会影响恶劣，行为已构成行贿罪，情节严重，应依法数罪并罚。据此，依法对杨某锵以伪造国家机关证件罪判处有期徒刑 9 年，并处罚金人民币 200 万元；以行贿罪判处有期徒刑 8 年，并处罚金人民币 20 万元；以重大责任事故罪判处有期徒刑 7 年，决定执行有期徒刑 20 年，并处罚金人民币 220 万元。对其他被告人依法判处相应刑罚。一审宣判后，杨某锵等被告人提出上诉。泉州市中级人民法院裁定驳回上诉、维持原判。

一段时期以来，因为违法违规建设施工导致的用于经营活动的建筑物倒塌、坍塌事故时有发生，部分事故造成重大人员伤亡和高额财产损失，人民群众反映强烈。司法机关要加大对此类违法犯罪行为的打击力度，依法从严惩治建筑施工过程中存在的无证施工、随意改扩建、随意加层、擅自改变建筑物功能结构布局等违法违规行为，对于危及公共安全、构成犯罪的，要依法从严追究刑事责任。特别是对于导致建筑物倒塌、坍塌事故发生负有首要责任、行为构成重大责任事故罪等危害生产安全犯罪罪名的行为人，该顶格处刑的要在法定量刑幅度范围内顶格判处刑罚，充分体现从严惩处危害生产安全犯罪的总体政策，切实保障人民群众生命财产安全。

第七章　女职工和未成年工特殊保护

第五十八条　【女职工和未成年工的特殊劳动保护】 国家对女职工和未成年工实行特殊劳动保护。

未成年工是指年满十六周岁未满十八周岁的劳动者。

条文解读

女职工的特殊劳动保护 依据相关法律规定，女职工享有的特殊劳动保护主要有以下几个方面：（1）就业和报酬方面：女性依法享有平等就业的权利；凡适合妇女从事劳动的单位，不得拒绝招收女职工；用人单位不得在女职工怀孕、产期、哺乳期降低其基本工资或者解除劳动合同。(2) 女职工禁忌从事的劳动范围：①矿山井下作业；②体力劳动强度分级标准中规定的第四级体力劳动强度的作业；③每小时负重6次以上、每次负重超过20公斤的作业，或者间断负重、每次负重超过25公斤的作业。

未成年工的特殊劳动保护 未成年工在以下几方面享受特殊劳动保护：(1) 禁止用人单位招用未满16周岁的未成年人。我国的最低就业年龄是16周岁，如果文艺、体育和特种工艺单位需要招用未满16周岁的未成年人，必须依照国家有关规定，履行审批手续，并保障其接受义务教育的权利。(2) 不得安排未成年工从事法定禁忌从事的劳动。(3) 用人单位应当对未成年工定期进行健康检查。(4) 一般不能安排未成年工从事夜班工作。

关联参见

《女职工劳动保护特别规定》；《未成年工特殊保护规定》第2条

第五十九条 【女职工禁忌劳动的范围】 禁止安排女职工从事矿山井下、国家规定的第四级体力劳动强度的劳动和其他禁忌从事的劳动。

条文解读

矿山井下作业 矿山井下作业系指常年在矿山井下从事各种劳动，不包括临时性的工作，如医务人员下矿井进行治疗和抢救等。

第四级体力劳动强度 体力劳动强度的大小是以劳动强度指数来衡量的，劳动强度指数是由该工种的平均劳动时间率、平均能量代谢率两个因素构成的。劳动强度指数越大，体力劳动强度也越大；反之，体力劳动强度就越小。

关联参见

《女职工劳动保护特别规定》第 4 条

第六十条　【女职工经期的保护】不得安排女职工在经期从事高处、低温、冷水作业和国家规定的第三级体力劳动强度的劳动。

条文解读

高处作业 “高处作业”是指二级高处作业，即凡在坠落高度基准面 5 米以上（含 5 米）有可能坠落的高处进行的作业。

低温作业 “低温作业”是指在劳动生产过程中，其工作地点平均气温等于或低于 5℃的作业。

冷水作业 “冷水作业”是指在劳动生产过程中，操作人员接触冷水温度等于或小于 12℃的作业。

女职工在经期禁忌从事的劳动范围：（1）冷水作业分级标准中规定的第二级、第三级、第四级冷水作业；（2）低温作业分级标准中规定的第二级、第三级、第四级低温作业；（3）体力劳动强度分级标准中规定的第三级、第四级体力劳动强度的作业；（4）高处作业分级标准中规定的第三级、第四级高处作业。

案例指引

26. 怀孕员工上夜班打瞌睡被开除合法吗？[①]

2012 年 8 月，陈文娟（化名）与某库公司签订了为期一年的劳动合同。合同期满后，双方续签了两次劳动合同，2018 年 7 月 27 日合同

---

① 参见刘友婷：《公司解雇上夜班打瞌睡员工被判赔》，载《工人日报》2022 年 3 月 31 日，第 06 版。

期满，陈文娟继续在某库公司工作。2019 年 4 月，在公司人事的调整下，她的工作时间调整为三班倒的值班制度。

同年 6 月，公司以陈文娟在工作时间打瞌睡这一违反公司规章制度的行为为由将其辞退，并拒绝支付赔偿金。于是，她向劳动仲裁局提起劳动仲裁，仲裁裁决某库公司支付违法解除劳动合同赔偿金 48146 元。公司不服裁决，向香洲区人民法院提起诉讼，请求无需支付赔偿金。

香洲法院审理后判决某库公司解除劳动合同的依据不足，属违法解除，应向陈文娟支付违法解除劳动合同赔偿金。公司不服判决，上诉至珠海市中级人民法院。在起诉期间，陈文娟发现自己怀孕了，处于妊娠初期。

某库公司诉称，2019 年 6 月 4 日至 7 日这四天里的凌晨，陈文娟分别睡着 6 分钟、8 分钟、28 分钟及 6 分钟。此举已严重违反了公司规章制度，故以此为由主张其解除劳动合同符合法律规定，无需支付赔偿金。

对此，陈文娟辩称，公司安排她值夜班是刻意为之。“此前公司刻意安排一批工龄较长的老员工值夜班，并以他们在值班期间睡觉为由予以辞退。”陈文娟认为，公司顺利辞退一批男性老员工后，在既未和她进行任何协商，也未了解她身体状况的情况下，即开始安排她值夜班，继而以上班睡觉为借口恶意解除双方劳动合同。“我从未有过长时间值夜班的经历，结合自己打瞌睡时间均发生在凌晨 4 点左右且时间较短可知，打瞌睡确系正常生理需求。”

法院审理后认为，本案的争议焦点为某库公司是否应向陈文娟支付违法解除劳动合同的赔偿金。法院认为，公司的规章制度是其对全体劳动者进行管理和奖惩的依据，对用人单位加强内部劳动管理、保证正常的劳动秩序确实发挥着重要的作用。但用人单位规章制度的内容和制定程序均应符合法律法规规定，其适用规章制度行使单方解除权时要兼顾情理，考虑合理性问题。

法院认为，根据某库公司提供的监控录像光盘，陈文娟虽然确有于夜班当值时在停车收费亭内打瞌睡的情况出现，但该违纪行为均在夜间车辆出入较少的时段发生，并未影响其所在岗位职责，并未严重影响公司正常生产管理秩序。考虑到陈文娟处于妊娠初期，属特殊阶段的生理阶段。上述行为有其身体客观原因，某库公司依据公司规章制度单方解除劳动合同不具合理性，属违法解除。

因此，珠海中院判决，某库公司应依法向陈文娟支付违法解除劳动合同经济赔偿金。经核算，陈文娟入职某库公司满 7 年，离职前 12 个月平均工资为 3439 元，某库公司应支付赔偿金 48146 元。

第六十一条　【女职工孕期的保护】 不得安排女职工在怀孕期间从事国家规定的第三级体力劳动强度的劳动和孕期禁忌从事的劳动。对怀孕七个月以上的女职工，不得安排其延长工作时间和夜班劳动。

条文解读

孕期禁忌从事的劳动 ➲ 女职工在怀孕期间，所在单位不得安排从事孕期禁忌从事的劳动：（1）作业场所空气中铅及其化合物、汞及其化合物、苯、镉、铍、砷、氰化物、氮氧化物、一氧化碳、二硫化碳、氯、己内酰胺、氯丁二烯、氯乙烯、环氧乙烷、苯胺、甲醛等有毒物质浓度超过国家职业卫生标准的作业；（2）从事抗癌药物、己烯雌酚生产，接触麻醉剂气体等的作业；（3）非密封源放射性物质的操作，核事故与放射事故的应急处置；（4）高处作业分级标准中规定的高处作业；（5）冷水作业分级标准中规定的冷水作业；（6）低温作业分级标准中规定的低温作业；（7）高温作业分级标准中规定的第三级、第四级的作业；（8）噪声作业分级标准中规定的第三级、第四级的作业；（9）体力劳动强度分级标准中规定的第三级、第四级体力劳动强度的作业；（10）在密闭空间、高压室作业或者潜水作业，伴有强烈振动的作业，或者需要频繁弯腰、攀高、下蹲的作业。

关联参见

《女职工劳动保护特别规定》第6条

第六十二条　【女职工产期的保护】 女职工生育享受不少于九十天的产假。

条文解读

正常分娩产假 ➲ 根据《女职工劳动保护特别规定》，女职工正常分娩的，产假为98天，分为产前假、产后假两部分，其中产前休假15天。所谓产前假15天，系指预产期前15天的休假。若孕妇提前生产，可将不足的天数和产假合并使用；若孕妇推迟生产，可将超出的天数按病假处理。

难产产假 ➲ 女职工难产的，增加产假15天；多胞胎生育的，每多生育一个婴儿，增加产假15天。

流产产假 ➲ 女职工怀孕流产的，其所在单位应当根据医务部门的证明，给予一定时间的产假。女职工怀孕不满4个月流产时，享受15天的产假；怀孕满4个月以上流产，给予42天产假。

关联参见

《女职工劳动保护特别规定》第7条

第六十三条　【女职工哺乳期的保护】 不得安排女职工在哺乳未满一周岁的婴儿期间从事国家规定的第三级体力劳动强度的劳动和哺乳期禁忌从事的其他劳动，不得安排其延长工作时间和夜班劳动。

条文解读

哺乳期禁忌从事的劳动 ➲ 女职工在哺乳期内，所在单位不得安排其从事哺乳期禁忌从事的劳动。包括：(1) 孕期禁忌从事的劳动范围的第1项、第3项、第9项；(2) 作业场所空气中锰、氟、溴、甲醇、有机磷化合物、有机氯化合物等有毒物质浓度超过国家职业卫生标准的作业。

哺乳时间 对哺乳未满1周岁婴儿的女职工，用人单位不得延长劳动时间或者安排夜班劳动。用人单位应当在每天的劳动时间内为哺乳期女职工安排1小时哺乳时间；女职工生育多胞胎的，每多哺乳1个婴儿每天增加1小时哺乳时间。

关联参见

《女职工劳动保护特别规定》第9条、第10条

第六十四条 【未成年工禁忌劳动的范围】 不得安排未成年工从事矿山井下、有毒有害、国家规定的第四级体力劳动强度的劳动和其他禁忌从事的劳动。

条文解读

未成年工的特殊保护 未成年工是指年满16周岁，未满18周岁的劳动者。用人单位不得安排未成年工从事以下范围的劳动：(1)《生产性粉尘作业危害程度分级》国家标准中第一级以上的接尘作业；(2)《有毒作业分级》国家标准中第一级以上的有毒作业；(3)《高处作业分级》国家标准中第二级以上的高处作业；(4)《冷水作业分级》国家标准中第二级以上的冷水作业；(5)《高温作业分级》国家标准中第三级以上的高温作业；(6)《低温作业分级》国家标准中第三级以上的低温作业；(7)《体力劳动强度分级》国家标准中第四级体力劳动强度的作业；(8) 矿山井下及矿山地面采石作业；(9) 森林业中的伐木、流放及守林作业；(10) 工作场所接触放射性物质的作业；(11) 有易燃易爆、化学性烧伤和热烧伤等危险性大的作业；(12) 地质勘探和资源勘探的野外作业；(13) 潜水、涵洞、涵道作业和海拔3000米以上的高原

作业（不包括世居高原者）；（14）连续负重每小时在六次以上并每次超过 20 公斤，间断负重每次超过 25 公斤的作业；（15）使用凿岩机、捣固机、气镐、气铲、铆钉机、电锤的作业；（16）工作中需要长时间保持低头、弯腰、上举、下蹲等强迫体位和动作频率每分钟大于五十次的流水线作业；（17）锅炉司炉。另外，对于患有疾病或者具有某些生理缺陷的未成年工不得从事的劳动范围，《未成年工特殊保护规定》也进行了明确，详细可以参照该规定第 5、6 条。

实务应用

70. 用人单位招用未成年工需要办理哪些手续？

根据劳动部发布的《未成年工特殊保护规定》规定，对未成年工的使用和特殊保护实行登记制度。用人单位招收使用未成年工，除符合一般用工要求外，还须向所在地的县级以上劳动行政部门办理登记。劳动行政部门则根据《未成年工健康检查表》《未成年工登记表》，核发《未成年工登记证》。劳动行政部门须按规定审核体检情况和拟安排的劳动范围。未成年工须持《未成年工登记证》上岗，并接受有关的职业安全卫生教育和培训。

案例指引

27. 用人单位招用未成年人须承担什么责任？①

万某于 2002 年 2 月 1 日出生，2017 年入职某公司担任作业员。2018 年 1 月 5 日 22 点下班后，万某拿白电油擦手后，打算点烟时，不慎引燃白电油导致被烧伤。万某父亲向某市社保局提出申请，请求责令公司支付一次性赔偿。社保局作出处理决定，责令公司支付万某一次性

---

① 参见《广东法院劳动争议十大典型案例》（2021 年 5 月 3 日发布），万某诉某市政府社会保障行政复议决定案——用人单位招用未成年人须承担相应责任，载广东法院网 https：//www.gdcourts.gov.cn/index.php？v=show&cid=170&id=56177，最后访问日期：2023 年 5 月 19 日。

赔偿。该公司不服，向市政府申请行政复议。市政府撤销社保局处理决定并责令其重新作出处理。万某不服行政复议决定提起诉讼。

广东省高级人民法院二审认为：《禁止使用童工规定》明确规定用人单位不得招用不满16周岁的未成年人。《工伤保险条例》规定用人单位使用童工造成童工伤残、死亡的，由该单位向童工或者童工的近亲属给予一次性赔偿。本案万某下班后洗手属于收尾性工作；由于未成年对白电油危害性及如何安全使用认知度不高；用人单位对易燃易爆的高危险白电油的管理和使用缺乏有力监管，依法应向万某支付一次性赔偿。二审撤销行政复议决定，同时恢复某市社保局责令限期改正决定书的法律效力。

《禁止使用童工规定》《工伤保险条例》均课予用人单位雇佣未成年人的特别严格责任。本案最大限度地保护了未成年人合法权益，具有社会指引作用。

关联参见

《未成年工特殊保护规定》第3-5条

第六十五条　【未成年工定期健康检查】用人单位应当对未成年工定期进行健康检查。

条文解读

对未成年工定期进行健康检查 ➲ 对未成年工的健康检查，应注意以下几个方面：第一，用人单位应按下列要求对未成年工定期进行健康检查：（1）安排工作岗位之前；（2）工作满1年；（3）年满18周岁，距前一次体检时间已超过半年。第二，未成年工的健康检查，应按法定《未成年工健康检查表》列出的项目进行。第三，用人单位应根据未成年工的健康检查结果安排其从事适合的劳动；对不能胜任原劳动岗位的，应根据医务部门的证明，予以减轻劳动量或安排其他劳动。

关联参见

《未成年工特殊保护规定》第6-8条

第八章　职业培训

第六十六条　【国家发展职业培训事业】国家通过各种途径，采取各种措施，发展职业培训事业，开发劳动者的职业技能，提高劳动者素质，增强劳动者的就业能力和工作能力。

条文解读

国家采取措施，提高技术技能人才的社会地位和待遇，弘扬劳动光荣、技能宝贵、创造伟大的时代风尚。国家对在职业教育工作中做出显著成绩的单位和个人按照有关规定给予表彰、奖励。每年5月的第二周为职业教育活动周。

关联参见

《职业教育法》第2条、第12-14条；《就业促进法》第44条

第六十七条　【各级政府的职责】各级人民政府应当把发展职业培训纳入社会经济发展的规划，鼓励和支持有条件的企业、事业组织、社会团体和个人进行各种形式的职业培训。

条文解读

各级人民政府应当将发展职业教育纳入国民经济和社会发展规划，与促进就业创业和推动发展方式转变、产业结构调整、技术优化升级等整体部署、统筹实施。

国务院建立职业教育工作协调机制，统筹协调全国职业教育工作。国务院教育行政部门负责职业教育工作的统筹规划、综合协调、宏观管

理。国务院教育行政部门、人力资源社会保障行政部门和其他有关部门在国务院规定的职责范围内，分别负责有关的职业教育工作。省、自治区、直辖市人民政府应当加强对本行政区域内职业教育工作的领导，明确设区的市、县级人民政府职业教育具体工作职责，统筹协调职业教育发展，组织开展督导评估。县级以上地方人民政府有关部门应当加强沟通配合，共同推进职业教育工作。

县级以上地方人民政府应当举办或者参与举办发挥骨干和示范作用的职业学校、职业培训机构，对社会力量依法举办的职业学校和职业培训机构给予指导和扶持。国家根据产业布局和行业发展需要，采取措施，大力发展先进制造等产业需要的新兴专业，支持高水平职业学校、专业建设。国家采取措施，加快培养托育、护理、康养、家政等方面技术技能人才。

县级人民政府可以根据县域经济社会发展的需要，设立职业教育中心学校，开展多种形式的职业教育，实施实用技术培训。教育行政部门可以委托职业教育中心学校承担教育教学指导、教育质量评价、教师培训等职业教育公共管理和服务工作。

县级以上人民政府应当加强职业教育实习实训基地建设，组织行业主管部门、工会等群团组织、行业组织、企业等根据区域或者行业职业教育的需要建设高水平、专业化、开放共享的产教融合实习实训基地，为职业学校、职业培训机构开展实习实训和企业开展培训提供条件和支持。

各级人民政府应当按照事权和支出责任相适应的原则，根据职业教育办学规模、培养成本和办学质量等落实职业教育经费，并加强预算绩效管理，提高资金使用效益。

第六十八条　【用人单位建立职业培训制度】用人单位应当建立职业培训制度，按照国家规定提取和使用职业培训经费，根据本单位实际，有计划地对劳动者进行职业培训。

从事技术工种的劳动者，上岗前必须经过培训。

第六十九条　【职业技能资格】国家确定职业分类，对规定的职业制定职业技能标准，实行职业资格证书制度，由经备案的考核鉴定机构负责对劳动者实施职业技能考核鉴定。

实务应用

71. 职业技能鉴定的对象包括哪些？

职业技能鉴定的对象：（1）各类职业技术学校和培训机构毕（结）业生，凡属技术等级考核的工种，逐步实行职业技能鉴定；（2）企业、事业单位学徒期满的学徒工，必须进行职业技能鉴定；（3）企业、事业单位的职工以及社会各类人员，根据需要，自愿申请职业技能鉴定。

关联参见

《职业技能鉴定规定》

第九章　社会保险和福利

第七十条　【社会保险制度】国家发展社会保险事业，建立社会保险制度，设立社会保险基金，使劳动者在年老、患病、工伤、失业、生育等情况下获得帮助和补偿。

条文解读

社会保险社会保险，是指通过国家立法的形式，以劳动者为保障对象，以劳动者的年老、疾病、伤残、失业、死亡等特殊事件为保障内容，以政府强制实施为特点的一种制度。根据本条，我国的社会保险有五种，即养老保险、医疗保险、失业保险、工伤保险及生育保险。养老保险（或养老保险制度）是国家和社会根据法律法规规定，为解决劳动者在达到国家规定的解除劳动义务的劳动年龄界限，或因年老丧失劳动能力退出劳动岗位后的基本生活而建立的一种社会保险制度。医疗保险就是当劳动者生病或受到伤害后，由国家或社会根据法律法规对劳动者给予一种物质帮助，即提供医疗服务或经济补偿的一种社会保障制度。工伤保险是指劳动者由于工作原因并在工作过程中遭受意外伤害，或因接触粉尘、放射线、有毒物质等职业危害因素引起职业病后，由国家或社会给负伤、致残者以及死亡者生前供养亲属提供必要物质帮助的一项社会保险制度。失业保险是指国家通过立法强制实行的，由社会集中建立基金，对因失业而暂时中断生活来源的劳动者提供物质帮助的制度。它是社会保障体系的重要组成部分，是社会保险的主要项目之一。生育保险是国家通过立法，对怀孕、分娩女职工给予生活保障和物质帮助的一项社会政策。其宗旨在于通过向职业妇女提供生育津贴、医疗服务和产假，帮助她们恢复劳动能力，重返工作岗位。

实务应用

72. 劳动者在试用期内是否享有社会保险待遇？

劳动者在试用期内有权享受社会保险，因为试用期是合同期的一个组成部分，它不是隔离在合同期之外的。所以在试用期内用人单位也应当为劳动者建立社会保险，交纳社会保险费用。

关联参见

《劳动合同法》第 49 条；《社会保险法》第 2 条

第七十一条　【社会保险水平】社会保险水平应当与社会经济发展水平和社会承受能力相适应。

条文解读

社会保险水平 ➜ 社会保险水平应当与经济社会发展水平相适应。《宪法》第 14 条第 4 款规定，国家建立健全同经济发展水平相适应的社会保障制度。经济社会发展是社会保险赖以存在的基础，社会保险不可能超越经济社会发展阶段。经济社会发展水平制约着社会保险发展水平。这两者的关系是只有经济社会持续发展，社会保险才能有发展的基础，社会保险水平必须与经济社会发展水平相适应；反之，社会保险能够为经济社会发展创造稳定的环境，减少个人的后顾之忧，提高消费预期，从而扩大内需，促进经济社会发展。总之，社会保险事业的发展和经济社会发展之间是相互依存、相互协调、相互补充、相互促进的关系。社会保险水平应当与经济社会发展水平相适应。

案例指引

28. 社保机关应如何积极履责？①

张某琪于 2013 年 3 月 13 日、10 月 16 日向天津市人力资源和社会保障局（以下简称市社保局），9 月 25 日向天津市社会保险基金管理中心（以下简称市社保基金中心）邮寄信函，主要内容为要求履行法定职责，对其社会保险缴费基数偏低和少缴、漏缴问题进行强制征缴。市社保局于 2013 年 10 月 26 日收到信函后，认为其所述问题不属于该局职责，属于市社保基金中心职责，遂将信件转至该中心办理。该中心于 2013 年 11 月 29 日向张某琪出具《关于张某琪信访反映问题的答复》，主要内容为其已经办理退休手续，退休待遇均由其参保所在区的社保局审批确定，且在审批之前已经本人对缴费基数、缴费年限等事项进行了确认，该中心作为社保经办机构，负责依据区县社保局审批结果及有关政策规定按时足额发放退休待遇。张某琪先是针对市社保局、市社保基金中心分别提起诉讼，因各自答辩不具备相应职责而申请撤诉，后将两单位作为共同被告诉至法院，请求确认市社保局向市社保基金中心转交信件行为违法，撤销市社保基金中心上述答复，判令二被告履行法定职责，对其诉求予以答复。

天津市和平区人民法院一审认为，根据《社会保险费征缴暂行条

---

① 参见《张某琪诉天津市人力资源和社会保障局、天津市社会保险基金管理中心行政不作为案》，载中国法院网 https://www.chinacourt.org/article/detail/2015/01/id/1534624.shtml，最后访问日期：2023 年 5 月 19 日。

例》第5条规定，市社保局具有负责全市社会保险费征缴管理和监督检查工作的行政职能，其于2011年10月19日向与其存在隶属关系的市社保基金中心下达文件《关于社会保险举报投诉案件受理查处职责分工的通知》，第2项明确规定“对用人单位未按时足额缴纳社会保险费的举报、投诉，由社会保险经办机构受理查处，逾期仍不缴纳的，由社会保险经办机构提请有管辖权的劳动监察机构实施行政处罚，具体程序由市劳动监察机构与市社会保险经办机构制定”。故市社保局将信件转至市社保基金中心办理并无不当。市社保基金中心应对原告信函要求事宜作出明确处理，但其未在60天内作出答复，且在此前原告起诉该中心不履行法定职责一案中，隐瞒了市社保局下达上述文件的情况，在答辩状中否认其具备相应职责，导致原告认为起诉被告主体有误而申请撤诉，系未履行法定职责并进行推诿。其给原告出具的《关于张某琪信访反映问题的答复》，在未对原告提出的请求作出明确处理的情况下，直接以信访形式答复显系不妥。遂判决：一、市社保基金中心于本判决生效之日起30日内对原告请求作出处理并将结果书面告知原告，在规定期限内不履行的，从期满之日起按日处70元罚款；二、驳回原告其他诉讼请求。一审宣判后，各方当事人均未上诉。

本案典型意义在于：人民法院以行政裁判方式明确了行政主体在社保管理方面的相关职责。基于行政管理复杂性和法律规定不明确，在职权界限不清晰的情况下，行政机关之间应当主动沟通联系，共同协调解决，不能互相推诿，甚至和老百姓“捉迷藏”。社会保险待遇涉及千家万户，关乎个人生老病死，无论是社保机关还是经办机构都必须积极履责，方为责任政府应有之义。人民法院对于行政主体在诉讼中隐瞒其与有关单位之间关于职权划分的相关文件的，应依法制裁，必要时可向纪检监察部门通报反映；在行政主体相互推诿，均否认具有相应法定职责的情况下，可依法将相关行政主体都列为被告，共同参加诉讼，通过庭审举证、质证和辩论，最终确定履责主体。同时，为保证履责判决的及时履行，可以在判决时一并明确不履行判决的法定后果，既督促行政主体尽快履责，也有利于保障生效裁判的迅速执行。本案裁判对类似案件的处理具有指导、示范意义。

关联参见

《社会保险法》第3条

第七十二条　【社会保险基金】 社会保险基金按照保险类型确定资金来源，逐步实行社会统筹。用人单位和劳动者必须依法参加社会保险，缴纳社会保险费。

条文解读

社会保险基金的来源 在我国，五种不同社会保险费用，负有缴费义务的主体是不同的，其中养老保险、医疗保险和失业保险这三种保险是由企业和个人共同缴纳保险费用，工伤保险和生育保险费用则完全是由企业承担的，个人不需要缴纳。

社会保险费用的缴纳 对于社会保险费用的缴纳，《社会保险费征缴暂行条例》第12条进行了更为明确的规定，缴费单位和缴费个人应当以货币形式全额缴纳社会保险费。缴费个人应当缴纳的社会保险费，由所在单位从其本人的工资中代扣代缴。社会保险费不得减免。在我国，基本养老保险和基本医疗保险实行社会统筹和个人账户相结合，基本养老保险个人账户和基本医疗保险个人账户是基本养老保险待遇和基本医疗保险待遇的重要组成部分，失业人员的失业保险待遇也要与本人参加失业保险的年限挂钩。所有这些都决定了社会保险费不能减免，也无法减免。如果允许减免社会保险费，个人账户就无法记录，就损害了个人的社会保险权益；同时，如果允许减免社会保险费，就会损害其他缴费单位和缴费个人的权益，等于鼓励其他缴费单位和缴费个人不缴纳社会保险费，因而不利于社会保险费的征缴工作。

实务应用

73. 用人单位拒绝为劳动者缴纳社会保险费而侵害劳动者权益的，劳动者应如何寻求救济?

《劳动合同法》第38条规定，未依法为劳动者缴纳社会保险费的，劳动者可以解除劳动合同并获得经济补偿。因此，如果发生用人单位不为劳动者缴纳社会保险的情况，劳动者有权以用人单位未缴纳社会保险费为由提出解除劳动关系，并要求单位支付经济补偿金，同时要求补缴社会保险。依据《劳动争议解释（一）》第1条的规定，劳动者可以用人单位未为其办理社会保险手续，且社会保险经办机构不能补办导致其无法享受社会保险待遇为由，向法院提起诉讼，要求用人单位赔偿损失。

74. 缴费单位不按规定申报应缴纳的社会保险费数额的，如何处理?

《社会保险费征缴暂行条例》第10条规定，“缴费单位不按规定申报应缴纳的社会保险费数额的，由社会保险经办机构暂按该单位上月缴费数额的110%确定应缴数额；没有上月缴费数额的，由社会保险经办机构暂按该单位的经营状况、职工人数等有关情况确定应缴数额。缴费单位补办申报手续并按核定数额缴纳社会保险费后，由社会保险经办机构按照规定结算”。

关联参见

《社会保险法》第6条

第七十三条　【享受社会保险待遇的条件和标准】 劳动者在下列情形下，依法享受社会保险待遇：

（一）退休；

（二）患病、负伤；

（三）因工伤残或者患职业病；

（四）失业；

（五）生育。

劳动者死亡后，其遗属依法享受遗属津贴。

劳动者享受社会保险待遇的条件和标准由法律、法规规定。

劳动者享受的社会保险金必须按时足额支付。

条文解读

工伤 劳动者的工伤待遇以国务院发布的《工伤保险条例》为基本准则。《工伤保险条例》第 14 条规定，职工有下列情形之一的，应当认定为工伤：（1）在工作时间和工作场所内，因工作原因受到事故伤害的；（2）工作时间前后在工作场所内，从事与工作有关的预备性或者收尾性工作受到事故伤害的；（3）在工作时间和工作场所内，因履行工作职责受到暴力等意外伤害的；（4）患职业病的；（5）因工外出期间，由于工作原因受到伤害或者发生事故下落不明的；（6）在上下班途中，受到非本人主要责任的交通事故或城市轨道交通、客运轮渡、火车事故伤害的；（7）法律、行政法规规定应当认定为工伤的其他情形。《工伤保险条例》第 15 条规定，职工有下列情形之一的，视同工伤：（1）在工作时间和工作岗位，突发疾病死亡或者在 48 小时之内经抢救无效死亡的；（2）在抢险救灾等维护国家利益、公共利益活动中受到伤害的；（3）职工原在军队服役，因战、因公负伤致残，已取得革命伤残军人证，到用人单位后旧伤复发的。职工有前述第（1）项、第（2）项情形的，按照本条例的有关规定享受工伤保险待遇；职工有前述第（3）项情形的，按照本条例的有关规定享受除一次性伤残补助金以外的工伤保险待遇。《工伤保险条例》第 16 条规定，职工符合本条例第 14 条、第 15 条的规定，但是有下列情形之一的，不得认定为工伤或者视同工伤：（1）故意犯罪的；（2）醉酒或者吸毒的；（3）自残或者自杀的。

劳动者患职业病按照《职业病分类和目录》处理，经职业病诊断机构确诊并发给《职业病诊断证明书》，劳动行政部门据此确认工伤，并通知用人单位或者社会保险基金经办机构发给有关工伤保险待遇；劳动者因工负伤的，劳动行政部门根据企业的工伤事故报告和工伤者本人的申请，作出工伤认定，由社会保险基金经办机构或用人单位，发给有关工伤保险待遇。患职业病或工伤致残的，由当地劳动能力鉴定委员会按照《劳动能力鉴定职工工伤与职业病致残等级》评定伤残等级和护理依赖程度。劳动能力鉴定委员会的伤残等级和护理依赖程度的结论，以医学检查、诊断结果为技术依据。

失业人员的界定 《失业保险条例》所指的失业人员限定为在法定劳动年龄内有劳动能力的就业转失业的人员。根据有关规定，我国目前的法定劳动年龄是 16—60 岁，体育、文艺和特种工艺单位按照国家规定履行审批程序后可以招用未满 16 周岁的未成年人。对企业中年满 60 周岁的男职工、年满 50 周岁的女职工和机关事业单位中年满 60 周岁的男职工、年满 55 周岁的女职工实行退休制度，对从事有毒、有害工作和符合条件的患病、因工致残职工可以降低退休年龄。所谓有劳动能力，是指失业人员具有从事正常社会劳动的行为能力。在法定劳动年龄内的人员，若不具备相应的劳动能力，也不能视为失业人员，如精神病人、完全伤残不能从事任何社会性劳动的人员等。

实务应用

75. 如何认定承担工伤保险的责任单位？

根据《最高人民法院关于审理工伤保险行政案件若干问题的规定》，社会保险行政部门认定下列单位为承担工伤保险责任单位的，人民法院应予支持：（1）职工与两个或两个以上单位建立劳动关系，工伤事故发生时，职工为之工作的单位为承担工伤保险责任的单位；（2）劳务派遣单位派遣的职工在用工单位工作期间因工伤亡的，派遣单位为承担工伤保险责任的单位；（3）单位指派到其他单位工作的职工因工伤亡的，指派单位为承担工伤保险责任的单位；（4）用工单位违反法律、法规规定将承包业务转包给不具备用工主体资格的组织或者自然人，该组织或者自然人聘用的职工从事承包业务时因工伤亡的，用工单位为承担工伤保险责任的单位；（5）个人挂靠其他单位对外经营，其聘用的人员因工伤亡的，被挂靠单位为承担工伤保险责任的单位。上述第（4）、（5）项明确的承担工伤保险责任的单位承担赔偿责任或者社会保险经办机构从工伤保险基金支付工伤保险待遇后，有权向相关组织、单位和个人追偿。

76. 劳动者在何种情况下可以领取失业保险金，在何种情况下应当停止领取失业保险金？

《失业保险条例》第14条规定，具备下列条件的劳动者，可以领取失业保险金：（1）按照规定参加失业保险，用人单位和本人已按照规定履行缴费义务满1年的；（2）非因本人意愿中断就业的；（3）已办理失业登记，并有求职要求的。失业人员在领取失业保险金期间，按照规定同时享受其他失业保险待遇。其中，非因本人意愿中断就业的是指下列人员：（1）终止劳动合同的；（2）被用人单位解除劳动合同的；（3）被用人单位开除、除名和辞退的；（4）根据《劳动法》第32条第2、3项与用人单位解除劳动合同的；（5）法律、行政法规另有规定的。《失业保险条例》第15条规定，对于劳动者有下列情形之一的，应停止领取失业保险金并同时停止其享受其他失业保险待遇：（1）重新就业的；（2）应征服兵役的；（3）移居境外的；（4）开始享受基本养老保险待遇的；（5）被判刑收监执行的；（6）无正当理由，拒不接受当地人民政府指定的部门或者机构介绍工作的；（7）法律法规规定的其他情形。

关联参见

《社会保险法》；《劳动法意见》第73-81条；《企业职工患病或非因工负伤医疗期规定》；《工伤保险条例》；《失业保险条例》

第七十四条　【社会保险基金的监管】社会保险基金经办机构依照法律规定收支、管理和运营社会保险基金，并负有使社会保险基金保值增值的责任。

社会保险基金监督机构依照法律规定，对社会保险基金的收支、管理和运营实施监督。

社会保险基金经办机构和社会保险基金监督机构的设立和职能由法律规定。

任何组织和个人不得挪用社会保险基金。

条文解读

社会保险基金的监管 ➜ 社会保险基金是指为了保障保险对象的社会保险待遇，按照国家法律、法规，由缴费单位和缴费个人分别按缴费基数的一定比例缴纳以及通过其他合法方式筹集的专项资金。社会保险基金是国家为举办社会保险事业而筹集的，用于支付劳动者因暂时或永久丧失劳动能力或劳动机会时所享受的保险金和津贴的资金。社会保险基金按照保险类型确定资金来源，逐步实行社会统筹。用人单位和劳动者必须依法参加社会保险，缴纳社会保险费。本条中的“任何组织”作广义理解，既包括党派，也包括政府和政府部门，还包括管理和经营社会保险基金的机构，以及其他各种类型的企业、事业单位和社会团体，等等。

关联参见

《社会保险法》第八章

第七十五条　【补充保险和个人储蓄保险】国家鼓励用人单位根据本单位实际情况为劳动者建立补充保险。

国家提倡劳动者个人进行储蓄性保险。

条文解读

补充保险 本条规定的是社会保险的补充保险，分为单位为劳动者建立的补充保险和个人的储蓄性保险。根据本条，补充性保险只是法律的一个倡议性质的规定，并不是强制性的要求。目前，根据《企业年金办法》的规定，企业年金是本条所称的“补充性保险”的一种。企业年金，是指企业及职工在依法参加基本养老保险的基础上自愿建立的补充养老保险制度。企业和职工建立企业年金，应当依法参加基本养老保险并履行缴费义务，企业具有相应的经济负担能力。企业年金所需费用由企业和职工个人共同缴纳。企业年金基金实行完全积累，为每个参加企业年金的职工建立个人账户，按照国家有关规定投资运营。企业年金基金投资运营收益并入企业年金基金。企业年金基金由下列各项组成：(1) 企业缴费；(2) 职工个人缴费；(3) 企业年金基金投资运营收益。企业缴费每年不超过本企业职工工资总额的8%。企业和职工个人缴费合计不超过本企业职工工资总额的12%。具体所需费用，由企业和职工一方协商确定。职工个人缴费由企业从职工个人工资中代扣代缴。企业缴费应当按照企业年金方案确定的比例和办法计入职工企业年金个人账户，职工个人缴费计入本人企业年金个人账户。职工企业年金个人账户中个人缴费及其投资收益自始归属于职工个人。职工企业年金个人账户中企业缴费及其投资收益，企业可以与职工一方约定其自始归属于职工个人，也可以约定随着职工在本企业工作年限的增加逐步归属于职工个人，完全归属于职工个人的期限最长不超过8年。有下列情形之一的，职工企业年金个人账户中企业缴费及其投资收益完全归属于职工个人：(1) 职工达到法定退休年龄、完全丧失劳动能力或者死亡的；(2) 有《企业年金办法》第12条规定的企业年金方案终止情形之一的；(3) 非因职工过错企业解除劳动合同的，或者因企业违反法律规定职工解除劳动合同的；(4) 劳动合同期满，由于企业原因不再续订劳动合同的；(5) 企业年金方案约定的其他情形。

实务应用

77. 用人单位已经为劳动者办理了商业保险的，是否仍应为劳动者办理社会保险？

社会保险是法律、法规明确规定的用人单位及劳动者依法应当缴纳的保险项目，其目的是在必要的时候，对劳动者进行救助，从而保障社会稳定和社会安全。而商业保险则是以减少损失、补偿损失为目的，由当事人自愿参加的。因商业保险与社会保险性质不同，为劳动者缴纳社会保险金是用人单位的法定义务。因此，用人单位为劳动者办理了商业保险的，仍应为劳动者办理社会保险。

关联参见

《企业年金办法》

第七十六条　【职工福利】 国家发展社会福利事业，兴建公共福利设施，为劳动者休息、休养和疗养提供条件。

用人单位应当创造条件，改善集体福利，提高劳动者的福利待遇。

条文解读

劳动者福利 ➲ 福利是员工的间接报酬，一般包括健康保险、带薪休假或退休金等形式。

实务应用

78. 职工福利包括哪些内容？

福利的内容有很多，现行职工福利的内容大体可以分为 4 个部分：（1）为减轻职工生活负担和保证职工基本生活而建立的各种补贴制度，如职工生活困难补贴、冬季职工宿舍取暖补贴、独生子女费、托儿费、探亲假路费、婚丧嫁待遇、职工丧葬补助费、供养直系亲属抚恤费、职工病伤假期间救济费、职工住房补贴等。(2) 为职工生活提供方便而建立的集体福利设施，如职工食堂、托儿所、理发室、浴室等。(3) 为活跃职工文化生活而建立的各种文化、体育设施，如图书馆、阅览室、体育活动场所等。(4) 兴建职工宿舍等。

第十章　劳动争议

第七十七条　【劳动争议的解决途径】 用人单位与劳动者发生劳动争议，当事人可以依法申请调解、仲裁、提起诉讼，也可以协商解决。

调解原则适用于仲裁和诉讼程序。

条文解读

劳动争议范围 劳动争议，是指劳动关系当事人之间因劳动权利和劳动义务发生分歧而引起的争议，包括因执行劳动法或履行劳动合同、集体合同的规定而引起的争议和因制定或变更劳动条件而产生的争议。劳动争议不同于一般的民事纠纷和经济纠纷，其法律特征是：(1) 劳动争议必须是劳动法律关系主体之间的争议，它只能发生在企业、事业单位、社会团体等用人单位和与之形成劳动关系的劳动者之间。(2) 劳动争议必须是因执行劳动法律法规或履行劳动合同、集体合同而引起的争议。从劳动争议的内容上分，劳动争议可分为因执行国家有关工资、保险、福利、职业培训、劳动保护的规定发生的争议；因履行劳动合同发生的争议；因用人单位开除、除名、辞退职工和职工辞职、自动离职发生的争议等。从劳动争议主体上分，劳动争议分为个人劳动争议、集体劳动争议。

不属于劳动争议的事项 下列纠纷不属于劳动争议：(1) 劳动者请求社会保险经办机构发放社会保险金的纠纷；(2) 劳动者与用人单位因住房制度改革产生的公有住房转让纠纷；(3) 劳动者对劳动能力鉴定

委员会的伤残等级鉴定结论或者对职业病诊断鉴定委员会的职业病诊断鉴定结论的异议纠纷；(4) 家庭或者个人与家政服务人员之间的纠纷；(5) 个体工匠与帮工、学徒之间的纠纷；(6) 农村承包经营户与受雇人之间的纠纷。

劳动争议的解决途径 ➲ 根据我国现行法律，劳动争议的解决主要有以下几个途径：协商、调解、仲裁及诉讼。几种解决途径之间的关系，本法第 79 条会详细介绍。

案例指引

29. 用人单位未与人事主管订立书面劳动合同，人事主管如不能举证证明其曾提示用人单位与其订立书面劳动合同，能否支持其诉讼请求？①

原告刘某于 2015 年 3 月 10 日进入被告某公司工作，担任人事主管，主要负责人员招聘、培训及薪酬管理工作。2015 年 7 月 23 日刘某离开某公司，并于同日以某公司未与其签订劳动合同，未依法给予其哺乳期内每天 1 小时的哺乳时间，且未足额支付其月度工资严重侵害其合法权益为由，向某公司寄送《关于与南京某物资有限公司解除劳动关系的通知函》（以下简称《解除通知函》），通知某公司自 2015 年 7 月 24 日起解除双方的劳动关系，并要求某公司给予补偿。

江苏省南京市江宁区人民法院一审认为：劳动者以及用人单位的合法权益受法律保护。建立劳动关系，应当订立书面劳动合同。已建立劳动关系，未同时订立劳动合同的，应当自用工之日起一个月内订立书面劳动合同。用人单位自用工之日起超过 1 个月不满 1 年未与劳动者订立书面劳动合同的，应当向劳动者每月支付 2 倍的工资。用人单位应当按照劳动合同约定和国家规定，按时足额支付劳动报酬。当事人对自己提出的诉讼请求所依据的事实或者反驳对方诉讼请求所依据的事实有责任

---

① 参见《刘某与南京某物资有限公司劳动争议纠纷案》，载《最高人民法院公报》2018 年第 7 期。

提供证据加以证明。没有证据证明或者证据不足以证明当事人主张的，由负有举证责任的当事人承担不利后果。本案中，双方之间存在劳动关系，被告某公司提交的工资表足以确认某公司预留原告刘某 2015 年 5 月份工资 833 元，某公司应当按照合同约定和国家规定按时足额支付。某公司辩称 2015 年 5 月份工资表系刘某恶意制作，但未提交证据证明，故法院不予采信。故对刘某要求某公司支付其 2015 年 3 月份至 7 月份的预留工资，法院予以部分支持。

关于原告刘某主张的经济补偿金 2917 元，被告某公司虽未足额支付刘某 2015 年 5 月份工资，但庭审中刘某亦陈述某公司预留其工资也经过其同意，某公司预留其 2015 年 5 月份工资有正当理由，刘某主张经济补偿金缺乏事实和法律依据，故法院不予支持。

关于原告刘某主张的二倍工资 11666 元，本案中，被告某公司确实未与刘某签订劳动合同，但是，一般而言，劳动合同签订事项属于人力资源负责的事项，刘某作为某公司的人事主管，其工作职责范围应该包括代表单位依照法律法规处理与劳动者之间劳动合同履行方面的相关事宜，避免单位因违反法律法规被追究法律责任，也应当知晓订立书面劳动合同的相关规定及不订立书面劳动合同的法律后果，因此，刘某有义务主动向某公司要求订立书面劳动合同。但刘某并未提交证据证明其曾主动要求某公司与其签订劳动合同。故综合刘某的岗位职务因素等考量后，法院对刘某主张的未签订书面劳动合同的二倍工资的诉讼请求不予支持。

关联参见

《劳动争议调解仲裁法》第 2 条、第 4 条；《劳动争议解释（一）》第 2 条

第七十八条　【劳动争议的处理原则】解决劳动争议，应当根据合法、公正、及时处理的原则，依法维护劳动争议当事人的合法权益。

条文解读

劳动争议处理的基本原则 ➲ 对于劳动争议的解决，根据本条和《劳动争议调解仲裁法》第3条，主要有以下几个方面的原则：（1）查清事实的基础上，依法处理原则；（2）及时处理原则；（3）着重调解原则；（4）平等保护双方当事人合法权益原则。

关联参见

《劳动争议调解仲裁法》第3条

第七十九条　【劳动争议的调解、仲裁和诉讼的相互关系】 劳动争议发生后，当事人可以向本单位劳动争议调解委员会申请调解；调解不成，当事人一方要求仲裁的，可以向劳动争议仲裁委员会申请仲裁。当事人一方也可以直接向劳动争议仲裁委员会申请仲裁。对仲裁裁决不服的，可以向人民法院提起诉讼。

实务应用

79. 劳动争议仲裁机构以无管辖权为由对劳动争议案件不予受理，当事人提起诉讼的，人民法院该如何处理？

劳动争议仲裁机构以无管辖权为由对劳动争议案件不予受理，当事人提起诉讼的，人民法院按照以下情形分别处理：（1）经审查认为该劳动争议仲裁机构对案件确无管辖权的，应当告知当事人向有管辖权的劳动争议仲裁机构申请仲裁；（2）经审查认为该劳动争议仲裁机构有管辖权的，应当告知当事人申请仲裁，并将审查意见书面通知该劳动争议仲裁机构；劳动争议仲裁机构仍不受理，当事人就该劳动争议事项提起诉讼的，人民法院应予受理。

关联参见

《劳动争议调解仲裁法》第4条、第5条

第八十条　【劳动争议的调解】 在用人单位内，可以设立劳动争议调解委员会。劳动争议调解委员会由职工代表、用人单位代表和工会代表组成。劳动争议调解委员会主任由工会代表担任。

劳动争议经调解达成协议的，当事人应当履行。

条文解读

调解组织 ➲《劳动法》规定的调解组织，只有用人单位内部设立的调解委员会，而《劳动争议调解仲裁法》规定的可以对劳动争议进行调解的调解组织有以下三类：（1）企业劳动争议调解委员会；（2）依法设立的基层人民调解组织；（3）在乡镇、街道设立的具有劳动争议调解职能的组织。其中，对于企业内部的劳动争议调解委员会，《劳动争议调解仲裁法》的规定与《劳动法》的规定基本相同，即企业劳动争议调解委员会由职工代表和企业代表组成。职工代表由工会成员担任或者由全体职工推举产生，企业代表由企业负责人指定。企业劳动争议调解委员会主任由工会成员或者双方推举的人员担任。

调解人员 ➲ 对于调解人员，《劳动争议调解仲裁法》进行了要求，即劳动争议调解组织的调解员应当由公道正派、联系群众、热心调解工作，并具有一定法律知识、政策水平和文化水平的成年公民担任。

调解的启动 ➲ 调解需经当事人申请。当事人申请劳动争议调解可以书面申请，也可以口头申请。口头申请的，调解组织应当当场记录申请人基本情况、申请调解的争议事项、理由和时间。

调解期限 ➲ 对于调解的期限，《劳动争议调解仲裁法》规定为15天。自劳动争议调解组织收到调解申请之日起15日内未达成调解协议的，当事人可以依法申请仲裁。

调解协议书的效力 ➲ 对于调解协议书的效力，应当从以下两个方面来认识：首先，《劳动争议调解仲裁法》规定，经调解达成协议的，应当制作调解协议书，调解协议书由双方当事人签名或者盖章，经调解员签名并加盖调解组织印章后生效，对双方当事人具有约束力，当事人应当履行。但是，调解协议书并不具有强制执行的效力，也就是说，在当事人一方不履行调解协议时，另一方当事人不能申请强制执行，只能在仲裁期限内申请仲裁。其次，《劳动争议调解仲裁法》第 16 条规定，对于特定问题的调解协议，用人单位在协议约定的期限内不履行的，劳动者可以持调解协议书依法向人民法院申请支付令，人民法院应当依法发出支付令。这些特定的调解协议有：因支付拖欠劳动报酬、工伤医疗费、经济补偿或者赔偿金事项达成的调解协议。

实务应用

80. 当事人申请调解的，是否导致申请仲裁期限的中断？

《劳动争议调解仲裁法》第 27 条规定，劳动争议申请仲裁的时效期间为 1 年。仲裁时效期间从当事人知道或者应当知道其权利被侵害之日起计算。前述规定的仲裁时效，因当事人一方向对方当事人主张权利，或者向有关部门请求权利救济，或者对方当事人同意履行义务而中断。从中断时起，仲裁时效期间重新计算。可见，依据劳动争议调解仲裁法，仲裁期限也可以中断，这样有利于对劳动者权利的更好保护。

关联参见

《劳动争议调解仲裁法》第 10-16 条

第八十一条　【劳动争议仲裁委员会的组成】劳动争议仲裁委员会由劳动行政部门代表、同级工会代表、用人单位方面的代表组成。劳动争议仲裁委员会主任由劳动行政部门代表担任。

条文解读

劳动争议仲裁委员会的设立 ➲ 劳动争议仲裁委员会按照统筹规划、合理布局和适应实际需要的原则设立。省、自治区人民政府可以决定在市、县设立；直辖市人民政府可以决定在区、县设立。直辖市、设区的市也可以设立一个或者若干个劳动争议仲裁委员会。注意，《劳动争议调解仲裁法》规定了劳动争议仲裁委员会设立的合理布局和适应实际需要原则，仲裁委员会不再按行政区划层层设立。

劳动争议仲裁委员会的组成和职责 劳动争议仲裁委员会由劳动行政部门代表、工会代表和企业方面代表组成。劳动争议仲裁委员会组成人员应当是单数。劳动争议仲裁委员会依法履行下列职责：（1）聘任、解聘专职或者兼职仲裁员；（2）受理劳动争议案件；（3）讨论重大或者疑难的劳动争议案件；（4）对仲裁活动进行监督。

对仲裁员的规定 担任劳动争议仲裁委员会的仲裁员应当公道正派并符合下列条件之一：（1）曾任审判员的；（2）从事法律研究、教学工作并具有中级以上职称的；（3）具有法律知识、从事人力资源管理或者工会等专业工作满5年的；（4）律师执业满3年的。

劳动争议仲裁委员会的管辖 劳动争议仲裁委员会负责管辖本区域内发生的劳动争议。劳动争议由劳动合同履行地或者用人单位所在地的劳动争议仲裁委员会管辖。双方当事人分别向劳动合同履行地和用人单位所在地的劳动争议仲裁委员会申请仲裁的，由劳动合同履行地的劳动争议仲裁委员会管辖。

案例指引

30. 企业承接平台业务是否应承担用工主体责任？①

2020年5月，饶某通过朋友介绍，在某专门从事空调安装的APP上进行注册，随后开始承接某安装公司通过微信发来的空调安装派工单。工作中，饶某与腾某同组，二人固定搭档进行空调安装。2020年6月5日，某安装公司的姜某通过微信向腾某派单，指派前往某小区安装空调。次日，饶某与腾某一起去该地点安装空调，在安装空调的过程中

---

① 参见《2022年北京市劳动人事争议仲裁典型案例》，企业承接平台业务应根据用工事实承担用工主体责任，载北京市人力资源和社会保障局网 http：//rsj. beijing. gov. cn/bm/ztzl/dxal/202212/t20221222_ 2882841. html，最后访问日期：2023年5月19日。

饶某摔伤。事故发生后，饶某委托的律师曾与某安装公司的负责人霍某通过微信协商认定工伤事宜，双方约定一起去人力社保部门认定工伤，但霍某未按时到场，饶某未能进行工伤认定。2021 年 5 月 12 日，饶某向劳动人事争议仲裁委员会（以下简称仲裁委员会）提出仲裁申请，要求确认其与某安装公司存在劳动关系。庭审过程中，腾某出庭作证称，其 2020 年 5 月至 7 月在某安装公司工作，与饶某为同组同事，安装空调费用是根据安装空调数量按月结算，某安装公司通过银行转账将其与饶某的工资进行支付，其再将饶某的工资转付给饶某。霍某出庭作证称，某安装公司通过 APP 平台承接空调安装业务，饶某是腾某招的小工，两人为固定搭档，根据派单安装空调，饶某的工资由腾某结算，某安装公司与饶某是劳务关系。饶某提交霍某的微信朋友圈截图显示，霍某多次在朋友圈发布招聘信息，称某安装公司负责空调的安装维修，长期招聘带车送货安装师傅、学徒等。某安装公司对上述两人的证言及朋友圈截图的真实性均认可，但认为，即使其公司长期招聘安装人员，也是其公司的商业行为，不能证明与饶某存在劳动关系，其与饶某只是劳务关系。

《关于确立劳动关系有关事项的通知》（劳社部发〔2005〕12 号，以下简称《通知》）第 1 条规定：“用人单位招用劳动者未订立书面劳动合同，但同时具备下列情形的，劳动关系成立。（一）用人单位和劳动者符合法律、法规规定的主体资格；（二）用人单位依法制定的各项劳动规章制度适用于劳动者，劳动者受用人单位的劳动管理，从事用人单位安排的有报酬的劳动；（三）劳动者提供的劳动是用人单位业务的组成部分。”某安装公司与饶某均符合建立劳动关系的主体资格，其通过微信形式派单，饶某按照某安装公司派单从事空调安装工作，某安装公司将工资发放给腾某后，腾某再将工资发放给饶某，由此可以看出，饶某受某安装公司管理、控制和支配，从事的工作内容也是某安装公司的业务范围，饶某与某安装公司并非平等关系，而是从属关系，符合《通知》规定的劳动管理及从属性特征。某安装公司虽辩称饶某系腾某找的小工，饶某与某安装公司系劳务关系，但未能提交有力证据予以证明，故仲裁委员会不予采信。某安装公司作为负有管理职责的用人单位，应就劳动关系存续期间承担举证责任，因其未举证证明饶某的工作期间，故仲裁委员会对饶某所主张的工作期间予以采信，并对其仲裁请求予以支持。

仲裁委员会提示：近年来，平台经济发展迅猛，创造了大量就业机会，依托互联网平台就业的劳动者数量大幅增加，与之伴随而来的则是劳动者权益保障面临新情况新问题。《关于维护新就业形态劳动者劳动保障权益的指导意见》（人社部发〔2021〕56号）中规定："符合确立劳动关系情形的，企业应当依法与劳动者订立劳动合同。不完全符合确立劳动关系情形但企业对劳动者进行劳动管理（以下简称不完全符合确立劳动关系情形）的，指导企业与劳动者订立书面协议，合理确定企业与劳动者的权利义务。个人依托平台自主开展经营活动、从事自由职业等，按照民事法律调整双方的权利义务。"实践中，一些平台企业将相关业务外包给其他用人单位，承接平台相关业务的用人单位也应按照上述规定要求，明晰双方法律关系，与符合确立劳动关系的劳动者订立劳动合同并依法缴纳社会保险费，与不完全符合确立劳动关系情形的劳动者订立书面协议明确双方权利义务，并在条件允许的情形下依法参加职业伤害险，还可购买人身意外、雇主责任等商业保险，既有力保障劳动者合法权益，也有效降低企业用工风险，促进企业健康发展。

关联参见

《劳动争议调解仲裁法》第17-21条

第八十二条　【劳动争议仲裁的程序】提出仲裁要求的一方应当自劳动争议发生之日起六十日内向劳动争议仲裁委员会提出书面申请。仲裁裁决一般应在收到仲裁申请的六十日内作出。对仲裁裁决无异议的，当事人必须履行。

条文解读

提请仲裁的申请和受理 ➲《劳动争议调解仲裁法》第 27 条规定："劳动争议申请仲裁的时效期间为一年。仲裁时效期间从当事人知道或者应当知道其权利被侵害之日起计算。前款规定的仲裁时效，因当事人一方向对方当事人主张权利，或者向有关部门请求权利救济，或者对方当事人同意履行义务而中断。从中断时起，仲裁时效期间重新计算。因不可抗力或者有其他正当理由，当事人不能在本条第一款规定的仲裁时效期间申请仲裁的，仲裁时效中止。从中止时效的原因消除之日起，仲裁时效期间继续计算。劳动关系存续期间因拖欠劳动报酬发生争议的，劳动者申请仲裁不受本条第一款规定的仲裁时效期间的限制；但是，劳动关系终止的，应当自劳动关系终止之日起一年内提出。"

《劳动争议调解仲裁法》第 28 条第 1 款规定："申请人申请仲裁应当提交书面仲裁申请，并按照被申请人人数提交副本。"第 3 款规定："书写仲裁申请确有困难的，可以口头申请，由劳动争议仲裁委员会记入笔录，并告知对方当事人。"

《劳动争议调解仲裁法》第 29 条规定："劳动争议仲裁委员会收到仲裁申请之日起五日内，认为符合受理条件的，应当受理，并通知申请人；认为不符合受理条件的，应当书面通知申请人不予受理，并说明理由。对劳动争议仲裁委员会不予受理或者逾期未作出决定的，申请人可以就该劳动争议事项向人民法院提起诉讼。"

仲裁裁决作出的期限 ➲《劳动争议调解仲裁法》第 43 条规定："仲裁庭裁决劳动争议案件，应当自劳动争议仲裁委员会受理仲裁申请之日起四十五日内结束。案情复杂需要延期的，经劳动争议仲裁委员会主任批准，可以延期并书面通知当事人，但是延长期限不得超过十五日。逾期未作出仲裁裁决的，当事人可以就该劳动争议事项向人民法院提起诉讼。仲裁庭裁决劳动争议案件时，其中一部分事实已经清楚，可以就该部分先行裁决。"

31. 加班费的仲裁时效应当如何认定？[①]

张某于2016年7月入职某建筑公司从事施工管理工作，2019年2月离职。工作期间，张某存在加班情形，但某建筑公司未支付其加班费。2019年12月，张某向劳动人事争议仲裁委员会申请仲裁，请求裁决某建筑公司依法支付其加班费，某建筑公司以张某的请求超过仲裁时效为由抗辩。张某不服仲裁裁决，诉至人民法院。

原告诉讼请求判决某建筑公司支付加班费46293元。

一审法院判决：某建筑公司支付张某加班费18120元。张某与某建筑公司均未提起上诉，一审判决已生效。

本案争议焦点是张某关于加班费的请求是否超过仲裁时效。

《劳动争议调解仲裁法》第27条规定："劳动争议申请仲裁的时效期间为一年。仲裁时效期间从当事人知道或者应当知道其权利被侵害之日起计算。……劳动关系存续期间因拖欠劳动报酬发生争议的，劳动者申请仲裁不受本条第一款规定的仲裁时效期间的限制；但是，劳动关系终止的，应当自劳动关系终止之日起一年内提出。"《劳动法》第44条规定："有下列情形之一的，用人单位应当按照下列标准支付高于劳动者正常工作时间工资的工资报酬……"《关于工资总额组成的规定》第4条规定："工资总额由下列六个部分组成：……（五）加班加点工资……"仲裁时效分为普通仲裁时效和特别仲裁时效，在劳动关系存续期间因拖欠劳动报酬发生劳动争议的，应当适用特别仲裁时效，即劳动关系存续期间的拖欠劳动报酬仲裁时效不受"知道或者应当知道权利被侵害之日起一年"的限制，但是劳动关系终止的，应当自劳动关系终止之日起1年内提出。加班费属于劳动报酬，相关争议处理中应当适用特别仲裁

---

① 参见《劳动人事争议典型案例（第二批）》（2012年8月26日发布），加班费的仲裁时效应当如何认定，载最高人民法院网 https：//www.court.gov.cn/zixun-xiangqing-319151.html，最后访问日期：2023年5月19日。

时效。

本案中，某建筑公司主张张某加班费的请求已经超过了 1 年的仲裁时效，不应予以支持。人民法院认为，张某与某建筑公司的劳动合同于 2019 年 2 月解除，其支付加班费的请求应自劳动合同解除之日起 1 年内提出，张某于 2019 年 12 月提出仲裁申请，其请求并未超过仲裁时效。根据劳动保障监察机构在执法中调取的工资表上的考勤记录，人民法院认定张某存在加班的事实，判决某建筑公司支付张某加班费。

时效是指权利人不行使权利的事实状态持续经过法定期间，其权利即发生效力减损的制度。作为权利行使尤其是救济权行使期间的一种，时效既与当事人的实体权利密切相关，又与当事人通过相应的程序救济其权益密不可分。获取劳动报酬权是劳动权益中最基本、最重要的权益，考虑劳动者在劳动关系存续期间的弱势地位，法律对于拖欠劳动报酬争议设置了特别仲裁时效，对于有效保护劳动者权益具有重要意义。

关联参见

《劳动争议调解仲裁法》第 22-46 条

第八十三条　【仲裁裁决的效力】劳动争议当事人对仲裁裁决不服的，可以自收到仲裁裁决书之日起十五日内向人民法院提起诉讼。一方当事人在法定期限内不起诉又不履行仲裁裁决的，另一方当事人可以申请人民法院强制执行。

条文解读

强制执行 强制执行是指人民法院根据当事人的请求，依照法律规定的程序，运用国家强制力，强制对方当事人履行已经生效的仲裁调解书、裁决书及人民法院判决、裁定中所规定的义务的一种司法行为。

仲裁裁决的效力 对于仲裁裁决的效力，《劳动争议调解仲裁法》进行了新的规定，仲裁裁决的效力分为两类：一是立即生效的仲裁裁决。根据《劳动争议调解仲裁法》第47条，下列劳动争议，除另有规定的外，仲裁裁决为终局裁决，裁决书自作出之日起发生法律效力：(1) 追索劳动报酬、工伤医疗费、经济补偿或者赔偿金，不超过当地月最低工资标准12个月金额的争议；(2) 因执行国家的劳动标准在工作时间、休息休假、社会保险等方面发生的争议。这里所说的“另有规定”的情形，是指以下两种情形：第一，劳动者对仲裁裁决不服，自收到仲裁裁决书之日起15日内向人民法院提起诉讼的；第二，用人单位有证据证明上述仲裁裁决有下列情形之一，自收到仲裁裁决书之日起30日内向劳动争议仲裁委员会所在地的中级人民法院申请撤销裁决的：①适用法律、法规确有错误的；②劳动争议仲裁委员会无管辖权的；③违反法定程序的；④裁决所根据的证据是伪造的；⑤对方当事人隐瞒了足以影响公正裁决的证据的；⑥仲裁员在仲裁该案时有索贿受贿、徇私舞弊、枉法裁决行为的。人民法院经组成合议庭审查核实裁决有上面规定六种情形之一的，应当裁定撤销。二是一般仲裁裁决。除立即生效的仲裁裁决外，当事人对于其他仲裁裁决不服的，可以自收到仲裁裁决书之日起15日内向人民法院提起诉讼；期满不起诉的，裁决书发生法律效力。当事人对发生法律效力的调解书、裁决书，应当依照规定的期限履行。一方当事人逾期不履行的，另一方当事人可以依照民事诉讼法的有关规定向人民法院申请执行。受理申请的人民法院应当依法执行。

仲裁裁决的类型及可提起诉讼的情形 ➲ 仲裁裁决的类型以仲裁裁决书确定为准。仲裁裁决书未载明该裁决为终局裁决或非终局裁决，用人单位不服该仲裁裁决向基层人民法院提起诉讼的，应当按照以下情形分别处理：(1) 经审查认为该仲裁裁决为非终局裁决的，基层人民法院应予受理；(2) 经审查认为该仲裁裁决为终局裁决的，基层人民法院不予受理，但应告知用人单位可以自收到不予受理裁定书之日起30日内向劳动争议仲裁机构所在地的中级人民法院申请撤销该仲裁裁决；已经受理的，裁定驳回起诉。

81. 劳动仲裁中能否先予执行？

根据《劳动争议调解仲裁法》第44条，仲裁庭对追索劳动报酬、工伤医疗费、经济补偿或者赔偿金的案件，根据当事人的申请，可以裁决先予执行，移送人民法院执行。仲裁庭裁决先予执行的，应当符合下列条件：（1）当事人之间权利义务关系明确；（2）不先予执行将严重影响申请人的生活。劳动者申请先予执行的，可以不提供担保。

82. 法院受理劳动争议案件需满足哪些条件？

法院受理劳动争议案件需符合以下条件：（1）起诉人必须是劳动争议的当事人，即发生争议案件的用人单位和劳动者。（2）当事人必须是不服仲裁裁决而向人民法院起诉。（3）当事人起诉必须有明确的被告和具体的诉讼请求。（4）当事人起诉不得超过法律规定的诉讼时效。《劳动法》规定的提起劳动争议案件的时效为15日，即自当事人收到仲裁裁决之日起15日内向人民法院起诉，人民法院才予受理，超过15日的期限，人民法院则不予受理。（5）当事人起诉应当向有管辖权的人民法院提出。一般应向对案件作出仲裁裁决的仲裁委员会所在地的人民法院起诉。

83. 人民法院对经劳动争议仲裁裁决的纠纷准予撤诉或驳回起诉后，劳动争议仲裁裁决从何时起生效？

当事人不服劳动争议仲裁裁决向人民法院起诉后又申请撤诉，经人民法院审查准予撤诉的，原仲裁裁决自人民法院裁定送达当事人之日起发生法律效力。当事人因超过起诉期间而被人民法院裁定驳回起诉的，原仲裁裁决自起诉期间届满之次日起恢复法律效力。因仲裁裁决确定的主体资格错误或仲裁裁决事项不属于劳动争议，被人民法院驳回起诉的，原仲裁裁决不发生法律效力。

关联参见

《劳动争议调解仲裁法》第44条、第46-51条

第八十四条　【集体合同争议的处理】因签订集体合同发生争议，当事人协商解决不成的，当地人民政府劳动行政部门可以组织有关各方协调处理。

因履行集体合同发生争议，当事人协商解决不成的，可以向劳动争议仲裁委员会申请仲裁；对仲裁裁决不服的，可以自收到仲裁裁决书之日起十五日内向人民法院提起诉讼。

条文解读

因劳动关系产生的集体劳动合同争议 ➜ 因劳动关系产生的集体劳动合同争议分两类：一类是在签订集体劳动合同中发生的争议，另一类是在履行集体劳动合同过程中发生的争议。对于在集体劳动合同签订中发生的争议，由当事人双方协商解决，不能协商解决的，当事人一方或双方可以书面向劳动保障行政部门提出协调处理的申请；未提出协调申请的，劳动保障行政部门认为必要时也可以进行协调处理。对于因履行集体劳动合同而发生的争议，首先也由当事人双方协商解决，协商不成的，可以依法向劳动争议仲裁委员会申请仲裁，基本的程序与个人申请仲裁程序大致相同。

第十一章　监督检查

第八十五条　【劳动行政部门的监督检查】县级以上各级人民政府劳动行政部门依法对用人单位遵守劳动法律、法规的情况进行监督检查，对违反劳动法律、法规的行为有权制止，并责令改正。

条文解读

劳动保障行政部门实施劳动保障监察应履行的职责 ➜ 劳动行政部

门在劳动监察过程中，应当履行以下职责：（1）宣传劳动保障法律、法规和规章，督促用人单位贯彻执行；（2）检查用人单位遵守劳动保障法律、法规和规章的情况；（3）受理对违反劳动保障法律、法规或者规章的行为的举报、投诉；（4）依法纠正和查处违反劳动保障法律、法规或者规章的行为。

监督检查的事项 劳动保障行政部门对下列事项实施劳动保障监察：（1）用人单位制定内部劳动保障规章制度的情况；（2）用人单位与劳动者订立劳动合同的情况；（3）用人单位遵守禁止使用童工规定的情况；（4）用人单位遵守女职工和未成年工特殊劳动保护规定的情况；（5）用人单位遵守工作时间和休息休假规定的情况；（6）用人单位支付劳动者工资和执行最低工资标准的情况；（7）用人单位参加各项社会保险和缴纳社会保险费的情况；（8）职业介绍机构、职业技能培训机构和职业技能考核鉴定机构遵守国家有关职业介绍、职业技能培训和职业技能考核鉴定的规定的情况；（9）法律、法规规定的其他劳动保障监察事项。

劳动保障行政部门有权采取的措施 劳动保障行政部门实施劳动保障监察，有权采取下列措施：（1）进入用人单位的劳动场所进行检查；（2）就调查、检查事项询问有关人员；（3）要求用人单位提供与调查、检查事项相关的文件资料，并作出解释和说明，必要时可以发出调查询问书；（4）采取记录、录音、录像、照相或者复制等方式收集有关情况和资料；（5）委托会计师事务所对用人单位工资支付、缴纳社会保险费的情况进行审计；（6）法律、法规规定可以由劳动保障行政部门采取的其他调查、检查措施。

处理措施 劳动保障行政部门对违反劳动保障法律、法规或者规章的行为，根据调查、检查的结果，作出以下处理：（1）对依法应当受到行政处罚的，依法作出行政处罚决定；（2）对应当改正未改正的，依法责令改正或者作出相应的行政处理决定；（3）对情节轻微的，要求当场改正已改正的，撤销立案；（4）发现违法案件不属于劳动保障监察事项的，应当及时移送有关部门处理，涉嫌犯罪的，应当依法移送司法机关。

关联参见

《劳动合同法》第 73 条、第 74 条；《劳动保障监察条例》

第八十六条　【劳动监察机构的监督程序】县级以上各级人民政府劳动行政部门监督检查人员执行公务，有权进入用人单位了解执行劳动法律、法规的情况，查阅必要的资料，并对劳动场所进行检查。

县级以上各级人民政府劳动行政部门监督检查人员执行公务，必须出示证件，秉公执法并遵守有关规定。

第八十七条　【政府有关部门的监督】县级以上各级人民政府有关部门在各自职责范围内，对用人单位遵守劳动法律、法规的情况进行监督。

条文解读

政府有关部门的监督 ➲ 劳动行政主管部门之外的其他政府部门的监督也是我国劳动监察体系的重要组成部分。这里，相关行政部门的监督大致可以分为两类：（1）用人单位主管部门的监督。例如，矿山企业主管部门应当把检查企业遵守矿山安全法规的情况作为其首要职责。（2）市场监管、公安、卫生等专项执法部门的监督。例如，根据《禁止使用童工规定》，教育、公安等部门负有禁止使用童工的监督职责；根据劳动卫生法规的规定，卫生行政部门负有防尘防毒等防治职业病的监督职责。相关行政部门进行监督的方式主要有三种：（1）依法独立开展劳动监督活动；（2）依法对劳动行政部门、其他行政部门和工会组织的建议进行调查处理；（3）会同劳动行政部门等监督主体实施劳动监督。

关联参见

《劳动合同法》第76条

第八十八条　【工会监督、社会监督】各级工会依法维护劳动者的合法权益，对用人单位遵守劳动法律、法规的情况进行监督。

任何组织和个人对于违反劳动法律、法规的行为有权检举和控告。

条文解读

工会监督　工会的监督是劳动监督检查的重要组成部分。但要注意，工会的监督和行政监督是不同的，工会监督是一种广义上的社会监督，行政部门的监督是一种行政执法行为，其职权中包括行政处罚权和强制措施权，而工会的职权不包括这些内容，工会只能就用人单位违反劳动法的行为提出处理意见、建议和要求。

社会监督　社会组织和个人的监督，是狭义的社会监督，其监督方式具有限定性，即只能采取检举和控告的方式进行监督。

关联参见

《工会法》第三章；《劳动合同法》第78条

第十二章　法律责任

第八十九条　【劳动规章制度违法的法律责任】用人单位制定的劳动规章制度违反法律、法规规定的，由劳动行政部门给予警告，责令改正；对劳动者造成损害的，应当承担赔偿责任。

第九十条　【违法延长工时的法律责任】用人单位违反本法规定，延长劳动者工作时间的，由劳动行政部门给予警告，责令改正，并可以处以罚款。

条文解读

本条所指的“延长劳动时间”是指用人单位在国家允许的标准工作时间和延长工作时间之外，再延长劳动者的工作时间。根据《劳动保障监察条例》第25条，用人单位违反劳动保障法律、法规或者规章延长劳动者工作时间的，由劳动保障行政部门给予警告，责令限期改正，并可以按照受侵害的劳动者每人100元以上500元以下的标准计算，处以罚款。

关联参见

《劳动保障监察条例》第25条

第九十一条 【用人单位侵权的民事责任】 用人单位有下列侵害劳动者合法权益情形之一的，由劳动行政部门责令支付劳动者的工资报酬、经济补偿，并可以责令支付赔偿金：

（一）克扣或者无故拖欠劳动者工资的；

（二）拒不支付劳动者延长工作时间工资报酬的；

（三）低于当地最低工资标准支付劳动者工资的；

（四）解除劳动合同后，未依照本法规定给予劳动者经济补偿的。

条文解读

用人单位有下列情形之一，迫使劳动者提出解除劳动合同的，用人单位应当支付劳动者的劳动报酬和经济补偿，并可支付赔偿金：（1）以暴力、威胁或者非法限制人身自由的手段强迫劳动的；（2）未按照劳动合同约定支付劳动报酬或者提供劳动条件的；（3）克扣或者无故拖欠劳动者工资的；（4）拒不支付劳动者延长工作时间工资报酬的；（5）低于当地最低工资标准支付劳动者工资的。

32. 用人单位拖欠劳动者工资，劳动者如何维权？[①]

2005年，广东省某市人力资源和社会保障局（以下简称市人社局）向某区人民法院申请强制执行（2005）第2号、第3号行政处理决定，责令用人单位支付工资。某区人民法院向该局发出《司法建议书》，以市人社局作出的行政处理决定书不属于行政机关申请人民法院强制执行的行政行为范围为由，告知市人社局对此类强制执行申请将不予受理或者裁定不准予强制执行。2013年，市人社局针对另一企业拖欠农民工工资行为作出责令用人单位支付工资的（2013）第003号行政处理决定，向某区人民法院申请强制执行。某区人民法院以该局作出的行政处理决定书实质为劳动监察指令书为由裁定不准予强制执行。

鉴于法院作出的上述《司法建议书》及不准予强制执行的裁定，市人社局在办理用人单位拖欠劳动者工资的案件中，10余年来未再作出行政处理决定及申请法院强制执行。

某市人民检察院在履职过程中发现案件线索，调取了案件材料，走访并听取了市人社局市区两级劳动监察部门负责人、市劳动仲裁委员会、市区两级人民法院行政庭负责人的意见。经研究认为，根据《行政诉讼法》《广东省工资支付条例》及《保障农民工工资支付条例》的规定，人力资源社会保障行政部门作为组织实施劳动保障监察、协调劳动者维权工作的行政主管部门，针对用人单位拖欠劳动者、农民工工资的行为，作出行政处理决定并申请人民法院强制执行有法可依、于法有据。

某市人民检察院与某区人民法院进行座谈，切实畅通人社局就行政

---

① 参见《“检察为民办实事”——行政检察与民同行系列典型案例（第四批）》（2021年12月16日发布），广东省某市人社局申请执行拖欠劳动者工资行政处理决定检察监督案，载最高人民检察院网https：//www.spp.gov.cn/spp/xwfbh/wsfbt/202112/t20211216_538720.shtml#2，最后访问日期：2023年5月19日。

处理决定申请法院强制执行的渠道。同时，为拓宽农民工欠薪问题的救济途径和提高欠薪问题解决效率，某市人民检察院向市人社局制发了检察建议，建议：(1) 对用人单位拖欠劳动者工资且拖欠事实清楚、金额明确的案件，人社局应依法作出责令支付的行政处理决定，如用人单位逾期不履行义务又不提出诉讼，应及时依法申请人民法院强制执行；(2) 人社局申请人民法院强制执行时，应严格依据最高人民法院的司法解释，对用人单位欠薪的人数及金额做出详细认定及说明，让行政处理决定书的内容具备可执行性；(3) 人社局申请人民法院强制执行后，对于人民法院不予受理或者裁定不准予执行不服的，及时向人民检察院申请监督。市人社局收到检察建议书后，及时对自身存在的问题进行了深入研判，并向全市劳动保障监察机构发出了《关于进一步加强和规范作出行政处理决定的通知》，要求全市各级劳动保障监察机构在处理未依法足额支付劳动报酬案件时，要依法根据案件进展情况作出行政处理决定并申请法院强制执行。《通知》发出后，市人社局对四家用人单位作出了依法足额支付劳动报酬和加付赔偿金的行政处理决定，并就其中两个案件于 2021 年 3 月 16 日申请法院强制执行。3 月 22 日，某区人民法院作出准予执行裁定。

检察机关办理"农民工欠薪类"行政非诉执行监督案件，立足为民办实事，经调查核实、分析研判，充分发挥行政检察"一手托两家"的职能作用，在畅通行政机关向人民法院申请强制执行其行政处理决定通道的同时，以制发检察建议的方式督促行政机关依法纠正其在行政非诉执行中存在的问题，畅通劳动者、农民工维权渠道，切实保证农民工合法权益，减少农民工维权成本的诉累。

第九十二条 【用人单位违反劳动安全卫生规定的法律责任】

用人单位的劳动安全设施和劳动卫生条件不符合国家规定或者未向劳动者提供必要的劳动防护用品和劳动保护设施的，由劳动行政部门或者有关部门责令改正，可以处以罚款；情节严重的，提请县级以上人民政府决定责令停产整顿；对事故隐患不采取措施，致使发生重大事故，造成劳动者生命和财产损失的，对责任人员依照刑法有关规定追究刑事责任。

第九十三条　【强令劳动者违章作业的法律责任】 用人单位强令劳动者违章冒险作业，发生重大伤亡事故，造成严重后果的，对责任人员依法追究刑事责任。

条文解读

我国《刑法》第134条规定，在生产、作业中违反有关安全管理的规定，因而发生重大伤亡事故或者造成其他严重后果的，处3年以下有期徒刑或者拘役；情节特别恶劣的，处3年以上7年以下有期徒刑。强令他人违章冒险作业，或者明知存在重大事故隐患而不排除，仍冒险组织作业，因而发生重大伤亡事故或者造成其他严重后果的，处5年以下有期徒刑或者拘役；情节特别恶劣的，处5年以上有期徒刑。另外，根据《劳动合同法》第32条的规定，劳动者拒绝用人单位管理人员违章指挥、强令冒险作业的，不视为违反劳动合同。

案例指引

33. 如何认定强令他人违章冒险作业罪？①

李某2014年9月成立江苏无锡某运输公司从事货物运输业务，担任公司实际经营人和负责人，全面负责公司经营管理。王某华2019年4月应聘成为该运输公司驾驶员，同年6月底与李某合伙购买苏BQ7191号重型半挂牵引车（牵引苏BG976挂号重型平板半挂车），约定利润平分，王某华日常驾驶该车；焦某东2019年5月底应聘成为运输公司驾

① 参见《人民法院、检察机关依法惩治危害生产安全犯罪典型案例》（2022年12月15日发布），李某、王某华、焦某东等强令违章冒险作业、重大责任事故案——准确认定强令违章冒险作业罪，载最高人民法院网 https://www.court.gov.cn/fabu-xiangqing-383601.html，最后访问日期：2023年5月19日。

驶员，驾驶苏 BX8061 号重型半挂牵引车（牵引苏 BZ030 挂号重型平板半挂车）。李某违反法律法规关于严禁超载的规定，在招聘驾驶员时明确告知对方称公司需要招聘能够“重载”（即严重超载）的驾驶员，驾驶员表示能够驾驶超载车辆才同意入职；在公司购买不含轮胎的货车后，通过找专人安装与车辆轮胎登记信息不一致且承重力更好的钢丝胎、加装用于给刹车和轮胎降温的水箱等方式，对公司货运车辆进行非法改装以提高承载力。经营期间，该运输公司车辆曾被运管部门查出多次超载运输，并曾因超载运输被交通运输管理部门约谈警告、因超载运输导致发生交通事故被判决承担民事赔偿责任，李某仍然指挥、管理驾驶员继续严重超载，且在部分驾驶员提出少超载一些货物时作出解聘驾驶员的管理决定。2019 年 10 月 10 日，王某华、焦某东根据公司安排到码头装载货物，焦某东当日下午驾驶苏 BX8061 号重型半挂牵引车牵引苏 BZ030 挂号重型平板半挂车（核载质量 32 吨）装载 7 轧共重 157. 985 吨的钢卷先离开码头，王某华随后驾驶苏 BQ7191 号重型半挂牵引车牵引苏 BG976 挂号重型平板半挂车（核载质量 29 吨）装载 6 轧共重 160. 855 吨的钢卷离开码头。当日 18 时许，焦某东、王某华驾车先后行驶通过 312 国道某路段上跨桥左侧车道时桥面发生侧翻，将桥下道路阻断。事故发生时焦某东刚驶离上跨桥桥面侧翻段，王某华正驾车通过上跨桥桥面侧翻段，车辆随侧翻桥面侧滑靠至桥面护栏，致王某华受伤。事故造成行驶在侧翻桥面路段上的车辆随桥面滑落，在桥面路段下方道路上行驶的车辆被砸压，导致 3 人死亡、9 辆机动车不同程度损坏。经鉴定，被毁桥梁价值约 2422567 元，受损 9 辆车辆损失共计 229015 元。经事故调查组调查认定，事故直接原因为，两辆重型平板半挂车严重超载、间距较近（荷载分布相对集中），偏心荷载引起的失稳效应远超桥梁上部结构稳定效应，造成桥梁支座系统失效，梁体和墩柱之间产生相对滑动和转动，从而导致梁体侧向滑移倾覆触地。事故发生后，焦某东向公安机关自动投案并如实供述了自己的罪行。

江苏省无锡市锡山区人民检察院对李某以强令违章冒险作业罪，对王某华、焦某东和其他被告人以重大责任事故罪提起公诉。无锡市锡山区人民法院经审理认为，李某明知存在事故隐患、继续作业存在危险，仍然违反有关安全管理的规定，利用组织、指挥、管理职权强制他人违章作业，因而发生重大伤亡事故，行为已构成强令违章冒险作业罪，情节特别恶劣；王某华、焦某东在生产、作业中违反有关安全管理的规定，因而发生重大伤亡事故，行为均构成重大责任事故罪，情节特别恶劣。李某已经发现事故隐患，经有关部门提出后仍不采取措施，酌情从重处罚；焦某东有自首情节，依法从轻处罚。据此，依照《刑法》第134条第2款的规定，以强令违章冒险作业罪判处李某有期徒刑7年；以重大责任事故罪分别判处王某华、焦某东有期徒刑3年6个月和有期徒刑3年3个月。对其他被告人依法判处相应刑罚。一审宣判后，李某、王某华、焦某东提出上诉，后李某、王某华在二审期间申请撤回上诉。无锡市中级人民法院裁定准许李某、王某华撤回上诉，对焦某东驳回上诉、维持原判。

对生产、作业负有组织、指挥或者管理职责的人员出于追求高额利润等目的，明知存在事故隐患，违背生产、作业人员的主观意愿，强令生产、作业人员违章冒险作业，极易导致发生重大事故，社会危害性大，应当予以从严惩处。《刑法修正案（六）》增设的刑法第134条第2款规定了强令违章冒险作业罪，“两高”《关于办理危害生产安全刑事案件适用法律若干问题的解释》第5条对强令违章冒险作业罪的行为方式作了列举式规定。《刑法修正案（十一）》对刑法第134条第2款规定的行为进行了扩充，罪名修改为强令、组织他人违章冒险作业罪。实践中，对生产、作业负有组织、指挥或者管理职责的人员虽未采取威逼、胁迫、恐吓等手段，但利用自己的组织、指挥、管理职权强制他人违章作业的，也可以构成强令违章冒险作业罪（强令他人违章冒险作业罪）。对于受他人强令违章冒险作业的一线生产、作业人员，应当综合考虑其所受到强令的程度、各自行为对引发事故所起作用大小，依法确定刑事责任。

关联参见

《刑法》第134条

第九十四条 【用人单位非法招用未成年工的法律责任】 用人单位非法招用未满十六周岁的未成年人的，由劳动行政部门责令改正，处以罚款；情节严重的，由市场监督管理部门吊销营业执照。

条文解读

国家机关、社会团体 、企业事业单位、民办非企业单位或者个体工商户均不得招用不满16周岁的未成年人。禁止任何单位或者个人为不满16周岁的未成年人介绍就业。禁止不满16周岁的未成年人开业从事个体经营活动。

用人单位招用人员时，必须核查被招用人员的身份证；对不满16周岁的未成年人，一律不得录用。用人单位录用人员的录用登记、核查材料应当妥善保管。

关联参见

《禁止使用童工规定》

第九十五条 【违反女职工和未成年工保护规定的法律责任】 用人单位违反本法对女职工和未成年工的保护规定，侵害其合法权益的，由劳动行政部门责令改正，处以罚款；对女职工或者未成年工造成损害的，应当承担赔偿责任。

条文解读

用人单位有下列行为之一的，由劳动保障行政部门责令改正，按照受侵害的劳动者每人1000元以上5000元以下的标准计算，处以罚款：

（1）安排女职工从事矿山井下劳动、国家规定的第四级体力劳动强度的劳动或者其他禁忌从事的劳动的；（2）安排女职工在经期从事高处、低温、冷水作业或者国家规定的第三级体力劳动强度的劳动的；（3）安排女职工在怀孕期间从事国家规定的第三级体力劳动强度的劳动或者孕期禁忌从事的劳动的；（4）安排怀孕7个月以上的女职工夜班劳动或者延长其工作时间的；（5）女职工生育享受产假少于90天的；（6）安排女职工在哺乳未满1周岁的婴儿期间从事国家规定的第三级体力劳动强度的劳动或者哺乳期禁忌从事的其他劳动，以及延长其工作时间或者安排其夜班劳动的；（7）安排未成年工从事矿山井下、有毒有害、国家规定的第四级体力劳动强度的劳动或者其他禁忌从事的劳动的；（8）未对未成年工定期进行健康检查的。

案例指引

34. 遭受职场性骚扰，是否有权依法请求精神损害赔偿？①

王某与傅某系同事关系。傅某为追求王某，不断拨打王某电话，频繁向王某发送骚扰短信，内容低俗、语言污秽。王某不堪其扰，将此事告知单位。在单位要求下，傅某两次写下保证书，保证不再骚扰王某。但此后傅某仍然通过电话、短信继续骚扰王某。2020年5月26日，王某以傅某骚扰、恐吓为由报警。2020年6月8日，某市公安局某分局确认傅某于2019年7月至2020年5月15日期间，违反法律规定，多次以发送骚扰短信、拨打骚扰电话方式干扰他人正常生活，决定给予傅某行政拘留七日并处罚款200元。因傅某频繁骚扰，王某被医院确诊患有抑郁发作，伴精神病性症状。王某认为，傅某的行为给其造成了严重的精神损害，向人民法院起诉请求判令傅某向其书面赔礼道歉，并赔偿其精

① 参见《第三批人民法院大力弘扬社会主义核心价值观典型民事案例》（2023年3月1日发布），遭受职场性骚扰有权依法请求精神损害赔偿——王某诉傅某性骚扰损害责任纠纷案，载最高人民法院网 https://www.court.gov.cn/zixun-xiangqing-390531.html，最后访问日期：2023年5月19日。

神损害赔偿金 50000 元和医疗费等其他财产损失共计 228300 元。

审理法院认为，《妇女权益保障法》规定，禁止违背妇女意愿，以言语、文字、图像、肢体行为等方式对其实施性骚扰。傅某通过电话、短信等方式对王某频繁实施性骚扰，侵害了王某的人格权，并对王某造成了极大的精神负担和身体伤害，其行为背离了社会主义核心价值观的基本要求，应当依法承担相应的法律责任。故判令傅某赔偿王某精神损害抚慰金 30000 元及医疗费等 61804.2 元，并向王某书面赔礼道歉。

本案明确指出性骚扰行为系对他人人格权的侵犯，严重背离了社会主义核心价值观的要求，侵权人应当依法承担赔礼道歉、赔偿精神损失等民事责任。本案判决不仅保护了受害人的合法权益，而且弘扬了文明、法治的社会主义核心价值观，有利于发挥司法裁判对社会行为的规范、引导作用，营造和谐的社会环境。

关联参见

《劳动保障监察条例》第 23 条

第九十六条　【侵犯劳动者人身自由的法律责任】用人单位有下列行为之一，由公安机关对责任人员处以十五日以下拘留、罚款或者警告；构成犯罪的，对责任人员依法追究刑事责任：

（一）以暴力、威胁或者非法限制人身自由的手段强迫劳动的；

（二）侮辱、体罚、殴打、非法搜查和拘禁劳动者的。

第九十七条　【订立无效合同的民事责任】由于用人单位的原因订立的无效合同，对劳动者造成损害的，应当承担赔偿责任。

条文解读

劳动合同被确认无效，劳动者已付出劳动的，用人单位应当向劳动者支付劳动报酬。劳动报酬的数额，参照本单位相同或者相近岗位劳动者的劳动报酬确定。

关联参见

《劳动合同法》第 28 条、第 86 条；《劳动争议解释（一）》第 41 条

第九十八条 【违法解除或故意拖延不订立劳动合同的法律责任】 用人单位违反本法规定的条件解除劳动合同或者故意拖延不订立劳动合同的，由劳动行政部门责令改正；对劳动者造成损害的，应当承担赔偿责任。

条文解读

《劳动合同法》对用人单位的这种行为规定了双倍的罚则：（1）用人单位违反《劳动合同法》的规定解除或终止劳动合同的，按照正常经济补偿金标准的 2 倍向劳动者支付经济补偿金。（2）用人单位自用工之日起超过 1 个月不满 1 年未与劳动者订立书面劳动合同的，应当向劳动者每月支付 2 倍的工资；用人单位自用工之日起超过 1 年不与劳动者订立书面劳动合同的，视为用人单位与劳动者已订立无固定期限的劳动合同；用人单位违反劳动合同法规定不与劳动者订立无固定期限劳动合同的，自应当订立无固定期限劳动合同之日起向劳动者每月支付二倍的工资。要注意，《劳动合同法》规定的这种罚则，并没有“给劳动者造成损害”这一限定性的要求，也就是说，只要用人单位违反法律规定解除劳动合同或者故意拖延不订立劳动合同的，都应当支付经济补偿金或者双倍工资。

关联参见

《劳动合同法》第 82 条、第 87 条；《劳动合同法实施条例》第 6 条、第 7 条；《劳动争议解释（一）》第 27 条

第九十九条 【招用尚未解除劳动合同者的法律责任】用人单位招用尚未解除劳动合同的劳动者，对原用人单位造成经济损失的，该用人单位应当依法承担连带赔偿责任。

条文解读

这种情况下，原用人单位起诉劳动者的，可以列新的用人单位为第三人；原用人单位以新的用人单位侵权起诉至人民法院的，可以列劳动者为第三人；原用人单位以用人单位和劳动者共同侵权向人民法院起诉的，新的用人单位和劳动者作为共同被告。

实务应用

84. 用人单位招用尚未解除劳动合同的劳动者，对原用人单位造成经济损失的，原用人单位可如何请求赔偿？

原用人单位可以向用人单位和劳动者中的任何一方请求赔偿部分或全部损失，用人单位和劳动者中的任何一方也都有义务向原用人单位履行全部或部分赔偿义务。如果一方对原用人单位的全部损失赔偿之后，可以要求另一方承担其应当承担的原用人单位的损失赔偿部分。根据《违反〈劳动法〉有关劳动合同规定的赔偿办法》规定，连带赔偿的份额应不低于对原用人单位造成经济损失总额的70%，赔偿的损失包括对生产、经营和工作造成的直接经济损失和因获取商业秘密给用人单位造成的经济损失。赔偿因获取商业秘密给原用人单位造成的经济损失，按《反不正当竞争法》第20条的规定执行。

关联参见

《劳动合同法》第91条；《劳动争议解释（一）》第27条

第一百条　【用人单位不缴纳社会保险费的法律责任】 用人单位无故不缴纳社会保险费的，由劳动行政部门责令其限期缴纳；逾期不缴的，可以加收滞纳金。

条文解读

《社会保险费征缴暂行条例》规定，缴费单位不按规定缴纳和代扣代缴社会保险费，由劳动保障行政部门或者税务机关责令限期缴纳；逾期仍不缴纳的，除补缴欠缴数额外，从欠缴之日起，按日加收欠缴费额千分之二的滞纳金。滞纳金并入社会保险基金。缴费单位拒不缴纳社会保险费、滞纳金的，由劳动保障行政部门或者税务机关申请人民法院依法强制征缴。

关联参见

《社会保险费征缴暂行条例》第13条、第26条；《劳动争议解释（一）》第1条

第一百零一条　【阻挠监督检查、打击报复举报人员的法律责任】 用人单位无理阻挠劳动行政部门、有关部门及其工作人员行使监督检查权，打击报复举报人员的，由劳动行政部门或者有关部门处以罚款；构成犯罪的，对责任人员依法追究刑事责任。

条文解读

无理阻挠 用人单位实施下列行为之一的，应认定为本条中的“无理阻挠”行为：(1) 阻止劳动监督检查人员进入用人单位内（包括进入劳动现场）进行监督检查的；(2) 隐瞒事实真相，出具伪证，或者隐匿、毁灭证据的；(3) 拒绝提供有关资料的；(4) 拒绝在规定的时间和地点就劳动行政部门所提问题作出解释和说明的；(5) 法律、法规和规章规定的其他情况。

第一百零二条　【劳动者违法解除劳动合同或违反保密约定的民事责任】劳动者违反本法规定的条件解除劳动合同或者违反劳动合同中约定的保密事项，对用人单位造成经济损失的，应当依法承担赔偿责任。

条文解读

用人单位与劳动者可以在劳动合同中约定保守用人单位的商业秘密和与知识产权相关的保密事项。对负有保密义务的劳动者，用人单位可以在劳动合同或者保密协议中与劳动者约定竞业限制条款，并约定在解除或者终止劳动合同后，在竞业限制期限内按月给予劳动者经济补偿。劳动者违反竞业限制约定的，应当按照约定向用人单位支付违约金。竞业限制的人员限于用人单位的高级管理人员、高级技术人员和其他负有保密义务的人员。竞业限制的范围、地域、期限由用人单位与劳动者约定，竞业限制的约定不得违反法律、法规的规定。在解除或者终止劳动合同后，前述人员到与本单位生产或者经营同类产品、从事同类业务的有竞争关系的其他用人单位，或者自己开业生产或者经营同类产品、从事同类业务的竞业限制期限，不得超过 2 年。

关联参见

《劳动合同法》第 23 条、第 24 条、第 90 条

第一百零三条　【劳动行政部门和有关部门工作人员渎职的法律责任】劳动行政部门或者有关部门的工作人员滥用职权、玩忽职守、徇私舞弊，构成犯罪的，依法追究刑事责任；不构成犯罪的，给予行政处分。

第一百零四条　【挪用社会保险基金的法律责任】国家工作人员和社会保险基金经办机构的工作人员挪用社会保险基金，构成犯罪的，依法追究刑事责任。

条文解读

对于挪用社会保险基金有违法所得的，没收违法所得，并入社会保险基金；构成犯罪的，依法追究刑事责任；尚不构成犯罪的，对直接负责的主管人员和其他直接责任人员依法给予行政处分。

实务应用

85. 认定挪用社会保险基金行为构成犯罪须符合何种条件?

判断国家工作人员和社会保险基金经办机构工作人员挪用社保基金的行为是否构成犯罪并承担责任，须考虑以下条件：(1) 犯罪主体只能是国家工作人员和社会保险经办机构的工作人员。(2) 挪用社会保险基金的行为已经达到构成犯罪的数额。轻微挪用社会保险基金，不构成犯罪时，应当依照行政法规和规章的规定进行处理。(3) 犯罪人主观上必须是故意的。目前《刑法》没有对国家工作人员和社会保险经办机构工作人员挪用社会保险基金的行为进行专门刑罚规定，实践中可以参考《刑法》中对挪用公款罪的规定进行处理。

关联参见

《社会保险费征缴暂行条例》第 28 条；《刑法》第 384 条

第一百零五条　【其他法律、行政法规的处罚效力】违反本法规定侵害劳动者合法权益，其他法律、行政法规已规定处罚的，依照该法律、行政法规的规定处罚。

条文解读

《劳动法》仅对侵害劳动者合法权益的行为予以处罚作了专门规定。但侵害劳动者合法权益的行为是多种多样的，本法不可能将其穷尽并规定出具体的处罚措施。同时，社会关系是错综复杂的，调整社会关系的法律、法规相互之间也有重合之处，违反本法规定侵害劳动者合法权益的行为，在其他法律、法规中也可能规定了处罚措施。因此，为了与其他法律、法规相衔接，本条规定违反本法规定侵害劳动者合法权益，其他法律、法规已规定处罚的，依照该法律、法规的规定处罚。

第十三章　附　则

第一百零六条　【省级人民政府实施步骤的制定和备案】省、自治区、直辖市人民政府根据本法和本地区的实际情况，规定劳动合同制度的实施步骤，报国务院备案。

第一百零七条　【施行时间】本法自 1995 年 1 月 1 日起施行。

法律法规新解读系列

关联法规

劳动法
解读与应用

中华人民共和国劳动合同法

· 2007年6月29日第十届全国人民代表大会常务委员会第二十八次会议通过

· 根据2012年12月28日第十一届全国人民代表大会常务委员会第三十次会议《关于修改〈中华人民共和国劳动合同法〉的决定》修正

第一章　总　则

第一条　【立法宗旨】为了完善劳动合同制度，明确劳动合同双方当事人的权利和义务，保护劳动者的合法权益，构建和发展和谐稳定的劳动关系，制定本法。

第二条　【适用范围】中华人民共和国境内的企业、个体经济组织、民办非企业单位等组织（以下称用人单位）与劳动者建立劳动关系，订立、履行、变更、解除或者终止劳动合同，适用本法。

国家机关、事业单位、社会团体和与其建立劳动关系的劳动者，订立、履行、变更、解除或者终止劳动合同，依照本法执行。

第三条　【基本原则】订立劳动合同，应当遵循合法、公平、平等自愿、协商一致、诚实信用的原则。

依法订立的劳动合同具有约束力，用人单位与劳动者应当履行劳动合同约定的义务。

第四条　【规章制度】用人单位应当依法建立和完善劳动规章制度，保障劳动者享有劳动权利、履行劳动义务。

用人单位在制定、修改或者决定有关劳动报酬、工作时间、休息休假、劳动安全卫生、保险福利、职工培训、劳动纪律以及劳动定额管理等直接涉及劳动者切身利益的规章制度或者重大事项时，应当经职工代表大会或者全体职工讨论，提出方案和意见，与工会或者职工代表平等协商确定。

在规章制度和重大事项决定实施过程中，工会或者职工认为不适当的，有权向用人单位提出，通过协商予以修改完善。

用人单位应当将直接涉及劳动者切身利益的规章制度和重大事项决定公示，或者告知劳动者。

第五条　【协调劳动关系三方机制】县级以上人民政府劳动行政部门会同工会和企业方面代表，建立健全协调劳动关系三方机制，共同研究解决有关劳动关系的重大问题。

第六条　【集体协商机制】工会应当帮助、指导劳动者与用人单位依法订立和履行劳动合同，并与用人单位建立集体协商机制，维护劳动者的合法权益。

第二章　劳动合同的订立

第七条　【劳动关系的建立】用人单位自用工之日起即与劳动者建立劳动关系。用人单位应当建立职工名册备查。

第八条　【用人单位的告知义务和劳动者的说明义务】用人单位招用劳动者时，应当如实告知劳动者工作内容、工作条件、工作地点、职业危害、安全生产状况、劳动报酬，以及劳动者要求了解的其他情况；用人单位有权了解劳动者与劳动合同直接相关的基本情况，劳动者应当如实说明。

第九条　【用人单位不得扣押劳动者证件和要求提供担保】用人单位招用劳动者，不得扣押劳动者的居民身份证和其他证件，不得要求劳动者提供担保或者以其他名义向劳动者收取财物。

第十条　【订立书面劳动合同】建立劳动关系，应当订立书面劳动合同。

已建立劳动关系，未同时订立书面劳动合同的，应当自用工之日起一个月内订立书面劳动合同。

用人单位与劳动者在用工前订立劳动合同的，劳动关系自用工之日起建立。

第十一条　【未订立书面劳动合同时劳动报酬不明确的解决】用人单位未在用工的同时订立书面劳动合同，与劳动者约定的劳动报酬不明确的，新招用的劳动者的劳动报酬按照集体合同规定的标准执行；没有集体合同或者集体合同未规定的，实行同工同酬。

第十二条　【劳动合同的种类】劳动合同分为固定期限劳动合同、无固定期限劳动合同和以完成一定工作任务为期限的劳动合同。

第十三条　【固定期限劳动合同】固定期限劳动合同，是指用人单位与劳动者约定合同终止时间的劳动合同。

用人单位与劳动者协商一致，可以订立固定期限劳动合同。

第十四条　【无固定期限劳动合同】无固定期限劳动合同，是指用人单位与劳动者约定无确定终止时间的劳动合同。

用人单位与劳动者协商一致，可以订立无固定期限劳动合同。有下列情形之一，劳动者提出或者同意续订、订立劳动合同的，除劳动者提出订立固定期限劳动合同外，应当订立无固定期限劳动合同：

（一）劳动者在该用人单位连续工作满十年的；

（二）用人单位初次实行劳动合同制度或者国有企业改制重新订立劳动合同时，劳动者在该用人单位连续工作满十年且距法定退休年龄不足十年的；

（三）连续订立二次固定期限劳动合同，且劳动者没有本法第三十九条和第四十条第一项、第二项规定的情形，续订劳动合同的。

用人单位自用工之日起满一年不与劳动者订立书面劳动合同的，视为用人单位与劳动者已订立无固定期限劳动合同。

第十五条　【以完成一定工作任务为期限的劳动合同】以完成一定工作任务为期限的劳动合同，是指用人单位与劳动者约定以某项工作的完成为合同期限的劳动合同。

用人单位与劳动者协商一致，可以订立以完成一定工作任务为期限的劳动合同。

第十六条　【劳动合同的生效】劳动合同由用人单位与劳动者协商一致，并经用人单位与劳动者在劳动合同文本上签字或者盖章生效。

劳动合同文本由用人单位和劳动者各执一份。

第十七条　【劳动合同的内容】劳动合同应当具备以下条款：

（一）用人单位的名称、住所和法定代表人或者主要负责人；

（二）劳动者的姓名、住址和居民身份证或者其他有效身份证件号码；

（三）劳动合同期限；

（四）工作内容和工作地点；

（五）工作时间和休息休假；

（六）劳动报酬；

（七）社会保险；

（八）劳动保护、劳动条件和职业危害防护；

（九）法律、法规规定应当纳入劳动合同的其他事项。

劳动合同除前款规定的必备条款外，用人单位与劳动者可以约定试用期、培训、保守秘密、补充保险和福利待遇等其他事项。

第十八条　【劳动合同对劳动报酬和劳动条件约定不明确的解决】劳动合同对劳动报酬和劳动条件等标准约定不明确，引发争议的，用人单位与劳动者可以重新协商；协商不成的，适用集体合同规定；没有集体合同或者集体合同未规定劳动报酬的，实行同工同酬；没有集体合同或者集体合同未规定劳动条件等标准的，适用国家有关规定。

第十九条　【试用期】劳动合同期限三个月以上不满一年的，试用期不得超过一个月；劳动合同期限一年以上不满三年的，试用期不得超过二个月；三年以上固定期限和无固定期限的劳动合同，试用期不得超过六个月。

同一用人单位与同一劳动者只能约定一次试用期。

以完成一定工作任务为期限的劳动合同或者劳动合同期限不满三个

月的，不得约定试用期。

试用期包含在劳动合同期限内。劳动合同仅约定试用期的，试用期不成立，该期限为劳动合同期限。

第二十条 【试用期工资】劳动者在试用期的工资不得低于本单位相同岗位最低档工资或者劳动合同约定工资的百分之八十，并不得低于用人单位所在地的最低工资标准。

第二十一条 【试用期内解除劳动合同】在试用期中，除劳动者有本法第三十九条和第四十条第一项、第二项规定的情形外，用人单位不得解除劳动合同。用人单位在试用期解除劳动合同的，应当向劳动者说明理由。

第二十二条 【服务期】用人单位为劳动者提供专项培训费用，对其进行专业技术培训的，可以与该劳动者订立协议，约定服务期。

劳动者违反服务期约定的，应当按照约定向用人单位支付违约金。违约金的数额不得超过用人单位提供的培训费用。用人单位要求劳动者支付的违约金不得超过服务期尚未履行部分所应分摊的培训费用。

用人单位与劳动者约定服务期的，不影响按照正常的工资调整机制提高劳动者在服务期期间的劳动报酬。

第二十三条 【保密义务和竞业限制】用人单位与劳动者可以在劳动合同中约定保守用人单位的商业秘密和与知识产权相关的保密事项。

对负有保密义务的劳动者，用人单位可以在劳动合同或者保密协议中与劳动者约定竞业限制条款，并约定在解除或者终止劳动合同后，在竞业限制期限内按月给予劳动者经济补偿。劳动者违反竞业限制约定的，应当按照约定向用人单位支付违约金。

第二十四条 【竞业限制的范围和期限】竞业限制的人员限于用人单位的高级管理人员、高级技术人员和其他负有保密义务的人员。竞业限制的范围、地域、期限由用人单位与劳动者约定，竞业限制的约定不得违反法律、法规的规定。

在解除或者终止劳动合同后，前款规定的人员到与本单位生产或者经营同类产品、从事同类业务的有竞争关系的其他用人单位，或者自己开业生产或者经营同类产品、从事同类业务的竞业限制期限，不得超过二年。

第二十五条　【违约金】除本法第二十二条和第二十三条规定的情形外，用人单位不得与劳动者约定由劳动者承担违约金。

第二十六条　【劳动合同的无效】下列劳动合同无效或者部分无效：

（一）以欺诈、胁迫的手段或者乘人之危，使对方在违背真实意思的情况下订立或者变更劳动合同的；

（二）用人单位免除自己的法定责任、排除劳动者权利的；

（三）违反法律、行政法规强制性规定的。

对劳动合同的无效或者部分无效有争议的，由劳动争议仲裁机构或者人民法院确认。

第二十七条　【劳动合同部分无效】劳动合同部分无效，不影响其他部分效力的，其他部分仍然有效。

第二十八条　【劳动合同无效后劳动报酬的支付】劳动合同被确认无效，劳动者已付出劳动的，用人单位应当向劳动者支付劳动报酬。劳动报酬的数额，参照本单位相同或者相近岗位劳动者的劳动报酬确定。

第三章　劳动合同的履行和变更

第二十九条　【劳动合同的履行】用人单位与劳动者应当按照劳动合同的约定，全面履行各自的义务。

第三十条　【劳动报酬】用人单位应当按照劳动合同约定和国家规定，向劳动者及时足额支付劳动报酬。

用人单位拖欠或者未足额支付劳动报酬的，劳动者可以依法向当地人民法院申请支付令，人民法院应当依法发出支付令。

第三十一条　【加班】用人单位应当严格执行劳动定额标准，不得强迫或者变相强迫劳动者加班。用人单位安排加班的，应当按照国家有关规定向劳动者支付加班费。

第三十二条　【劳动者拒绝违章指挥、强令冒险作业】劳动者拒绝用人单位管理人员违章指挥、强令冒险作业的，不视为违反劳动合同。

劳动者对危害生命安全和身体健康的劳动条件，有权对用人单位提出批评、检举和控告。

第三十三条　【用人单位名称、法定代表人等的变更】用人单位变更名称、法定代表人、主要负责人或者投资人等事项，不影响劳动合同的履行。

第三十四条　【用人单位合并或者分立】用人单位发生合并或者分立等情况，原劳动合同继续有效，劳动合同由承继其权利和义务的用人单位继续履行。

第三十五条　【劳动合同的变更】用人单位与劳动者协商一致，可以变更劳动合同约定的内容。变更劳动合同，应当采用书面形式。

变更后的劳动合同文本由用人单位和劳动者各执一份。

第四章　劳动合同的解除和终止

第三十六条　【协商解除劳动合同】用人单位与劳动者协商一致，可以解除劳动合同。

第三十七条　【劳动者提前通知解除劳动合同】劳动者提前三十日以书面形式通知用人单位，可以解除劳动合同。劳动者在试用期内提前三日通知用人单位，可以解除劳动合同。

第三十八条　【劳动者解除劳动合同】用人单位有下列情形之一的，劳动者可以解除劳动合同：

（一）未按照劳动合同约定提供劳动保护或者劳动条件的；

（二）未及时足额支付劳动报酬的；

（三）未依法为劳动者缴纳社会保险费的；

（四）用人单位的规章制度违反法律、法规的规定，损害劳动者权益的；

（五）因本法第二十六条第一款规定的情形致使劳动合同无效的；

（六）法律、行政法规规定劳动者可以解除劳动合同的其他情形。

用人单位以暴力、威胁或者非法限制人身自由的手段强迫劳动者劳动的，或者用人单位违章指挥、强令冒险作业危及劳动者人身安全的，劳动者可以立即解除劳动合同，不需事先告知用人单位。

第三十九条　【用人单位单方解除劳动合同】劳动者有下列情形之一的，用人单位可以解除劳动合同：

（一）在试用期间被证明不符合录用条件的；

（二）严重违反用人单位的规章制度的；

（三）严重失职，营私舞弊，给用人单位造成重大损害的；

（四）劳动者同时与其他用人单位建立劳动关系，对完成本单位的工作任务造成严重影响，或者经用人单位提出，拒不改正的；

（五）因本法第二十六条第一款第一项规定的情形致使劳动合同无效的；

（六）被依法追究刑事责任的。

第四十条　【无过失性辞退】有下列情形之一的，用人单位提前三十日以书面形式通知劳动者本人或者额外支付劳动者一个月工资后，可以解除劳动合同：

（一）劳动者患病或者非因工负伤，在规定的医疗期满后不能从事原工作，也不能从事由用人单位另行安排的工作的；

（二）劳动者不能胜任工作，经过培训或者调整工作岗位，仍不能胜任工作的；

（三）劳动合同订立时所依据的客观情况发生重大变化，致使劳动合同无法履行，经用人单位与劳动者协商，未能就变更劳动合同内容达成协议的。

第四十一条　【经济性裁员】有下列情形之一，需要裁减人员二十人以上或者裁减不足二十人但占企业职工总数百分之十以上的，用人单位提前三十日向工会或者全体职工说明情况，听取工会或者职工的意见后，裁减人员方案经向劳动行政部门报告，可以裁减人员：

（一）依照企业破产法规定进行重整的；

（二）生产经营发生严重困难的；

（三）企业转产、重大技术革新或者经营方式调整，经变更劳动合同后，仍需裁减人员的；

（四）其他因劳动合同订立时所依据的客观经济情况发生重大变化，致使劳动合同无法履行的。

裁减人员时，应当优先留用下列人员：

（一）与本单位订立较长期限的固定期限劳动合同的；

（二）与本单位订立无固定期限劳动合同的；

（三）家庭无其他就业人员，有需要扶养的老人或者未成年人的。

用人单位依照本条第一款规定裁减人员，在六个月内重新招用人员的，应当通知被裁减的人员，并在同等条件下优先招用被裁减的人员。

第四十二条　【用人单位不得解除劳动合同的情形】劳动者有下列情形之一的，用人单位不得依照本法第四十条、第四十一条的规定解除劳动合同：

（一）从事接触职业病危害作业的劳动者未进行离岗前职业健康检查，或者疑似职业病病人在诊断或者医学观察期间的；

（二）在本单位患职业病或者因工负伤并被确认丧失或者部分丧失劳动能力的；

（三）患病或者非因工负伤，在规定的医疗期内的；

（四）女职工在孕期、产期、哺乳期的；

（五）在本单位连续工作满十五年，且距法定退休年龄不足五年的；

（六）法律、行政法规规定的其他情形。

第四十三条　【工会在劳动合同解除中的监督作用】用人单位单方解除劳动合同，应当事先将理由通知工会。用人单位违反法律、行政法规规定或者劳动合同约定的，工会有权要求用人单位纠正。用人单位应当研究工会的意见，并将处理结果书面通知工会。

第四十四条　【劳动合同的终止】有下列情形之一的，劳动合同终止：

（一）劳动合同期满的；

（二）劳动者开始依法享受基本养老保险待遇的；

（三）劳动者死亡，或者被人民法院宣告死亡或者宣告失踪的；

（四）用人单位被依法宣告破产的；

（五）用人单位被吊销营业执照、责令关闭、撤销或者用人单位决定提前解散的；

（六）法律、行政法规规定的其他情形。

第四十五条　【劳动合同的逾期终止】劳动合同期满，有本法第四十二条规定情形之一的，劳动合同应当续延至相应的情形消失时终止。但是，本法第四十二条第二项规定丧失或者部分丧失劳动能力劳动者的劳动合同的终止，按照国家有关工伤保险的规定执行。

第四十六条　【经济补偿】有下列情形之一的，用人单位应当向劳动者支付经济补偿：

（一）劳动者依照本法第三十八条规定解除劳动合同的；

（二）用人单位依照本法第三十六条规定向劳动者提出解除劳动合同并与劳动者协商一致解除劳动合同的；

（三）用人单位依照本法第四十条规定解除劳动合同的；

（四）用人单位依照本法第四十一条第一款规定解除劳动合同的；

（五）除用人单位维持或者提高劳动合同约定条件续订劳动合同，劳动者不同意续订的情形外，依照本法第四十四条第一项规定终止固定期限劳动合同的；

（六）依照本法第四十四条第四项、第五项规定终止劳动合同的；

（七）法律、行政法规规定的其他情形。

第四十七条　【经济补偿的计算】经济补偿按劳动者在本单位工

作的年限，每满一年支付一个月工资的标准向劳动者支付。六个月以上不满一年的，按一年计算；不满六个月的，向劳动者支付半个月工资的经济补偿。

劳动者月工资高于用人单位所在直辖市、设区的市级人民政府公布的本地区上年度职工月平均工资三倍的，向其支付经济补偿的标准按职工月平均工资三倍的数额支付，向其支付经济补偿的年限最高不超过十二年。

本条所称月工资是指劳动者在劳动合同解除或者终止前十二个月的平均工资。

第四十八条　【违法解除或者终止劳动合同的法律后果】用人单位违反本法规定解除或者终止劳动合同，劳动者要求继续履行劳动合同的，用人单位应当继续履行；劳动者不要求继续履行劳动合同或者劳动合同已经不能继续履行的，用人单位应当依照本法第八十七条规定支付赔偿金。

第四十九条　【社会保险关系跨地区转移接续】国家采取措施，建立健全劳动者社会保险关系跨地区转移接续制度。

第五十条　【劳动合同解除或者终止后双方的义务】用人单位应当在解除或者终止劳动合同时出具解除或者终止劳动合同的证明，并在十五日内为劳动者办理档案和社会保险关系转移手续。

劳动者应当按照双方约定，办理工作交接。用人单位依照本法有关规定应当向劳动者支付经济补偿的，在办结工作交接时支付。

用人单位对已经解除或者终止的劳动合同的文本，至少保存二年备查。

第五章　特别规定

第一节　集体合同

第五十一条　【集体合同的订立和内容】企业职工一方与用人单

位通过平等协商，可以就劳动报酬、工作时间、休息休假、劳动安全卫生、保险福利等事项订立集体合同。集体合同草案应当提交职工代表大会或者全体职工讨论通过。

集体合同由工会代表企业职工一方与用人单位订立；尚未建立工会的用人单位，由上级工会指导劳动者推举的代表与用人单位订立。

第五十二条 【专项集体合同】企业职工一方与用人单位可以订立劳动安全卫生、女职工权益保护、工资调整机制等专项集体合同。

第五十三条 【行业性集体合同、区域性集体合同】在县级以下区域内，建筑业、采矿业、餐饮服务业等行业可以由工会与企业方面代表订立行业性集体合同，或者订立区域性集体合同。

第五十四条 【集体合同的报送和生效】集体合同订立后，应当报送劳动行政部门；劳动行政部门自收到集体合同文本之日起十五日内未提出异议的，集体合同即行生效。

依法订立的集体合同对用人单位和劳动者具有约束力。行业性、区域性集体合同对当地本行业、本区域的用人单位和劳动者具有约束力。

第五十五条 【集体合同中劳动报酬、劳动条件等标准】集体合同中劳动报酬和劳动条件等标准不得低于当地人民政府规定的最低标准；用人单位与劳动者订立的劳动合同中劳动报酬和劳动条件等标准不得低于集体合同规定的标准。

第五十六条 【集体合同纠纷和法律救济】用人单位违反集体合同，侵犯职工劳动权益的，工会可以依法要求用人单位承担责任；因履行集体合同发生争议，经协商解决不成的，工会可以依法申请仲裁、提起诉讼。

第二节 劳务派遣

第五十七条 【劳务派遣单位的设立】经营劳务派遣业务应当具备下列条件：

（一）注册资本不得少于人民币二百万元；

（二）有与开展业务相适应的固定的经营场所和设施；

（三）有符合法律、行政法规规定的劳务派遣管理制度；

（四）法律、行政法规规定的其他条件。

经营劳务派遣业务，应当向劳动行政部门依法申请行政许可；经许可的，依法办理相应的公司登记。未经许可，任何单位和个人不得经营劳务派遣业务。

第五十八条　【劳务派遣单位、用工单位及劳动者的权利义务】劳务派遣单位是本法所称用人单位，应当履行用人单位对劳动者的义务。劳务派遣单位与被派遣劳动者订立的劳动合同，除应当载明本法第十七条规定的事项外，还应当载明被派遣劳动者的用工单位以及派遣期限、工作岗位等情况。

劳务派遣单位应当与被派遣劳动者订立二年以上的固定期限劳动合同，按月支付劳动报酬；被派遣劳动者在无工作期间，劳务派遣单位应当按照所在地人民政府规定的最低工资标准，向其按月支付报酬。

第五十九条　【劳务派遣协议】劳务派遣单位派遣劳动者应当与接受以劳务派遣形式用工的单位（以下称用工单位）订立劳务派遣协议。劳务派遣协议应当约定派遣岗位和人员数量、派遣期限、劳动报酬和社会保险费的数额与支付方式以及违反协议的责任。

用工单位应当根据工作岗位的实际需要与劳务派遣单位确定派遣期限，不得将连续用工期限分割订立数个短期劳务派遣协议。

第六十条　【劳务派遣单位的告知义务】劳务派遣单位应当将劳务派遣协议的内容告知被派遣劳动者。

劳务派遣单位不得克扣用工单位按照劳务派遣协议支付给被派遣劳动者的劳动报酬。

劳务派遣单位和用工单位不得向被派遣劳动者收取费用。

第六十一条　【跨地区派遣劳动者的劳动报酬、劳动条件】劳务派遣单位跨地区派遣劳动者的，被派遣劳动者享有的劳动报酬和劳动条件，按照用工单位所在地的标准执行。

第六十二条 【用工单位的义务】用工单位应当履行下列义务：

（一）执行国家劳动标准，提供相应的劳动条件和劳动保护；

（二）告知被派遣劳动者的工作要求和劳动报酬；

（三）支付加班费、绩效奖金，提供与工作岗位相关的福利待遇；

（四）对在岗被派遣劳动者进行工作岗位所必需的培训；

（五）连续用工的，实行正常的工资调整机制。

用工单位不得将被派遣劳动者再派遣到其他用人单位。

第六十三条 【被派遣劳动者同工同酬】被派遣劳动者享有与用工单位的劳动者同工同酬的权利。用工单位应当按照同工同酬原则，对被派遣劳动者与本单位同类岗位的劳动者实行相同的劳动报酬分配办法。用工单位无同类岗位劳动者的，参照用工单位所在地相同或者相近岗位劳动者的劳动报酬确定。

劳务派遣单位与被派遣劳动者订立的劳动合同和与用工单位订立的劳务派遣协议，载明或者约定的向被派遣劳动者支付的劳动报酬应当符合前款规定。

第六十四条 【被派遣劳动者参加或者组织工会】被派遣劳动者有权在劳务派遣单位或者用工单位依法参加或者组织工会，维护自身的合法权益。

第六十五条 【劳务派遣中解除劳动合同】被派遣劳动者可以依照本法第三十六条、第三十八条的规定与劳务派遣单位解除劳动合同。

被派遣劳动者有本法第三十九条和第四十条第一项、第二项规定情形的，用工单位可以将劳动者退回劳务派遣单位，劳务派遣单位依照本法有关规定，可以与劳动者解除劳动合同。

第六十六条 【劳务派遣的适用岗位】劳动合同用工是我国的企业基本用工形式。劳务派遣用工是补充形式，只能在临时性、辅助性或者替代性的工作岗位上实施。

前款规定的临时性工作岗位是指存续时间不超过六个月的岗位；辅助性工作岗位是指为主营业务岗位提供服务的非主营业务岗位；替代性

工作岗位是指用工单位的劳动者因脱产学习、休假等原因无法工作的一定期间内，可以由其他劳动者替代工作的岗位。

用工单位应当严格控制劳务派遣用工数量，不得超过其用工总量的一定比例，具体比例由国务院劳动行政部门规定。

第六十七条　【用人单位不得自设劳务派遣单位】用人单位不得设立劳务派遣单位向本单位或者所属单位派遣劳动者。

第三节　非全日制用工

第六十八条　【非全日制用工的概念】非全日制用工，是指以小时计酬为主，劳动者在同一用人单位一般平均每日工作时间不超过四小时，每周工作时间累计不超过二十四小时的用工形式。

第六十九条　【非全日制用工的劳动合同】非全日制用工双方当事人可以订立口头协议。

从事非全日制用工的劳动者可以与一个或者一个以上用人单位订立劳动合同；但是，后订立的劳动合同不得影响先订立的劳动合同的履行。

第七十条　【非全日制用工不得约定试用期】非全日制用工双方当事人不得约定试用期。

第七十一条　【非全日制用工的终止用工】非全日制用工双方当事人任何一方都可以随时通知对方终止用工。终止用工，用人单位不向劳动者支付经济补偿。

第七十二条　【非全日制用工的劳动报酬】非全日制用工小时计酬标准不得低于用人单位所在地人民政府规定的最低小时工资标准。

非全日制用工劳动报酬结算支付周期最长不得超过十五日。

第六章　监督检查

第七十三条　【劳动合同制度的监督管理体制】国务院劳动行政部门负责全国劳动合同制度实施的监督管理。

县级以上地方人民政府劳动行政部门负责本行政区域内劳动合同制度实施的监督管理。

县级以上各级人民政府劳动行政部门在劳动合同制度实施的监督管理工作中，应当听取工会、企业方面代表以及有关行业主管部门的意见。

第七十四条　【劳动行政部门监督检查事项】县级以上地方人民政府劳动行政部门依法对下列实施劳动合同制度的情况进行监督检查：

（一）用人单位制定直接涉及劳动者切身利益的规章制度及其执行的情况；

（二）用人单位与劳动者订立和解除劳动合同的情况；

（三）劳务派遣单位和用工单位遵守劳务派遣有关规定的情况；

（四）用人单位遵守国家关于劳动者工作时间和休息休假规定的情况；

（五）用人单位支付劳动合同约定的劳动报酬和执行最低工资标准的情况；

（六）用人单位参加各项社会保险和缴纳社会保险费的情况；

（七）法律、法规规定的其他劳动监察事项。

第七十五条　【监督检查措施和依法行政、文明执法】县级以上地方人民政府劳动行政部门实施监督检查时，有权查阅与劳动合同、集体合同有关的材料，有权对劳动场所进行实地检查，用人单位和劳动者都应当如实提供有关情况和材料。

劳动行政部门的工作人员进行监督检查，应当出示证件，依法行使职权，文明执法。

第七十六条　【其他有关主管部门的监督管理】县级以上人民政府建设、卫生、安全生产监督管理等有关主管部门在各自职责范围内，对用人单位执行劳动合同制度的情况进行监督管理。

第七十七条　【劳动者权利救济途径】劳动者合法权益受到侵害的，有权要求有关部门依法处理，或者依法申请仲裁、提起诉讼。

第七十八条　【工会监督检查的权利】工会依法维护劳动者的合法权益，对用人单位履行劳动合同、集体合同的情况进行监督。用人单位违反劳动法律、法规和劳动合同、集体合同的，工会有权提出意见或者要求纠正；劳动者申请仲裁、提起诉讼的，工会依法给予支持和帮助。

第七十九条　【对违法行为的举报】任何组织或者个人对违反本法的行为都有权举报，县级以上人民政府劳动行政部门应当及时核实、处理，并对举报有功人员给予奖励。

第七章　法律责任

第八十条　【规章制度违法的法律责任】用人单位直接涉及劳动者切身利益的规章制度违反法律、法规规定的，由劳动行政部门责令改正，给予警告；给劳动者造成损害的，应当承担赔偿责任。

第八十一条　【缺乏必备条款、不提供劳动合同文本的法律责任】用人单位提供的劳动合同文本未载明本法规定的劳动合同必备条款或者用人单位未将劳动合同文本交付劳动者的，由劳动行政部门责令改正；给劳动者造成损害的，应当承担赔偿责任。

第八十二条　【不订立书面劳动合同的法律责任】用人单位自用工之日起超过一个月不满一年未与劳动者订立书面劳动合同的，应当向劳动者每月支付二倍的工资。

用人单位违反本法规定不与劳动者订立无固定期限劳动合同的，自应当订立无固定期限劳动合同之日起向劳动者每月支付二倍的工资。

第八十三条　【违法约定试用期的法律责任】用人单位违反本法规定与劳动者约定试用期的，由劳动行政部门责令改正；违法约定的试用期已经履行的，由用人单位以劳动者试用期满月工资为标准，按已经履行的超过法定试用期的期间向劳动者支付赔偿金。

第八十四条　【扣押劳动者身份证等证件的法律责任】用人单位违反本法规定，扣押劳动者居民身份证等证件的，由劳动行政部门责令限期退还劳动者本人，并依照有关法律规定给予处罚。

用人单位违反本法规定，以担保或者其他名义向劳动者收取财物的，由劳动行政部门责令限期退还劳动者本人，并以每人五百元以上二千元以下的标准处以罚款；给劳动者造成损害的，应当承担赔偿责任。

劳动者依法解除或者终止劳动合同，用人单位扣押劳动者档案或者其他物品的，依照前款规定处罚。

第八十五条　【未依法支付劳动报酬、经济补偿等的法律责任】用人单位有下列情形之一的，由劳动行政部门责令限期支付劳动报酬、加班费或者经济补偿；劳动报酬低于当地最低工资标准的，应当支付其差额部分；逾期不支付的，责令用人单位按应付金额百分之五十以上百分之一百以下的标准向劳动者加付赔偿金：

（一）未按照劳动合同的约定或者国家规定及时足额支付劳动者劳动报酬的；

（二）低于当地最低工资标准支付劳动者工资的；

（三）安排加班不支付加班费的；

（四）解除或者终止劳动合同，未依照本法规定向劳动者支付经济补偿的。

第八十六条　【订立无效劳动合同的法律责任】劳动合同依照本法第二十六条规定被确认无效，给对方造成损害的，有过错的一方应当承担赔偿责任。

第八十七条　【违法解除或者终止劳动合同的法律责任】用人单位违反本法规定解除或者终止劳动合同的，应当依照本法第四十七条规定的经济补偿标准的二倍向劳动者支付赔偿金。

第八十八条　【侵害劳动者人身权益的法律责任】用人单位有下列情形之一的，依法给予行政处罚；构成犯罪的，依法追究刑事责任；给劳动者造成损害的，应当承担赔偿责任：

（一）以暴力、威胁或者非法限制人身自由的手段强迫劳动的；

（二）违章指挥或者强令冒险作业危及劳动者人身安全的；

（三）侮辱、体罚、殴打、非法搜查或者拘禁劳动者的；

（四）劳动条件恶劣、环境污染严重，给劳动者身心健康造成严重损害的。

第八十九条　【不出具解除、终止书面证明的法律责任】 用人单位违反本法规定未向劳动者出具解除或者终止劳动合同的书面证明，由劳动行政部门责令改正；给劳动者造成损害的，应当承担赔偿责任。

第九十条　【劳动者的赔偿责任】 劳动者违反本法规定解除劳动合同，或者违反劳动合同中约定的保密义务或者竞业限制，给用人单位造成损失的，应当承担赔偿责任。

第九十一条　【用人单位的连带赔偿责任】 用人单位招用与其他用人单位尚未解除或者终止劳动合同的劳动者，给其他用人单位造成损失的，应当承担连带赔偿责任。

第九十二条　【劳务派遣单位的法律责任】 违反本法规定，未经许可，擅自经营劳务派遣业务的，由劳动行政部门责令停止违法行为，没收违法所得，并处违法所得一倍以上五倍以下的罚款；没有违法所得的，可以处五万元以下的罚款。

劳务派遣单位、用工单位违反本法有关劳务派遣规定的，由劳动行政部门责令限期改正；逾期不改正的，以每人五千元以上一万元以下的标准处以罚款，对劳务派遣单位，吊销其劳务派遣业务经营许可证。用工单位给被派遣劳动者造成损害的，劳务派遣单位与用工单位承担连带赔偿责任。

第九十三条　【无营业执照经营单位的法律责任】 对不具备合法经营资格的用人单位的违法犯罪行为，依法追究法律责任；劳动者已经付出劳动的，该单位或者其出资人应当依照本法有关规定向劳动者支付劳动报酬、经济补偿、赔偿金；给劳动者造成损害的，应当承担赔偿责任。

第九十四条　【个人承包经营者的连带赔偿责任】 个人承包经营

违反本法规定招用劳动者，给劳动者造成损害的，发包的组织与个人承包经营者承担连带赔偿责任。

第九十五条　【不履行法定职责、违法行使职权的法律责任】劳动行政部门和其他有关主管部门及其工作人员玩忽职守、不履行法定职责，或者违法行使职权，给劳动者或者用人单位造成损害的，应当承担赔偿责任；对直接负责的主管人员和其他直接责任人员，依法给予行政处分；构成犯罪的，依法追究刑事责任。

第八章　附　则

第九十六条　【事业单位聘用制劳动合同的法律适用】事业单位与实行聘用制的工作人员订立、履行、变更、解除或者终止劳动合同，法律、行政法规或者国务院另有规定的，依照其规定；未作规定的，依照本法有关规定执行。

第九十七条　【过渡性条款】本法施行前已依法订立且在本法施行之日存续的劳动合同，继续履行；本法第十四条第二款第三项规定连续订立固定期限劳动合同的次数，自本法施行后续订固定期限劳动合同时开始计算。

本法施行前已建立劳动关系，尚未订立书面劳动合同的，应当自本法施行之日起一个月内订立。

本法施行之日存续的劳动合同在本法施行后解除或者终止，依照本法第四十六条规定应当支付经济补偿的，经济补偿年限自本法施行之日起计算；本法施行前按照当时有关规定，用人单位应当向劳动者支付经济补偿的，按照当时有关规定执行。

第九十八条　【施行时间】本法自 2008 年 1 月 1 日起施行。

中华人民共和国劳动争议调解仲裁法

· 2007 年 12 月 29 日第十届全国人民代表大会常务委员会第三十一次会议通过

· 2007 年 12 月 29 日中华人民共和国主席令第 80 号公布

· 自 2008 年 5 月 1 日起施行

第一章　总　则

第一条　【立法目的】为了公正及时解决劳动争议，保护当事人合法权益，促进劳动关系和谐稳定，制定本法。

第二条　【适用范围】中华人民共和国境内的用人单位与劳动者发生的下列劳动争议，适用本法：

（一）因确认劳动关系发生的争议；

（二）因订立、履行、变更、解除和终止劳动合同发生的争议；

（三）因除名、辞退和辞职、离职发生的争议；

（四）因工作时间、休息休假、社会保险、福利、培训以及劳动保护发生的争议；

（五）因劳动报酬、工伤医疗费、经济补偿或者赔偿金等发生的争议；

（六）法律、法规规定的其他劳动争议。

第三条　【基本原则】解决劳动争议，应当根据事实，遵循合法、公正、及时、着重调解的原则，依法保护当事人的合法权益。

第四条　【协商】发生劳动争议，劳动者可以与用人单位协商，也可以请工会或者第三方共同与用人单位协商，达成和解协议。

第五条　【调解、仲裁、诉讼】发生劳动争议，当事人不愿协商、协商不成或者达成和解协议后不履行的，可以向调解组织申请调解；不愿调解、调解不成或者达成调解协议后不履行的，可以向劳动争议仲裁委员会申请仲裁；对仲裁裁决不服的，除本法另有规定的外，可以向人民法院提起诉讼。

第六条　【举证责任】发生劳动争议，当事人对自己提出的主张，有责任提供证据。与争议事项有关的证据属于用人单位掌握管理的，用人单位应当提供；用人单位不提供的，应当承担不利后果。

第七条　【推举代表参加调解、仲裁或诉讼】发生劳动争议的劳动者一方在十人以上，并有共同请求的，可以推举代表参加调解、仲裁或者诉讼活动。

第八条　【三方机制】县级以上人民政府劳动行政部门会同工会和企业方面代表建立协调劳动关系三方机制，共同研究解决劳动争议的重大问题。

第九条　【拖欠劳动报酬等争议的行政救济】用人单位违反国家规定，拖欠或者未足额支付劳动报酬，或者拖欠工伤医疗费、经济补偿或者赔偿金的，劳动者可以向劳动行政部门投诉，劳动行政部门应当依法处理。

第二章　调　解

第十条　【调解组织】发生劳动争议，当事人可以到下列调解组织申请调解：

（一）企业劳动争议调解委员会；

（二）依法设立的基层人民调解组织；

（三）在乡镇、街道设立的具有劳动争议调解职能的组织。

企业劳动争议调解委员会由职工代表和企业代表组成。职工代表由工会成员担任或者由全体职工推举产生，企业代表由企业负责人指定。企业劳动争议调解委员会主任由工会成员或者双方推举的人员担任。

第十一条　【调解员】劳动争议调解组织的调解员应当由公道正派、联系群众、热心调解工作，并具有一定法律知识、政策水平和文化水平的成年公民担任。

第十二条　【申请调解的形式】 当事人申请劳动争议调解可以书面申请，也可以口头申请。口头申请的，调解组织应当当场记录申请人基本情况、申请调解的争议事项、理由和时间。

第十三条　【调解的基本原则】 调解劳动争议，应当充分听取双方当事人对事实和理由的陈述，耐心疏导，帮助其达成协议。

第十四条　【调解协议书】 经调解达成协议的，应当制作调解协议书。

调解协议书由双方当事人签名或者盖章，经调解员签名并加盖调解组织印章后生效，对双方当事人具有约束力，当事人应当履行。

自劳动争议调解组织收到调解申请之日起十五日内未达成调解协议的，当事人可以依法申请仲裁。

第十五条　【不履行调解协议可申请仲裁】 达成调解协议后，一方当事人在协议约定期限内不履行调解协议的，另一方当事人可以依法申请仲裁。

第十六条　【劳动者可以调解协议书申请支付令的情形】 因支付拖欠劳动报酬、工伤医疗费、经济补偿或者赔偿金事项达成调解协议，用人单位在协议约定期限内不履行的，劳动者可以持调解协议书依法向人民法院申请支付令。人民法院应当依法发出支付令。

第三章　仲　裁

第一节　一般规定

第十七条　【劳动争议仲裁委员会的设立】 劳动争议仲裁委员会按照统筹规划、合理布局和适应实际需要的原则设立。省、自治区人民政府可以决定在市、县设立；直辖市人民政府可以决定在区、县设立。直辖市、设区的市也可以设立一个或者若干个劳动争议仲裁委员会。劳动争议仲裁委员会不按行政区划层层设立。

第十八条　【政府的职责】国务院劳动行政部门依照本法有关规定制定仲裁规则。省、自治区、直辖市人民政府劳动行政部门对本行政区域的劳动争议仲裁工作进行指导。

第十九条　【劳动争议仲裁委员会的组成与职责】劳动争议仲裁委员会由劳动行政部门代表、工会代表和企业方面代表组成。劳动争议仲裁委员会组成人员应当是单数。

劳动争议仲裁委员会依法履行下列职责：

（一）聘任、解聘专职或者兼职仲裁员；

（二）受理劳动争议案件；

（三）讨论重大或者疑难的劳动争议案件；

（四）对仲裁活动进行监督。

劳动争议仲裁委员会下设办事机构，负责办理劳动争议仲裁委员会的日常工作。

第二十条　【仲裁员】劳动争议仲裁委员会应当设仲裁员名册。

仲裁员应当公道正派并符合下列条件之一：

（一）曾任审判员的；

（二）从事法律研究、教学工作并具有中级以上职称的；

（三）具有法律知识、从事人力资源管理或者工会等专业工作满五年的；

（四）律师执业满三年的。

第二十一条　【劳动争议仲裁案件的管辖】劳动争议仲裁委员会负责管辖本区域内发生的劳动争议。

劳动争议由劳动合同履行地或者用人单位所在地的劳动争议仲裁委员会管辖。双方当事人分别向劳动合同履行地和用人单位所在地的劳动争议仲裁委员会申请仲裁的，由劳动合同履行地的劳动争议仲裁委员会管辖。

第二十二条　【劳动争议仲裁案件的当事人】发生劳动争议的劳动者和用人单位为劳动争议仲裁案件的双方当事人。

劳务派遣单位或者用工单位与劳动者发生劳动争议的，劳务派遣单位和用工单位为共同当事人。

第二十三条 【有利害关系的第三人】与劳动争议案件的处理结果有利害关系的第三人，可以申请参加仲裁活动或者由劳动争议仲裁委员会通知其参加仲裁活动。

第二十四条 【委托代理人参加仲裁活动】当事人可以委托代理人参加仲裁活动。委托他人参加仲裁活动，应当向劳动争议仲裁委员会提交有委托人签名或者盖章的委托书，委托书应当载明委托事项和权限。

第二十五条 【法定代理人、指定代理人或近亲属参加仲裁的情形】丧失或者部分丧失民事行为能力的劳动者，由其法定代理人代为参加仲裁活动；无法定代理人的，由劳动争议仲裁委员会为其指定代理人。劳动者死亡的，由其近亲属或者代理人参加仲裁活动。

第二十六条 【仲裁公开原则及例外】劳动争议仲裁公开进行，但当事人协议不公开进行或者涉及国家秘密、商业秘密和个人隐私的除外。

第二节 申请和受理

第二十七条 【仲裁时效】劳动争议申请仲裁的时效期间为一年。仲裁时效期间从当事人知道或者应当知道其权利被侵害之日起计算。

前款规定的仲裁时效，因当事人一方向对方当事人主张权利，或者向有关部门请求权利救济，或者对方当事人同意履行义务而中断。从中断时起，仲裁时效期间重新计算。

因不可抗力或者有其他正当理由，当事人不能在本条第一款规定的仲裁时效期间申请仲裁的，仲裁时效中止。从中止时效的原因消除之日起，仲裁时效期间继续计算。

劳动关系存续期间因拖欠劳动报酬发生争议的，劳动者申请仲裁不受本条第一款规定的仲裁时效期间的限制；但是，劳动关系终止的，应当自劳动关系终止之日起一年内提出。

第二十八条　【申请仲裁的形式】申请人申请仲裁应当提交书面仲裁申请，并按照被申请人人数提交副本。

仲裁申请书应当载明下列事项：

（一）劳动者的姓名、性别、年龄、职业、工作单位和住所，用人单位的名称、住所和法定代表人或者主要负责人的姓名、职务；

（二）仲裁请求和所根据的事实、理由；

（三）证据和证据来源、证人姓名和住所。

书写仲裁申请确有困难的，可以口头申请，由劳动争议仲裁委员会记入笔录，并告知对方当事人。

第二十九条　【仲裁的受理】劳动争议仲裁委员会收到仲裁申请之日起五日内，认为符合受理条件的，应当受理，并通知申请人；认为不符合受理条件的，应当书面通知申请人不予受理，并说明理由。对劳动争议仲裁委员会不予受理或者逾期未作出决定的，申请人可以就该劳动争议事项向人民法院提起诉讼。

第三十条　【被申请人答辩书】劳动争议仲裁委员会受理仲裁申请后，应当在五日内将仲裁申请书副本送达被申请人。

被申请人收到仲裁申请书副本后，应当在十日内向劳动争议仲裁委员会提交答辩书。劳动争议仲裁委员会收到答辩书后，应当在五日内将答辩书副本送达申请人。被申请人未提交答辩书的，不影响仲裁程序的进行。

第三节　开庭和裁决

第三十一条　【仲裁庭】劳动争议仲裁委员会裁决劳动争议案件实行仲裁庭制。仲裁庭由三名仲裁员组成，设首席仲裁员。简单劳动争议案件可以由一名仲裁员独任仲裁。

第三十二条　【通知仲裁庭的组成情况】劳动争议仲裁委员会应当在受理仲裁申请之日起五日内将仲裁庭的组成情况书面通知当事人。

第三十三条　【回避】仲裁员有下列情形之一，应当回避，当事人也有权以口头或者书面方式提出回避申请：

（一）是本案当事人或者当事人、代理人的近亲属的；

（二）与本案有利害关系的；

（三）与本案当事人、代理人有其他关系，可能影响公正裁决的；

（四）私自会见当事人、代理人，或者接受当事人、代理人的请客送礼的。

劳动争议仲裁委员会对回避申请应当及时作出决定，并以口头或者书面方式通知当事人。

第三十四条　【仲裁员承担责任的情形】仲裁员有本法第三十三条第四项规定情形，或者有索贿受贿、徇私舞弊、枉法裁决行为的，应当依法承担法律责任。劳动争议仲裁委员会应当将其解聘。

第三十五条　【开庭通知及延期】仲裁庭应当在开庭五日前，将开庭日期、地点书面通知双方当事人。当事人有正当理由的，可以在开庭三日前请求延期开庭。是否延期，由劳动争议仲裁委员会决定。

第三十六条　【申请人、被申请人无故不到庭或中途退庭】申请人收到书面通知，无正当理由拒不到庭或者未经仲裁庭同意中途退庭的，可以视为撤回仲裁申请。

被申请人收到书面通知，无正当理由拒不到庭或者未经仲裁庭同意中途退庭的，可以缺席裁决。

第三十七条　【鉴定】仲裁庭对专门性问题认为需要鉴定的，可以交由当事人约定的鉴定机构鉴定；当事人没有约定或者无法达成约定的，由仲裁庭指定的鉴定机构鉴定。

根据当事人的请求或者仲裁庭的要求，鉴定机构应当派鉴定人参加开庭。当事人经仲裁庭许可，可以向鉴定人提问。

第三十八条　【质证和辩论】当事人在仲裁过程中有权进行质证和辩论。质证和辩论终结时，首席仲裁员或者独任仲裁员应当征询当事人的最后意见。

第三十九条　【举证】当事人提供的证据经查证属实的，仲裁庭应当将其作为认定事实的根据。

劳动者无法提供由用人单位掌握管理的与仲裁请求有关的证据，仲裁庭可以要求用人单位在指定期限内提供。用人单位在指定期限内不提供的，应当承担不利后果。

第四十条　【开庭笔录】仲裁庭应当将开庭情况记入笔录。当事人和其他仲裁参加人认为对自己陈述的记录有遗漏或者差错的，有权申请补正。如果不予补正，应当记录该申请。

笔录由仲裁员、记录人员、当事人和其他仲裁参加人签名或者盖章。

第四十一条　【申请仲裁后自行和解】当事人申请劳动争议仲裁后，可以自行和解。达成和解协议的，可以撤回仲裁申请。

第四十二条　【先行调解】仲裁庭在作出裁决前，应当先行调解。

调解达成协议的，仲裁庭应当制作调解书。

调解书应当写明仲裁请求和当事人协议的结果。调解书由仲裁员签名，加盖劳动争议仲裁委员会印章，送达双方当事人。调解书经双方当事人签收后，发生法律效力。

调解不成或者调解书送达前，一方当事人反悔的，仲裁庭应当及时作出裁决。

第四十三条　【仲裁案件审理期限】仲裁庭裁决劳动争议案件，应当自劳动争议仲裁委员会受理仲裁申请之日起四十五日内结束。案情复杂需要延期的，经劳动争议仲裁委员会主任批准，可以延期并书面通知当事人，但是延长期限不得超过十五日。逾期未作出仲裁裁决的，当事人可以就该劳动争议事项向人民法院提起诉讼。

仲裁庭裁决劳动争议案件时，其中一部分事实已经清楚，可以就该部分先行裁决。

第四十四条　【可以裁决先予执行的案件】仲裁庭对追索劳动报酬、工伤医疗费、经济补偿或者赔偿金的案件，根据当事人的申请，可以裁决先予执行，移送人民法院执行。

仲裁庭裁决先予执行的，应当符合下列条件：

（一）当事人之间权利义务关系明确；

（二）不先予执行将严重影响申请人的生活。

劳动者申请先予执行的，可以不提供担保。

第四十五条　【作出裁决意见】裁决应当按照多数仲裁员的意见作出，少数仲裁员的不同意见应当记入笔录。仲裁庭不能形成多数意见时，裁决应当按照首席仲裁员的意见作出。

第四十六条　【裁决书】裁决书应当载明仲裁请求、争议事实、裁决理由、裁决结果和裁决日期。裁决书由仲裁员签名，加盖劳动争议仲裁委员会印章。对裁决持不同意见的仲裁员，可以签名，也可以不签名。

第四十七条　【一裁终局的案件】下列劳动争议，除本法另有规定的外，仲裁裁决为终局裁决，裁决书自作出之日起发生法律效力：

（一）追索劳动报酬、工伤医疗费、经济补偿或者赔偿金，不超过当地月最低工资标准十二个月金额的争议；

（二）因执行国家的劳动标准在工作时间、休息休假、社会保险等方面发生的争议。

第四十八条　【劳动者不服一裁终局案件的裁决提起诉讼的期限】劳动者对本法第四十七条规定的仲裁裁决不服的，可以自收到仲裁裁决书之日起十五日内向人民法院提起诉讼。

第四十九条　【用人单位不服一裁终局案件的裁决可诉请撤销的案件】用人单位有证据证明本法第四十七条规定的仲裁裁决有下列情形之一，可以自收到仲裁裁决书之日起三十日内向劳动争议仲裁委员会所在地的中级人民法院申请撤销裁决：

（一）适用法律、法规确有错误的；

（二）劳动争议仲裁委员会无管辖权的；

（三）违反法定程序的；

（四）裁决所根据的证据是伪造的；

（五）对方当事人隐瞒了足以影响公正裁决的证据的；

（六）仲裁员在仲裁该案时有索贿受贿、徇私舞弊、枉法裁决行为的。

人民法院经组成合议庭审查核实裁决有前款规定情形之一的，应当裁定撤销。

仲裁裁决被人民法院裁定撤销的，当事人可以自收到裁定书之日起十五日内就该劳动争议事项向人民法院提起诉讼。

第五十条　【其他不服仲裁裁决提起诉讼的期限】当事人对本法第四十七条规定以外的其他劳动争议案件的仲裁裁决不服的，可以自收到仲裁裁决书之日起十五日内向人民法院提起诉讼；期满不起诉的，裁决书发生法律效力。

第五十一条　【生效调解书、裁决书的执行】当事人对发生法律效力的调解书、裁决书，应当依照规定的期限履行。一方当事人逾期不履行的，另一方当事人可以依照民事诉讼法的有关规定向人民法院申请执行。受理申请的人民法院应当依法执行。

第四章　附　则

第五十二条　【人事争议处理的法律适用】事业单位实行聘用制的工作人员与本单位发生劳动争议的，依照本法执行；法律、行政法规或者国务院另有规定的，依照其规定。

第五十三条　【劳动争议仲裁不收费】劳动争议仲裁不收费。劳动争议仲裁委员会的经费由财政予以保障。

第五十四条　【实施日期】本法自 2008 年 5 月 1 日起施行。

中华人民共和国劳动合同法实施条例

· 2008 年 9 月 3 日国务院第 25 次常务会议通过

· 2008 年 9 月 18 日中华人民共和国国务院令第 535 号公布

· 自公布之日起施行

第一章　总　则

第一条　为了贯彻实施《中华人民共和国劳动合同法》(以下简称劳动合同法),制定本条例。

第二条　各级人民政府和县级以上人民政府劳动行政等有关部门以及工会等组织,应当采取措施,推动劳动合同法的贯彻实施,促进劳动关系的和谐。

第三条　依法成立的会计师事务所、律师事务所等合伙组织和基金会,属于劳动合同法规定的用人单位。

第二章　劳动合同的订立

第四条　劳动合同法规定的用人单位设立的分支机构,依法取得营业执照或者登记证书的,可以作为用人单位与劳动者订立劳动合同;未依法取得营业执照或者登记证书的,受用人单位委托可以与劳动者订立劳动合同。

第五条　自用工之日起一个月内,经用人单位书面通知后,劳动者不与用人单位订立书面劳动合同的,用人单位应当书面通知劳动者终止劳动关系,无需向劳动者支付经济补偿,但是应当依法向劳动者支付其实际工作时间的劳动报酬。

第六条　用人单位自用工之日起超过一个月不满一年未与劳动者订立书面劳动合同的,应当依照劳动合同法第八十二条的规定向劳动者每月支付两倍的工资，并与劳动者补订书面劳动合同；劳动者不与用人单位订立书面劳动合同的，用人单位应当书面通知劳动者终止劳动关系，并依照劳动合同法第四十七条的规定支付经济补偿。

前款规定的用人单位向劳动者每月支付两倍工资的起算时间为用工之日起满一个月的次日，截止时间为补订书面劳动合同的前一日。

第七条 用人单位自用工之日起满一年未与劳动者订立书面劳动合同的，自用工之日起满一个月的次日至满一年的前一日应当依照劳动合同法第八十二条的规定向劳动者每月支付两倍的工资，并视为自用工之日起满一年的当日已经与劳动者订立无固定期限劳动合同，应当立即与劳动者补订书面劳动合同。

第八条 劳动合同法第七条规定的职工名册，应当包括劳动者姓名、性别、公民身份号码、户籍地址及现住址、联系方式、用工形式、用工起始时间、劳动合同期限等内容。

第九条 劳动合同法第十四条第二款规定的连续工作满 10 年的起始时间，应当自用人单位用工之日起计算，包括劳动合同法施行前的工作年限。

第十条 劳动者非因本人原因从原用人单位被安排到新用人单位工作的，劳动者在原用人单位的工作年限合并计算为新用人单位的工作年限。原用人单位已经向劳动者支付经济补偿的，新用人单位在依法解除、终止劳动合同计算支付经济补偿的工作年限时，不再计算劳动者在原用人单位的工作年限。

第十一条 除劳动者与用人单位协商一致的情形外，劳动者依照劳动合同法第十四条第二款的规定，提出订立无固定期限劳动合同的，用人单位应当与其订立无固定期限劳动合同。对劳动合同的内容，双方应当按照合法、公平、平等自愿、协商一致、诚实信用的原则协商确定；对协商不一致的内容，依照劳动合同法第十八条的规定执行。

第十二条 地方各级人民政府及县级以上地方人民政府有关部门为安置就业困难人员提供的给予岗位补贴和社会保险补贴的公益性岗位，

其劳动合同不适用劳动合同法有关无固定期限劳动合同的规定以及支付经济补偿的规定。

第十三条　用人单位与劳动者不得在劳动合同法第四十四条规定的劳动合同终止情形之外约定其他的劳动合同终止条件。

第十四条　劳动合同履行地与用人单位注册地不一致的，有关劳动者的最低工资标准、劳动保护、劳动条件、职业危害防护和本地区上年度职工月平均工资标准等事项，按照劳动合同履行地的有关规定执行；用人单位注册地的有关标准高于劳动合同履行地的有关标准，且用人单位与劳动者约定按照用人单位注册地的有关规定执行的，从其约定。

第十五条　劳动者在试用期的工资不得低于本单位相同岗位最低档工资的80%或者不得低于劳动合同约定工资的80%，并不得低于用人单位所在地的最低工资标准。

第十六条　劳动合同法第二十二条第二款规定的培训费用，包括用人单位为了对劳动者进行专业技术培训而支付的有凭证的培训费用、培训期间的差旅费用以及因培训产生的用于该劳动者的其他直接费用。

第十七条　劳动合同期满，但是用人单位与劳动者依照劳动合同法第二十二条的规定约定的服务期尚未到期的，劳动合同应当续延至服务期满；双方另有约定的，从其约定。

第三章　劳动合同的解除和终止

第十八条　有下列情形之一的，依照劳动合同法规定的条件、程序，劳动者可以与用人单位解除固定期限劳动合同、无固定期限劳动合同或者以完成一定工作任务为期限的劳动合同：

（一）劳动者与用人单位协商一致的；

（二）劳动者提前30日以书面形式通知用人单位的；

（三）劳动者在试用期内提前3日通知用人单位的；

（四）用人单位未按照劳动合同约定提供劳动保护或者劳动条件的；

（五）用人单位未及时足额支付劳动报酬的；

（六）用人单位未依法为劳动者缴纳社会保险费的；

（七）用人单位的规章制度违反法律、法规的规定，损害劳动者权益的；

（八）用人单位以欺诈、胁迫的手段或者乘人之危，使劳动者在违背真实意思的情况下订立或者变更劳动合同的；

（九）用人单位在劳动合同中免除自己的法定责任、排除劳动者权利的；

（十）用人单位违反法律、行政法规强制性规定的；

（十一）用人单位以暴力、威胁或者非法限制人身自由的手段强迫劳动者劳动的；

（十二）用人单位违章指挥、强令冒险作业危及劳动者人身安全的；

（十三）法律、行政法规规定劳动者可以解除劳动合同的其他情形。

第十九条 有下列情形之一的，依照劳动合同法规定的条件、程序，用人单位可以与劳动者解除固定期限劳动合同、无固定期限劳动合同或者以完成一定工作任务为期限的劳动合同：

（一）用人单位与劳动者协商一致的；

（二）劳动者在试用期间被证明不符合录用条件的；

（三）劳动者严重违反用人单位的规章制度的；

（四）劳动者严重失职，营私舞弊，给用人单位造成重大损害的；

（五）劳动者同时与其他用人单位建立劳动关系，对完成本单位的工作任务造成严重影响，或者经用人单位提出，拒不改正的；

（六）劳动者以欺诈、胁迫的手段或者乘人之危，使用人单位在违背真实意思的情况下订立或者变更劳动合同的；

（七）劳动者被依法追究刑事责任的；

（八）劳动者患病或者非因工负伤，在规定的医疗期满后不能从事原工作，也不能从事由用人单位另行安排的工作的；

（九）劳动者不能胜任工作，经过培训或者调整工作岗位，仍不能胜任工作的；

（十）劳动合同订立时所依据的客观情况发生重大变化，致使劳动合同无法履行，经用人单位与劳动者协商，未能就变更劳动合同内容达成协议的；

（十一）用人单位依照企业破产法规定进行重整的；

（十二）用人单位生产经营发生严重困难的；

（十三）企业转产、重大技术革新或者经营方式调整，经变更劳动合同后，仍需裁减人员的；

（十四）其他因劳动合同订立时所依据的客观经济情况发生重大变化，致使劳动合同无法履行的。

第二十条 用人单位依照劳动合同法第四十条的规定，选择额外支付劳动者一个月工资解除劳动合同的，其额外支付的工资应当按照该劳动者上一个月的工资标准确定。

第二十一条 劳动者达到法定退休年龄的，劳动合同终止。

第二十二条 以完成一定工作任务为期限的劳动合同因任务完成而终止的，用人单位应当依照劳动合同法第四十七条的规定向劳动者支付经济补偿。

第二十三条 用人单位依法终止工伤职工的劳动合同的，除依照劳动合同法第四十七条的规定支付经济补偿外，还应当依照国家有关工伤保险的规定支付一次性工伤医疗补助金和伤残就业补助金。

第二十四条 用人单位出具的解除、终止劳动合同的证明，应当写明劳动合同期限、解除或者终止劳动合同的日期、工作岗位、在本单位的工作年限。

第二十五条 用人单位违反劳动合同法的规定解除或者终止劳动合同，依照劳动合同法第八十七条的规定支付了赔偿金的，不再支付经济补偿。赔偿金的计算年限自用工之日起计算。

第二十六条 用人单位与劳动者约定了服务期，劳动者依照劳动合同法第三十八条的规定解除劳动合同的，不属于违反服务期的约定，用人单位不得要求劳动者支付违约金。

有下列情形之一，用人单位与劳动者解除约定服务期的劳动合同的，劳动者应当按照劳动合同的约定向用人单位支付违约金：

（一）劳动者严重违反用人单位的规章制度的；

（二）劳动者严重失职，营私舞弊，给用人单位造成重大损害的；

（三）劳动者同时与其他用人单位建立劳动关系，对完成本单位的工作任务造成严重影响，或者经用人单位提出，拒不改正的；

（四）劳动者以欺诈、胁迫的手段或者乘人之危，使用人单位在违背真实意思的情况下订立或者变更劳动合同的；

（五）劳动者被依法追究刑事责任的。

第二十七条　劳动合同法第四十七条规定的经济补偿的月工资按照劳动者应得工资计算，包括计时工资或者计件工资以及奖金、津贴和补贴等货币性收入。劳动者在劳动合同解除或者终止前 12 个月的平均工资低于当地最低工资标准的，按照当地最低工资标准计算。劳动者工作不满 12 个月的，按照实际工作的月数计算平均工资。

第四章　劳务派遣特别规定

第二十八条　用人单位或者其所属单位出资或者合伙设立的劳务派遣单位，向本单位或者所属单位派遣劳动者的，属于劳动合同法第六十七条规定的不得设立的劳务派遣单位。

第二十九条　用工单位应当履行劳动合同法第六十二条规定的义务，维护被派遣劳动者的合法权益。

第三十条　劳务派遣单位不得以非全日制用工形式招用被派遣劳动者。

第三十一条　劳务派遣单位或者被派遣劳动者依法解除、终止劳动合同的经济补偿，依照劳动合同法第四十六条、第四十七条的规定执行。

第三十二条　劳务派遣单位违法解除或者终止被派遣劳动者的劳动合同的，依照劳动合同法第四十八条的规定执行。

第五章　法律责任

第三十三条　用人单位违反劳动合同法有关建立职工名册规定的，由劳动行政部门责令限期改正；逾期不改正的，由劳动行政部门处2000元以上2万元以下的罚款。

第三十四条　用人单位依照劳动合同法的规定应当向劳动者每月支付两倍的工资或者应当向劳动者支付赔偿金而未支付的，劳动行政部门应当责令用人单位支付。

第三十五条　用工单位违反劳动合同法和本条例有关劳务派遣规定的，由劳动行政部门和其他有关主管部门责令改正；情节严重的，以每位被派遣劳动者1000元以上5000元以下的标准处以罚款；给被派遣劳动者造成损害的，劳务派遣单位和用工单位承担连带赔偿责任。

第六章　附　则

第三十六条　对违反劳动合同法和本条例的行为的投诉、举报，县级以上地方人民政府劳动行政部门依照《劳动保障监察条例》的规定处理。

第三十七条　劳动者与用人单位因订立、履行、变更、解除或者终止劳动合同发生争议的，依照《中华人民共和国劳动争议调解仲裁法》的规定处理。

第三十八条　本条例自公布之日起施行。

工伤保险条例

· 2003 年 4 月 27 日中华人民共和国国务院令第 375 号公布

· 根据 2010 年 12 月 20 日《国务院关于修改〈工伤保险条例〉的决定》修订

第一章　总　则

第一条　为了保障因工作遭受事故伤害或者患职业病的职工获得医疗救治和经济补偿，促进工伤预防和职业康复，分散用人单位的工伤风险，制定本条例。

第二条　中华人民共和国境内的企业、事业单位、社会团体、民办非企业单位、基金会、律师事务所、会计师事务所等组织和有雇工的个体工商户（以下称用人单位）应当依照本条例规定参加工伤保险，为本单位全部职工或者雇工（以下称职工）缴纳工伤保险费。

中华人民共和国境内的企业、事业单位、社会团体、民办非企业单位、基金会、律师事务所、会计师事务所等组织的职工和个体工商户的雇工，均有依照本条例的规定享受工伤保险待遇的权利。

第三条　工伤保险费的征缴按照《社会保险费征缴暂行条例》关于基本养老保险费、基本医疗保险费、失业保险费的征缴规定执行。

第四条　用人单位应当将参加工伤保险的有关情况在本单位内公示。

用人单位和职工应当遵守有关安全生产和职业病防治的法律法规，执行安全卫生规程和标准，预防工伤事故发生，避免和减少职业病危害。

职工发生工伤时，用人单位应当采取措施使工伤职工得到及时救治。

第五条　国务院社会保险行政部门负责全国的工伤保险工作。

县级以上地方各级人民政府社会保险行政部门负责本行政区域内的工伤保险工作。

社会保险行政部门按照国务院有关规定设立的社会保险经办机构（以下称经办机构）具体承办工伤保险事务。

第六条 社会保险行政部门等部门制定工伤保险的政策、标准，应当征求工会组织、用人单位代表的意见。

第二章 工伤保险基金

第七条 工伤保险基金由用人单位缴纳的工伤保险费、工伤保险基金的利息和依法纳入工伤保险基金的其他资金构成。

第八条 工伤保险费根据以支定收、收支平衡的原则，确定费率。

国家根据不同行业的工伤风险程度确定行业的差别费率，并根据工伤保险费使用、工伤发生率等情况在每个行业内确定若干费率档次。行业差别费率及行业内费率档次由国务院社会保险行政部门制定，报国务院批准后公布施行。

统筹地区经办机构根据用人单位工伤保险费使用、工伤发生率等情况，适用所属行业内相应的费率档次确定单位缴费费率。

第九条 国务院社会保险行政部门应当定期了解全国各统筹地区工伤保险基金收支情况，及时提出调整行业差别费率及行业内费率档次的方案，报国务院批准后公布施行。

第十条 用人单位应当按时缴纳工伤保险费。职工个人不缴纳工伤保险费。

用人单位缴纳工伤保险费的数额为本单位职工工资总额乘以单位缴费费率之积。

对难以按照工资总额缴纳工伤保险费的行业，其缴纳工伤保险费的具体方式，由国务院社会保险行政部门规定。

第十一条 工伤保险基金逐步实行省级统筹。

跨地区、生产流动性较大的行业，可以采取相对集中的方式异地参加统筹地区的工伤保险。具体办法由国务院社会保险行政部门会同有关行业的主管部门制定。

第十二条 工伤保险基金存入社会保障基金财政专户，用于本条例规定的工伤保险待遇，劳动能力鉴定，工伤预防的宣传、培训等费用，以及法律、法规规定的用于工伤保险的其他费用的支付。

工伤预防费用的提取比例、使用和管理的具体办法，由国务院社会保险行政部门会同国务院财政、卫生行政、安全生产监督管理等部门规定。

任何单位或者个人不得将工伤保险基金用于投资运营、兴建或者改建办公场所、发放奖金，或者挪作其他用途。

第十三条 工伤保险基金应当留有一定比例的储备金，用于统筹地区重大事故的工伤保险待遇支付；储备金不足支付的，由统筹地区的人民政府垫付。储备金占基金总额的具体比例和储备金的使用办法，由省、自治区、直辖市人民政府规定。

第三章　工伤认定

第十四条 职工有下列情形之一的，应当认定为工伤：

（一）在工作时间和工作场所内，因工作原因受到事故伤害的；

（二）工作时间前后在工作场所内，从事与工作有关的预备性或者收尾性工作受到事故伤害的；

（三）在工作时间和工作场所内，因履行工作职责受到暴力等意外伤害的；

（四）患职业病的；

（五）因工外出期间，由于工作原因受到伤害或者发生事故下落不明的；

（六）在上下班途中，受到非本人主要责任的交通事故或者城市轨道交通、客运轮渡、火车事故伤害的；

（七）法律、行政法规规定应当认定为工伤的其他情形。

第十五条 职工有下列情形之一的，视同工伤：

（一）在工作时间和工作岗位，突发疾病死亡或者在48小时之内经抢救无效死亡的；

（二）在抢险救灾等维护国家利益、公共利益活动中受到伤害的；

（三）职工原在军队服役，因战、因公负伤致残，已取得革命伤残军人证，到用人单位后旧伤复发的。

职工有前款第（一）项、第（二）项情形的，按照本条例的有关规定享受工伤保险待遇；职工有前款第（三）项情形的，按照本条例的有关规定享受除一次性伤残补助金以外的工伤保险待遇。

第十六条 职工符合本条例第十四条、第十五条的规定，但是有下列情形之一的，不得认定为工伤或者视同工伤：

（一）故意犯罪的；

（二）醉酒或者吸毒的；

（三）自残或者自杀的。

第十七条 职工发生事故伤害或者按照职业病防治法规定被诊断、鉴定为职业病，所在单位应当自事故伤害发生之日或者被诊断、鉴定为职业病之日起30日内，向统筹地区社会保险行政部门提出工伤认定申请。遇有特殊情况，经报社会保险行政部门同意，申请时限可以适当延长。

用人单位未按前款规定提出工伤认定申请的，工伤职工或者其近亲属、工会组织在事故伤害发生之日或者被诊断、鉴定为职业病之日起1年内，可以直接向用人单位所在地统筹地区社会保险行政部门提出工伤认定申请。

按照本条第一款规定应当由省级社会保险行政部门进行工伤认定的事项，根据属地原则由用人单位所在地的设区的市级社会保险行政部门办理。

用人单位未在本条第一款规定的时限内提交工伤认定申请，在此期间发生符合本条例规定的工伤待遇等有关费用由该用人单位负担。

第十八条 提出工伤认定申请应当提交下列材料：

（一）工伤认定申请表；

（二）与用人单位存在劳动关系（包括事实劳动关系）的证明材料；

（三）医疗诊断证明或者职业病诊断证明书（或者职业病诊断鉴定书）。

工伤认定申请表应当包括事故发生的时间、地点、原因以及职工伤害程度等基本情况。

工伤认定申请人提供材料不完整的，社会保险行政部门应当一次性书面告知工伤认定申请人需要补正的全部材料。申请人按照书面告知要求补正材料后，社会保险行政部门应当受理。

第十九条 社会保险行政部门受理工伤认定申请后，根据审核需要可以对事故伤害进行调查核实，用人单位、职工、工会组织、医疗机构以及有关部门应当予以协助。职业病诊断和诊断争议的鉴定，依照职业病防治法的有关规定执行。对依法取得职业病诊断证明书或者职业病诊断鉴定书的，社会保险行政部门不再进行调查核实。

职工或者其近亲属认为是工伤，用人单位不认为是工伤的，由用人单位承担举证责任。

第二十条 社会保险行政部门应当自受理工伤认定申请之日起 60 日内作出工伤认定的决定，并书面通知申请工伤认定的职工或者其近亲属和该职工所在单位。

社会保险行政部门对受理的事实清楚、权利义务明确的工伤认定申请，应当在 15 日内作出工伤认定的决定。

作出工伤认定决定需要以司法机关或者有关行政主管部门的结论为依据的，在司法机关或者有关行政主管部门尚未作出结论期间，作出工伤认定决定的时限中止。

社会保险行政部门工作人员与工伤认定申请人有利害关系的，应当回避。

第四章　劳动能力鉴定

第二十一条　职工发生工伤，经治疗伤情相对稳定后存在残疾、影响劳动能力的，应当进行劳动能力鉴定。

第二十二条　劳动能力鉴定是指劳动功能障碍程度和生活自理障碍程度的等级鉴定。

劳动功能障碍分为十个伤残等级，最重的为一级，最轻的为十级。

生活自理障碍分为三个等级：生活完全不能自理、生活大部分不能自理和生活部分不能自理。

劳动能力鉴定标准由国务院社会保险行政部门会同国务院卫生行政部门等部门制定。

第二十三条　劳动能力鉴定由用人单位、工伤职工或者其近亲属向设区的市级劳动能力鉴定委员会提出申请，并提供工伤认定决定和职工工伤医疗的有关资料。

第二十四条　省、自治区、直辖市劳动能力鉴定委员会和设区的市级劳动能力鉴定委员会分别由省、自治区、直辖市和设区的市级社会保险行政部门、卫生行政部门、工会组织、经办机构代表以及用人单位代表组成。

劳动能力鉴定委员会建立医疗卫生专家库。列入专家库的医疗卫生专业技术人员应当具备下列条件：

（一）具有医疗卫生高级专业技术职务任职资格；

（二）掌握劳动能力鉴定的相关知识；

（三）具有良好的职业品德。

第二十五条　设区的市级劳动能力鉴定委员会收到劳动能力鉴定申请后，应当从其建立的医疗卫生专家库中随机抽取 3 名或者 5 名相关专家组成专家组，由专家组提出鉴定意见。设区的市级劳动能力鉴定委员会根据专家组的鉴定意见作出工伤职工劳动能力鉴定结论；必要时，可以委托具备资格的医疗机构协助进行有关的诊断。

设区的市级劳动能力鉴定委员会应当自收到劳动能力鉴定申请之日起60日内作出劳动能力鉴定结论，必要时，作出劳动能力鉴定结论的期限可以延长30日。劳动能力鉴定结论应当及时送达申请鉴定的单位和个人。

第二十六条　申请鉴定的单位或者个人对设区的市级劳动能力鉴定委员会作出的鉴定结论不服的，可以在收到该鉴定结论之日起15日内向省、自治区、直辖市劳动能力鉴定委员会提出再次鉴定申请。省、自治区、直辖市劳动能力鉴定委员会作出的劳动能力鉴定结论为最终结论。

第二十七条　劳动能力鉴定工作应当客观、公正。劳动能力鉴定委员会组成人员或者参加鉴定的专家与当事人有利害关系的，应当回避。

第二十八条　自劳动能力鉴定结论作出之日起1年后，工伤职工或者其近亲属、所在单位或者经办机构认为伤残情况发生变化的，可以申请劳动能力复查鉴定。

第二十九条　劳动能力鉴定委员会依照本条例第二十六条和第二十八条的规定进行再次鉴定和复查鉴定的期限，依照本条例第二十五条第二款的规定执行。

第五章　工伤保险待遇

第三十条　职工因工作遭受事故伤害或者患职业病进行治疗，享受工伤医疗待遇。

职工治疗工伤应当在签订服务协议的医疗机构就医，情况紧急时可以先到就近的医疗机构急救。

治疗工伤所需费用符合工伤保险诊疗项目目录、工伤保险药品目录、工伤保险住院服务标准的，从工伤保险基金支付。工伤保险诊疗项目目录、工伤保险药品目录、工伤保险住院服务标准，由国务院社会保险行政部门会同国务院卫生行政部门、食品药品监督管理部门等部门规定。

职工住院治疗工伤的伙食补助费，以及经医疗机构出具证明，报经办机构同意，工伤职工到统筹地区以外就医所需的交通、食宿费用从工伤保险基金支付，基金支付的具体标准由统筹地区人民政府规定。

工伤职工治疗非工伤引发的疾病，不享受工伤医疗待遇，按照基本医疗保险办法处理。

工伤职工到签订服务协议的医疗机构进行工伤康复的费用，符合规定的，从工伤保险基金支付。

第三十一条 社会保险行政部门作出认定为工伤的决定后发生行政复议、行政诉讼的，行政复议和行政诉讼期间不停止支付工伤职工治疗工伤的医疗费用。

第三十二条 工伤职工因日常生活或者就业需要，经劳动能力鉴定委员会确认，可以安装假肢、矫形器、假眼、假牙和配置轮椅等辅助器具，所需费用按照国家规定的标准从工伤保险基金支付。

第三十三条 职工因工作遭受事故伤害或者患职业病需要暂停工作接受工伤医疗的，在停工留薪期内，原工资福利待遇不变，由所在单位按月支付。

停工留薪期一般不超过 12 个月。伤情严重或者情况特殊，经设区的市级劳动能力鉴定委员会确认，可以适当延长，但延长不得超过 12 个月。工伤职工评定伤残等级后，停发原待遇，按照本章的有关规定享受伤残待遇。工伤职工在停工留薪期满后仍需治疗的，继续享受工伤医疗待遇。

生活不能自理的工伤职工在停工留薪期需要护理的，由所在单位负责。

第三十四条 工伤职工已经评定伤残等级并经劳动能力鉴定委员会确认需要生活护理的，从工伤保险基金按月支付生活护理费。

生活护理费按照生活完全不能自理、生活大部分不能自理或者生活部分不能自理 3 个不同等级支付，其标准分别为统筹地区上年度职工月平均工资的 50%、40%或者 30%。

第三十五条 职工因工致残被鉴定为一级至四级伤残的，保留劳动关系，退出工作岗位，享受以下待遇：

（一）从工伤保险基金按伤残等级支付一次性伤残补助金，标准为：一级伤残为27个月的本人工资，二级伤残为25个月的本人工资，三级伤残为23个月的本人工资，四级伤残为21个月的本人工资；

（二）从工伤保险基金按月支付伤残津贴，标准为：一级伤残为本人工资的90%，二级伤残为本人工资的85%，三级伤残为本人工资的80%，四级伤残为本人工资的75%。伤残津贴实际金额低于当地最低工资标准的，由工伤保险基金补足差额；

（三）工伤职工达到退休年龄并办理退休手续后，停发伤残津贴，按照国家有关规定享受基本养老保险待遇。基本养老保险待遇低于伤残津贴的，由工伤保险基金补足差额。

职工因工致残被鉴定为一级至四级伤残的，由用人单位和职工个人以伤残津贴为基数，缴纳基本医疗保险费。

第三十六条 职工因工致残被鉴定为五级、六级伤残的，享受以下待遇：

（一）从工伤保险基金按伤残等级支付一次性伤残补助金，标准为：五级伤残为18个月的本人工资，六级伤残为16个月的本人工资；

（二）保留与用人单位的劳动关系，由用人单位安排适当工作。难以安排工作的，由用人单位按月发给伤残津贴，标准为：五级伤残为本人工资的70%，六级伤残为本人工资的60%，并由用人单位按照规定为其缴纳应缴纳的各项社会保险费。伤残津贴实际金额低于当地最低工资标准的，由用人单位补足差额。

经工伤职工本人提出，该职工可以与用人单位解除或者终止劳动关系，由工伤保险基金支付一次性工伤医疗补助金，由用人单位支付一次性伤残就业补助金。一次性工伤医疗补助金和一次性伤残就业补助金的具体标准由省、自治区、直辖市人民政府规定。

第三十七条 职工因工致残被鉴定为七级至十级伤残的，享受以下待遇：

（一）从工伤保险基金按伤残等级支付一次性伤残补助金，标准为：七级伤残为13个月的本人工资，八级伤残为11个月的本人工资，九级伤残为9个月的本人工资，十级伤残为7个月的本人工资；

（二）劳动、聘用合同期满终止，或者职工本人提出解除劳动、聘用合同的，由工伤保险基金支付一次性工伤医疗补助金，由用人单位支付一次性伤残就业补助金。一次性工伤医疗补助金和一次性伤残就业补助金的具体标准由省、自治区、直辖市人民政府规定。

第三十八条 工伤职工工伤复发，确认需要治疗的，享受本条例第三十条、第三十二条和第三十三条规定的工伤待遇。

第三十九条 职工因工死亡，其近亲属按照下列规定从工伤保险基金领取丧葬补助金、供养亲属抚恤金和一次性工亡补助金：

（一）丧葬补助金为6个月的统筹地区上年度职工月平均工资；

（二）供养亲属抚恤金按照职工本人工资的一定比例发给由因工死亡职工生前提供主要生活来源、无劳动能力的亲属。标准为：配偶每月40%，其他亲属每人每月30%，孤寡老人或者孤儿每人每月在上述标准的基础上增加10%。核定的各供养亲属的抚恤金之和不应高于因工死亡职工生前的工资。供养亲属的具体范围由国务院社会保险行政部门规定；

（三）一次性工亡补助金标准为上一年度全国城镇居民人均可支配收入的20倍。

伤残职工在停工留薪期内因工伤导致死亡的，其近亲属享受本条第一款规定的待遇。

一级至四级伤残职工在停工留薪期满后死亡的，其近亲属可以享受本条第一款第（一）项、第（二）项规定的待遇。

第四十条 伤残津贴、供养亲属抚恤金、生活护理费由统筹地区社会保险行政部门根据职工平均工资和生活费用变化等情况适时调整。调整办法由省、自治区、直辖市人民政府规定。

第四十一条 职工因工外出期间发生事故或者在抢险救灾中下落不明的，从事故发生当月起 3 个月内照发工资，从第 4 个月起停发工资，由工伤保险基金向其供养亲属按月支付供养亲属抚恤金。生活有困难的，可以预支一次性工亡补助金的 50%。职工被人民法院宣告死亡的，按照本条例第三十九条职工因工死亡的规定处理。

第四十二条 工伤职工有下列情形之一的，停止享受工伤保险待遇：

（一）丧失享受待遇条件的；

（二）拒不接受劳动能力鉴定的；

（三）拒绝治疗的。

第四十三条 用人单位分立、合并、转让的，承继单位应当承担原用人单位的工伤保险责任；原用人单位已经参加工伤保险的，承继单位应当到当地经办机构办理工伤保险变更登记。

用人单位实行承包经营的，工伤保险责任由职工劳动关系所在单位承担。

职工被借调期间受到工伤事故伤害的，由原用人单位承担工伤保险责任，但原用人单位与借调单位可以约定补偿办法。

企业破产的，在破产清算时依法拨付应当由单位支付的工伤保险待遇费用。

第四十四条 职工被派遣出境工作，依据前往国家或者地区的法律应当参加当地工伤保险的，参加当地工伤保险，其国内工伤保险关系中止；不能参加当地工伤保险的，其国内工伤保险关系不中止。

第四十五条 职工再次发生工伤，根据规定应当享受伤残津贴的，按照新认定的伤残等级享受伤残津贴待遇。

第六章 监督管理

第四十六条 经办机构具体承办工伤保险事务，履行下列职责：

（一）根据省、自治区、直辖市人民政府规定，征收工伤保险费；

（二）核查用人单位的工资总额和职工人数，办理工伤保险登记，并负责保存用人单位缴费和职工享受工伤保险待遇情况的记录；

（三）进行工伤保险的调查、统计；

（四）按照规定管理工伤保险基金的支出；

（五）按照规定核定工伤保险待遇；

（六）为工伤职工或者其近亲属免费提供咨询服务。

第四十七条 经办机构与医疗机构、辅助器具配置机构在平等协商的基础上签订服务协议，并公布签订服务协议的医疗机构、辅助器具配置机构的名单。具体办法由国务院社会保险行政部门分别会同国务院卫生行政部门、民政部门等部门制定。

第四十八条 经办机构按照协议和国家有关目录、标准对工伤职工医疗费用、康复费用、辅助器具费用的使用情况进行核查，并按时足额结算费用。

第四十九条 经办机构应当定期公布工伤保险基金的收支情况，及时向社会保险行政部门提出调整费率的建议。

第五十条 社会保险行政部门、经办机构应当定期听取工伤职工、医疗机构、辅助器具配置机构以及社会各界对改进工伤保险工作的意见。

第五十一条 社会保险行政部门依法对工伤保险费的征缴和工伤保险基金的支付情况进行监督检查。

财政部门和审计机关依法对工伤保险基金的收支、管理情况进行监督。

第五十二条 任何组织和个人对有关工伤保险的违法行为，有权举报。社会保险行政部门对举报应当及时调查，按照规定处理，并为举报人保密。

第五十三条 工会组织依法维护工伤职工的合法权益，对用人单位的工伤保险工作实行监督。

第五十四条 职工与用人单位发生工伤待遇方面的争议，按照处理劳动争议的有关规定处理。

第五十五条 有下列情形之一的，有关单位或者个人可以依法申请行政复议，也可以依法向人民法院提起行政诉讼：

（一）申请工伤认定的职工或者其近亲属、该职工所在单位对工伤认定申请不予受理的决定不服的；

（二）申请工伤认定的职工或者其近亲属、该职工所在单位对工伤认定结论不服的；

（三）用人单位对经办机构确定的单位缴费费率不服的；

（四）签订服务协议的医疗机构、辅助器具配置机构认为经办机构未履行有关协议或者规定的；

（五）工伤职工或者其近亲属对经办机构核定的工伤保险待遇有异议的。

第七章 法律责任

第五十六条 单位或者个人违反本条例第十二条规定挪用工伤保险基金，构成犯罪的，依法追究刑事责任；尚不构成犯罪的，依法给予处分或者纪律处分。被挪用的基金由社会保险行政部门追回，并入工伤保险基金；没收的违法所得依法上缴国库。

第五十七条 社会保险行政部门工作人员有下列情形之一的，依法给予处分；情节严重，构成犯罪的，依法追究刑事责任：

（一）无正当理由不受理工伤认定申请，或者弄虚作假将不符合工伤条件的人员认定为工伤职工的；

（二）未妥善保管申请工伤认定的证据材料，致使有关证据灭失的；

（三）收受当事人财物的。

第五十八条 经办机构有下列行为之一的，由社会保险行政部门责令改正，对直接负责的主管人员和其他责任人员依法给予纪律处分；情节严重，构成犯罪的，依法追究刑事责任；造成当事人经济损失的，由经办机构依法承担赔偿责任：

（一）未按规定保存用人单位缴费和职工享受工伤保险待遇情况记录的；

（二）不按规定核定工伤保险待遇的；

（三）收受当事人财物的。

第五十九条 医疗机构、辅助器具配置机构不按服务协议提供服务的，经办机构可以解除服务协议。

经办机构不按时足额结算费用的，由社会保险行政部门责令改正；医疗机构、辅助器具配置机构可以解除服务协议。

第六十条 用人单位、工伤职工或者其近亲属骗取工伤保险待遇，医疗机构、辅助器具配置机构骗取工伤保险基金支出的，由社会保险行政部门责令退还，处骗取金额2倍以上5倍以下的罚款；情节严重，构成犯罪的，依法追究刑事责任。

第六十一条 从事劳动能力鉴定的组织或者个人有下列情形之一的，由社会保险行政部门责令改正，处2000元以上1万元以下的罚款；情节严重，构成犯罪的，依法追究刑事责任：

（一）提供虚假鉴定意见的；

（二）提供虚假诊断证明的；

（三）收受当事人财物的。

第六十二条 用人单位依照本条例规定应当参加工伤保险而未参加的，由社会保险行政部门责令限期参加，补缴应当缴纳的工伤保险费，并自欠缴之日起，按日加收万分之五的滞纳金；逾期仍不缴纳的，处欠缴数额1倍以上3倍以下的罚款。

依照本条例规定应当参加工伤保险而未参加工伤保险的用人单位职工发生工伤的，由该用人单位按照本条例规定的工伤保险待遇项目和标准支付费用。

用人单位参加工伤保险并补缴应当缴纳的工伤保险费、滞纳金后，由工伤保险基金和用人单位依照本条例的规定支付新发生的费用。

第六十三条 用人单位违反本条例第十九条的规定，拒不协助社会保险行政部门对事故进行调查核实的，由社会保险行政部门责令改正，处2000元以上2万元以下的罚款。

第八章 附 则

第六十四条 本条例所称工资总额，是指用人单位直接支付给本单位全部职工的劳动报酬总额。

本条例所称本人工资，是指工伤职工因工作遭受事故伤害或者患职业病前12个月平均月缴费工资。本人工资高于统筹地区职工平均工资300%的，按照统筹地区职工平均工资的300%计算；本人工资低于统筹地区职工平均工资60%的，按照统筹地区职工平均工资的60%计算。

第六十五条 公务员和参照公务员法管理的事业单位、社会团体的工作人员因工作遭受事故伤害或者患职业病的，由所在单位支付费用。具体办法由国务院社会保险行政部门会同国务院财政部门规定。

第六十六条 无营业执照或者未经依法登记、备案的单位以及被依法吊销营业执照或者撤销登记、备案的单位的职工受到事故伤害或者患职业病的，由该单位向伤残职工或者死亡职工的近亲属给予一次性赔偿，赔偿标准不得低于本条例规定的工伤保险待遇；用人单位不得使用童工，用人单位使用童工造成童工伤残、死亡的，由该单位向童工或者童工的近亲属给予一次性赔偿，赔偿标准不得低于本条例规定的工伤保险待遇。具体办法由国务院社会保险行政部门规定。

前款规定的伤残职工或者死亡职工的近亲属就赔偿数额与单位发生争议的，以及前款规定的童工或者童工的近亲属就赔偿数额与单位发生争议的，按照处理劳动争议的有关规定处理。

第六十七条 本条例自2004年1月1日起施行。本条例施行前已受到事故伤害或者患职业病的职工尚未完成工伤认定的，按照本条例的规定执行。

国务院关于职工工作时间的规定

· 1994 年 2 月 3 日中华人民共和国国务院令第 146 号发布

· 根据 1995 年 3 月 25 日《国务院关于修改〈国务院关于职工工作时间的规定〉的决定》修订

第一条 为了合理安排职工的工作和休息时间，维护职工的休息权利，调动职工的积极性，促进社会主义现代化建设事业的发展，根据宪法有关规定，制定本规定。

第二条 本规定适用于在中华人民共和国境内的国家机关、社会团体、企业事业单位以及其他组织的职工。

第三条 职工每日工作 8 小时，每周工作 40 小时。

第四条 在特殊条件下从事劳动和有特殊情况，需要适当缩短工作时间的，按照国家有关规定执行。

第五条 因工作性质或者生产特点的限制，不能实行每日工作 8 小时、每周工作 40 小时标准工时制度的，按照国家有关规定，可以实行其他工作和休息办法。

第六条 任何单位和个人不得擅自延长职工工作时间。因特殊情况和紧急任务确需延长工作时间的，按照国家有关规定执行。

第七条 国家机关、事业单位实行统一的工作时间，星期六和星期日为周休息日。

企业和不能实行前款规定的统一工作时间的事业单位，可以根据实际情况灵活安排周休息日。

第八条 本规定由劳动部、人事部负责解释；实施办法由劳动部、人事部制定。

第九条 本规定自 1995 年 5 月 1 日起施行。1995 年 5 月 1 日施行有困难的企业、事业单位，可以适当延期；但是，事业单位最迟应当自1996年1月1日起施行，企业最迟应当自1997年5月1日起施行。

职工带薪年休假条例

· 2007年12月7日国务院第198次常务会议通过

· 2007年12月14日中华人民共和国国务院令第514号公布

· 自2008年1月1日起施行

第一条 为了维护职工休息休假权利，调动职工工作积极性，根据劳动法和公务员法，制定本条例。

第二条 机关、团体、企业、事业单位、民办非企业单位、有雇工的个体工商户等单位的职工连续工作1年以上的，享受带薪年休假（以下简称年休假）。单位应当保证职工享受年休假。

职工在年休假期间享受与正常工作期间相同的工资收入。

第三条 职工累计工作已满1年不满10年的，年休假5天；已满10年不满20年的，年休假10天；已满20年的，年休假15天。

国家法定休假日、休息日不计入年休假的假期。

第四条 职工有下列情形之一的，不享受当年的年休假：

（一）职工依法享受寒暑假，其休假天数多于年休假天数的；

（二）职工请事假累计20天以上且单位按照规定不扣工资的；

（三）累计工作满1年不满10年的职工，请病假累计2个月以上的；

（四）累计工作满10年不满20年的职工，请病假累计3个月以上的；

（五）累计工作满20年以上的职工，请病假累计4个月以上的。

第五条 单位根据生产、工作的具体情况，并考虑职工本人意愿，统筹安排职工年休假。

年休假在1个年度内可以集中安排，也可以分段安排，一般不跨年度安排。单位因生产、工作特点确有必要跨年度安排职工年休假的，可以跨1个年度安排。

单位确因工作需要不能安排职工休年休假的，经职工本人同意，可以不安排职工休年休假。对职工应休未休的年休假天数，单位应当按照该职工日工资收入的300%支付年休假工资报酬。

第六条 县级以上地方人民政府人事部门、劳动保障部门应当依据职权对单位执行本条例的情况主动进行监督检查。

工会组织依法维护职工的年休假权利。

第七条 单位不安排职工休年休假又不依照本条例规定给予年休假工资报酬的，由县级以上地方人民政府人事部门或者劳动保障部门依据职权责令限期改正；对逾期不改正的，除责令该单位支付年休假工资报酬外，单位还应当按照年休假工资报酬的数额向职工加付赔偿金；对拒不支付年休假工资报酬、赔偿金的，属于公务员和参照公务员法管理的人员所在单位的，对直接负责的主管人员以及其他直接责任人员依法给予处分；属于其他单位的，由劳动保障部门、人事部门或者职工申请人民法院强制执行。

第八条 职工与单位因年休假发生的争议，依照国家有关法律、行政法规的规定处理。

第九条 国务院人事部门、国务院劳动保障部门依据职权，分别制定本条例的实施办法。

第十条 本条例自2008年1月1日起施行。

禁止使用童工规定

· 2002 年 9 月 18 日国务院第 63 次常务会议通过

· 2002 年 10 月 1 日中华人民共和国国务院令第 364 号公布

· 自 2002 年 12 月 1 日起施行

第一条 为保护未成年人的身心健康，促进义务教育制度的实施，维护未成年人的合法权益，根据宪法和劳动法、未成年人保护法，制定本规定。

第二条 国家机关、社会团体、企业事业单位、民办非企业单位或者个体工商户（以下统称用人单位）均不得招用不满 16 周岁的未成年人（招用不满 16 周岁的未成年人，以下统称使用童工）。

禁止任何单位或者个人为不满 16 周岁的未成年人介绍就业。

禁止不满 16 周岁的未成年人开业从事个体经营活动。

第三条 不满 16 周岁的未成年人的父母或者其他监护人应当保护其身心健康，保障其接受义务教育的权利，不得允许其被用人单位非法招用。

不满 16 周岁的未成年人的父母或者其他监护人允许其被用人单位非法招用的，所在地的乡（镇）人民政府、城市街道办事处以及村民委员会、居民委员会应当给予批评教育。

第四条 用人单位招用人员时，必须核查被招用人员的身份证；对不满 16 周岁的未成年人，一律不得录用。用人单位录用人员的录用登记、核查材料应当妥善保管。

第五条 县级以上各级人民政府劳动保障行政部门负责本规定执行情况的监督检查。

县级以上各级人民政府公安、工商行政管理、教育、卫生等行政部门在各自职责范围内对本规定的执行情况进行监督检查，并对劳动保障行政部门的监督检查给予配合。

工会、共青团、妇联等群众组织应当依法维护未成年人的合法权益。

任何单位或者个人发现使用童工的，均有权向县级以上人民政府劳动保障行政部门举报。

第六条 用人单位使用童工的，由劳动保障行政部门按照每使用一名童工每月处5000元罚款的标准给予处罚；在使用有毒物品的作业场所使用童工的，按照《使用有毒物品作业场所劳动保护条例》规定的罚款幅度，或者按照每使用一名童工每月处5000元罚款的标准，从重处罚。劳动保障行政部门并应当责令用人单位限期将童工送回原居住地交其父母或者其他监护人，所需交通和食宿费用全部由用人单位承担。

用人单位经劳动保障行政部门依照前款规定责令限期改正，逾期仍不将童工送交其父母或者其他监护人的，从责令限期改正之日起，由劳动保障行政部门按照每使用一名童工每月处1万元罚款的标准处罚，并由工商行政管理部门吊销其营业执照或者由民政部门撤销民办非企业单位登记；用人单位是国家机关、事业单位的，由有关单位依法对直接负责的主管人员和其他直接责任人员给予降级或者撤职的行政处分或者纪律处分。

第七条 单位或者个人为不满16周岁的未成年人介绍就业的，由劳动保障行政部门按照每介绍一人处5000元罚款的标准给予处罚；职业中介机构为不满16周岁的未成年人介绍就业的，并由劳动保障行政部门吊销其职业介绍许可证。

第八条 用人单位未按照本规定第四条的规定保存录用登记材料，或者伪造录用登记材料的，由劳动保障行政部门处1万元的罚款。

第九条 无营业执照、被依法吊销营业执照的单位以及未依法登记、备案的单位使用童工或者介绍童工就业的，依照本规定第六条、第七条、第八条规定的标准加一倍罚款，该非法单位由有关的行政主管部门予以取缔。

第十条 童工患病或者受伤的，用人单位应当负责送到医疗机构治疗，并负担治疗期间的全部医疗和生活费用。

童工伤残或者死亡的，用人单位由工商行政管理部门吊销营业执照或者由民政部门撤销民办非企业单位登记；用人单位是国家机关、事业单位的，由有关单位依法对直接负责的主管人员和其他直接责任人员给予降级或者撤职的行政处分或者纪律处分；用人单位还应当一次性地对伤残的童工、死亡童工的直系亲属给予赔偿，赔偿金额按照国家工伤保险的有关规定计算。

第十一条 拐骗童工，强迫童工劳动，使用童工从事高空、井下、放射性、高毒、易燃易爆以及国家规定的第四级体力劳动强度的劳动，使用不满 14 周岁的童工，或者造成童工死亡或者严重伤残的，依照刑法关于拐卖儿童罪、强迫劳动罪或者其他罪的规定，依法追究刑事责任。

第十二条 国家行政机关工作人员有下列行为之一的，依法给予记大过或者降级的行政处分；情节严重的，依法给予撤职或者开除的行政处分；构成犯罪的，依照刑法关于滥用职权罪、玩忽职守罪或者其他罪的规定，依法追究刑事责任：

（一）劳动保障等有关部门工作人员在禁止使用童工的监督检查工作中发现使用童工的情况，不予制止、纠正、查处的；

（二）公安机关的人民警察违反规定发放身份证或者在身份证上登录虚假出生年月的；

（三）工商行政管理部门工作人员发现申请人是不满 16 周岁的未成年人，仍然为其从事个体经营发放营业执照的。

第十三条 文艺、体育单位经未成年人的父母或者其他监护人同意，可以招用不满 16 周岁的专业文艺工作者、运动员。用人单位应当保障被招用的不满 16 周岁的未成年人的身心健康，保障其接受义务教育的权利。文艺、体育单位招用不满 16 周岁的专业文艺工作者、运动员的办法，由国务院劳动保障行政部门会同国务院文化、体育行政部门制定。

学校、其他教育机构以及职业培训机构按照国家有关规定组织不满

16 周岁的未成年人进行不影响其人身安全和身心健康的教育实践劳动、职业技能培训劳动，不属于使用童工。

第十四条 本规定自 2002 年 12 月 1 日起施行。1991 年 4 月 15 日国务院发布的《禁止使用童工规定》同时废止。

女职工劳动保护特别规定

· 2012 年 4 月 18 日国务院第 200 次常务会议通过
· 2012 年 4 月 28 日中华人民共和国国务院令第 619 号公布
· 自公布之日起施行

第一条 为了减少和解决女职工在劳动中因生理特点造成的特殊困难，保护女职工健康，制定本规定。

第二条 中华人民共和国境内的国家机关、企业、事业单位、社会团体、个体经济组织以及其他社会组织等用人单位及其女职工，适用本规定。

第三条 用人单位应当加强女职工劳动保护，采取措施改善女职工劳动安全卫生条件，对女职工进行劳动安全卫生知识培训。

第四条 用人单位应当遵守女职工禁忌从事的劳动范围的规定。用人单位应当将本单位属于女职工禁忌从事的劳动范围的岗位书面告知女职工。

女职工禁忌从事的劳动范围由本规定附录列示。国务院安全生产监督管理部门会同国务院人力资源社会保障行政部门、国务院卫生行政部门根据经济社会发展情况，对女职工禁忌从事的劳动范围进行调整。

第五条 用人单位不得因女职工怀孕、生育、哺乳降低其工资、予以辞退、与其解除劳动或者聘用合同。

第六条 女职工在孕期不能适应原劳动的，用人单位应当根据医疗机构的证明，予以减轻劳动量或者安排其他能够适应的劳动。

对怀孕7个月以上的女职工，用人单位不得延长劳动时间或者安排夜班劳动，并应当在劳动时间内安排一定的休息时间。

怀孕女职工在劳动时间内进行产前检查，所需时间计入劳动时间。

第七条 女职工生育享受98天产假，其中产前可以休假15天；难产的，增加产假15天；生育多胞胎的，每多生育1个婴儿，增加产假15天。

女职工怀孕未满4个月流产的，享受15天产假；怀孕满4个月流产的，享受42天产假。

第八条 女职工产假期间的生育津贴，对已经参加生育保险的，按照用人单位上年度职工月平均工资的标准由生育保险基金支付；对未参加生育保险的，按照女职工产假前工资的标准由用人单位支付。

女职工生育或者流产的医疗费用，按照生育保险规定的项目和标准，对已经参加生育保险的，由生育保险基金支付；对未参加生育保险的，由用人单位支付。

第九条 对哺乳未满1周岁婴儿的女职工，用人单位不得延长劳动时间或者安排夜班劳动。

用人单位应当在每天的劳动时间内为哺乳期女职工安排1小时哺乳时间；女职工生育多胞胎的，每多哺乳1个婴儿每天增加1小时哺乳时间。

第十条 女职工比较多的用人单位应当根据女职工的需要，建立女职工卫生室、孕妇休息室、哺乳室等设施，妥善解决女职工在生理卫生、哺乳方面的困难。

第十一条 在劳动场所，用人单位应当预防和制止对女职工的性骚扰。

第十二条 县级以上人民政府人力资源社会保障行政部门、安全生产监督管理部门按照各自职责负责对用人单位遵守本规定的情况进行监督检查。

工会、妇女组织依法对用人单位遵守本规定的情况进行监督。

第十三条 用人单位违反本规定第六条第二款、第七条、第九条第一款规定的，由县级以上人民政府人力资源社会保障行政部门责令限期改正，按照受侵害女职工每人1000元以上5000元以下的标准计算，处以罚款。

用人单位违反本规定附录第一条、第二条规定的，由县级以上人民政府安全生产监督管理部门责令限期改正，按照受侵害女职工每人1000元以上5000元以下的标准计算，处以罚款。用人单位违反本规定附录第三条、第四条规定的，由县级以上人民政府安全生产监督管理部门责令限期治理，处5万元以上30万元以下的罚款；情节严重的，责令停止有关作业，或者提请有关人民政府按照国务院规定的权限责令关闭。

第十四条 用人单位违反本规定，侵害女职工合法权益的，女职工可以依法投诉、举报、申诉，依法向劳动人事争议调解仲裁机构申请调解仲裁，对仲裁裁决不服的，依法向人民法院提起诉讼。

第十五条 用人单位违反本规定，侵害女职工合法权益，造成女职工损害的，依法给予赔偿；用人单位及其直接负责的主管人员和其他直接责任人员构成犯罪的，依法追究刑事责任。

第十六条 本规定自公布之日起施行。1988年7月21日国务院发布的《女职工劳动保护规定》同时废止。

附录：

女职工禁忌从事的劳动范围

一、女职工禁忌从事的劳动范围：

（一）矿山井下作业；

（二）体力劳动强度分级标准中规定的第四级体力劳动强度的作业；

（三）每小时负重6次以上、每次负重超过20公斤的作业，或者间断负重、每次负重超过25公斤的作业。

二、女职工在经期禁忌从事的劳动范围：

（一）冷水作业分级标准中规定的第二级、第三级、第四级冷水作业；

（二）低温作业分级标准中规定的第二级、第三级、第四级低温作业；

（三）体力劳动强度分级标准中规定的第三级、第四级体力劳动强度的作业；

（四）高处作业分级标准中规定的第三级、第四级高处作业。

三、女职工在孕期禁忌从事的劳动范围：

（一）作业场所空气中铅及其化合物、汞及其化合物、苯、镉、铍、砷、氰化物、氮氧化物、一氧化碳、二硫化碳、氯、己内酰胺、氯丁二烯、氯乙烯、环氧乙烷、苯胺、甲醛等有毒物质浓度超过国家职业卫生标准的作业；

（二）从事抗癌药物、己烯雌酚生产，接触麻醉剂气体等的作业；

（三）非密封源放射性物质的操作，核事故与放射事故的应急处置；

（四）高处作业分级标准中规定的高处作业；

（五）冷水作业分级标准中规定的冷水作业；

（六）低温作业分级标准中规定的低温作业；

（七）高温作业分级标准中规定的第三级、第四级的作业；

（八）噪声作业分级标准中规定的第三级、第四级的作业；

（九）体力劳动强度分级标准中规定的第三级、第四级体力劳动强度的作业；

（十）在密闭空间、高压室作业或者潜水作业，伴有强烈振动的作业，或者需要频繁弯腰、攀高、下蹲的作业。

四、女职工在哺乳期禁忌从事的劳动范围：

（一）孕期禁忌从事的劳动范围的第一项、第三项、第九项；

（二）作业场所空气中锰、氟、溴、甲醇、有机磷化合物、有机氯化合物等有毒物质浓度超过国家职业卫生标准的作业。

最低工资规定

· 2004年1月20日劳动和社会保障部令第21号公布

· 自2004年3月1日起施行

第一条 为了维护劳动者取得劳动报酬的合法权益，保障劳动者个人及其家庭成员的基本生活，根据劳动法和国务院有关规定，制定本规定。

第二条 本规定适用于在中华人民共和国境内的企业、民办非企业单位、有雇工的个体工商户（以下统称用人单位）和与之形成劳动关系的劳动者。

国家机关、事业单位、社会团体和与之建立劳动合同关系的劳动者，依照本规定执行。

第三条 本规定所称最低工资标准，是指劳动者在法定工作时间或依法签订的劳动合同约定的工作时间内提供了正常劳动的前提下，用人单位依法应支付的最低劳动报酬。

本规定所称正常劳动，是指劳动者按依法签订的劳动合同约定，在法定工作时间或劳动合同约定的工作时间内从事的劳动。劳动者依法享受带薪年休假、探亲假、婚丧假、生育（产）假、节育手术假等国家规定的假期间，以及法定工作时间内依法参加社会活动期间，视为提供了正常劳动。

第四条 县级以上地方人民政府劳动保障行政部门负责对本行政区域内用人单位执行本规定情况进行监督检查。

各级工会组织依法对本规定执行情况进行监督，发现用人单位支付劳动者工资违反本规定的，有权要求当地劳动保障行政部门处理。

第五条 最低工资标准一般采取月最低工资标准和小时最低工资标准的形式。月最低工资标准适用于全日制就业劳动者，小时最低工资标准适用于非全日制就业劳动者。

第六条 确定和调整月最低工资标准，应参考当地就业者及其赡养人口的最低生活费用、城镇居民消费价格指数、职工个人缴纳的社会保险费和住房公积金、职工平均工资、经济发展水平、就业状况等因素。

确定和调整小时最低工资标准，应在颁布的月最低工资标准的基础上，考虑单位应缴纳的基本养老保险费和基本医疗保险费因素，同时还应适当考虑非全日制劳动者在工作稳定性、劳动条件和劳动强度、福利等方面与全日制就业人员之间的差异。

月最低工资标准和小时最低工资标准具体测算方法见附件。

第七条 省、自治区、直辖市范围内的不同行政区域可以有不同的最低工资标准。

第八条 最低工资标准的确定和调整方案，由省、自治区、直辖市人民政府劳动保障行政部门会同同级工会、企业联合会/企业家协会研究拟订，并将拟订的方案报送劳动保障部。方案内容包括最低工资确定和调整的依据、适用范围、拟订标准和说明。劳动保障部在收到拟订方案后，应征求全国总工会、中国企业联合会/企业家协会的意见。

劳动保障部对方案可以提出修订意见，若在方案收到后 14 日内未提出修订意见的，视为同意。

第九条 省、自治区、直辖市劳动保障行政部门应将本地区最低工资标准方案报省、自治区、直辖市人民政府批准，并在批准后 7 日内在当地政府公报上和至少一种全地区性报纸上发布。省、自治区、直辖市劳动保障行政部门应在发布后 10 日内将最低工资标准报劳动保障部。

第十条 最低工资标准发布实施后，如本规定第六条所规定的相关因素发生变化，应当适时调整。最低工资标准每两年至少调整一次。

第十一条 用人单位应在最低工资标准发布后 10 日内将该标准向本单位全体劳动者公示。

第十二条 在劳动者提供正常劳动的情况下，用人单位应支付给劳动者的工资在剔除下列各项以后，不得低于当地最低工资标准：

（一）延长工作时间工资；

（二）中班、夜班、高温、低温、井下、有毒有害等特殊工作环境、条件下的津贴；

（三）法律、法规和国家规定的劳动者福利待遇等。

实行计件工资或提成工资等工资形式的用人单位，在科学合理的劳动定额基础上，其支付劳动者的工资不得低于相应的最低工资标准。

劳动者由于本人原因造成在法定工作时间内或依法签订的劳动合同约定的工作时间内未提供正常劳动的，不适用于本条规定。

第十三条　用人单位违反本规定第十一条规定的，由劳动保障行政部门责令其限期改正；违反本规定第十二条规定的，由劳动保障行政部门责令其限期补发所欠劳动者工资，并可责令其按所欠工资的 1 至 5 倍支付劳动者赔偿金。

第十四条　劳动者与用人单位之间就执行最低工资标准发生争议，按劳动争议处理有关规定处理。

第十五条　本规定自 2004 年 3 月 1 日起实施。1993 年 11 月 24 日原劳动部发布的《企业最低工资规定》同时废止。

附件：

最低工资标准测算方法

一、确定最低工资标准应考虑的因素

确定最低工资标准一般考虑城镇居民生活费用支出、职工个人缴纳社会保险费、住房公积金、职工平均工资、失业率、经济发展水平等因素。可用公式表示为：

M＝f（C、S、A、U、E、a）

M 最低工资标准；

C 城镇居民人均生活费用；

S 职工个人缴纳社会保险费、住房公积金；

A 职工平均工资；

U 失业率；

E 经济发展水平；

a 调整因素。

二、确定最低工资标准的通用方法

1. 比重法　即根据城镇居民家计调查资料，确定一定比例的最低人均收入户为贫困户，统计出贫困户的人均生活费用支出水平，乘以每一就业者的赡养系数，再加上一个调整数。

2. 恩格尔系数法　即根据国家营养学会提供的年度标准食物谱及标准食物摄取量，结合标准食物的市场价格，计算出最低食物支出标准，除以恩格尔系数，得出最低生活费用标准，再乘以每一就业者的赡养系数，再加上一个调整数。

以上方法计算出月最低工资标准后，再考虑职工个人缴纳社会保险费、住房公积金、职工平均工资水平、社会救济金和失业保险金标准、就业状况、经济发展水平等进行必要的修正。

举例：某地区最低收入组人均每月生活费支出为 210 元，每一就业者赡养系数为 1.87，最低食物费用为 127 元，恩格尔系数为 0.604，平均工资为 900 元。

1. 按比重法计算得出该地区月最低工资标准为：

月最低工资标准 = 210×1.87+a = 393+a（元）（1）

2. 按恩格尔系数法计算得出该地区月最低工资标准为：

月最低工资标准 = 127÷0.604×1.87+a = 393+a（元）（2）

公式（1）与（2）中 a 的调整因素主要考虑当地个人缴纳养老、失业、医疗保险费和住房公积金等费用。

另，按照国际上一般月最低工资标准相当于月平均工资的 40—60%，则该地区月最低工资标准范围应在 360 元—540 元之间。

小时最低工资标准 =〔（月最低工资标准÷20.92÷8）×（1+单位应当

缴纳的基本养老保险费、基本医疗保险费比例之和）〕×（1+浮动系数）①

浮动系数的确定主要考虑非全日制就业劳动者工作稳定性、劳动条件和劳动强度、福利等方面与全日制就业人员之间的差异。

各地可参照以上测算办法，根据当地实际情况合理确定月、小时最低工资标准。

企业职工带薪年休假实施办法

· 2008 年 9 月 18 日人力资源和社会保障部令第 1 号公布

· 自公布之日起施行

第一条 为了实施《职工带薪年休假条例》（以下简称条例），制定本实施办法。

第二条 中华人民共和国境内的企业、民办非企业单位、有雇工的个体工商户等单位（以下称用人单位）和与其建立劳动关系的职工，适用本办法。

第三条 职工连续工作满 12 个月以上的，享受带薪年休假（以下简称年休假）。

第四条 年休假天数根据职工累计工作时间确定。职工在同一或者不同用人单位工作期间，以及依照法律、行政法规或者国务院规定视同工作期间，应当计为累计工作时间。

第五条 职工新进用人单位且符合本办法第三条规定的，当年度年休假天数，按照在本单位剩余日历天数折算确定，折算后不足 1 整天的部分不享受年休假。

---

① 由于法定节假日的变化（见《全国年节及纪念日放假办法》，国务院令第 644 号），法定月平均工作日也发生相应变化，因而影响到月平均工资与日平均工资的计算。具体方法见《关于职工全年月平均工作时间和工资折算问题的通知》（2008 年 1 月 3 日劳社部发〔2008〕3 号）。

前款规定的折算方法为：（当年度在本单位剩余日历天数÷365 天）×职工本人全年应当享受的年休假天数。

第六条 职工依法享受的探亲假、婚丧假、产假等国家规定的假期以及因工伤停工留薪期间不计入年休假假期。

第七条 职工享受寒暑假天数多于其年休假天数的，不享受当年的年休假。确因工作需要，职工享受的寒暑假天数少于其年休假天数的，用人单位应当安排补足年休假天数。

第八条 职工已享受当年的年休假，年度内又出现条例第四条第（二）、（三）、（四）、（五）项规定情形之一的，不享受下一年度的年休假。

第九条 用人单位根据生产、工作的具体情况，并考虑职工本人意愿，统筹安排年休假。用人单位确因工作需要不能安排职工年休假或者跨 1 个年度安排年休假的，应征得职工本人同意。

第十条 用人单位经职工同意不安排年休假或者安排职工休假天数少于应休年休假天数的，应当在本年度内对职工应休未休年休假天数，按照其日工资收入的 300% 支付未休年休假工资报酬，其中包含用人单位支付职工正常工作期间的工资收入。

用人单位安排职工休年休假，但是职工因本人原因且书面提出不休年休假的，用人单位可以只支付其正常工作期间的工资收入。

第十一条 计算未休年休假工资报酬的日工资收入按照职工本人的月工资除以月计薪天数（21.75 天）进行折算。

前款所称月工资是指职工在用人单位支付其未休年休假工资报酬前 12 个月剔除加班工资后的月平均工资。在本用人单位工作时间不满 12 个月的，按实际月份计算月平均工资。

职工在年休假期间享受与正常工作期间相同的工资收入。实行计件工资、提成工资或者其他绩效工资制的职工，日工资收入的计发办法按照本条第一款、第二款的规定执行。

第十二条 用人单位与职工解除或者终止劳动合同时，当年度未安排职工休满应休年休假天数的，应当按照职工当年已工作时间折算应休未休年休假天数并支付未休年休假工资报酬，但折算后不足 1 整天的部分不支付未休年休假工资报酬。

前款规定的折算方法为：（当年度在本单位已过日历天数÷365 天）×职工本人全年应当享受的年休假天数-当年度已安排年休假天数。

用人单位当年已安排职工年休假的，多于折算应休年休假的天数不再扣回。

第十三条 劳动合同、集体合同约定的或者用人单位规章制度规定的年休假天数、未休年休假工资报酬高于法定标准的，用人单位应当按照有关约定或者规定执行。

第十四条 劳务派遣单位的职工符合本办法第三条规定条件的，享受年休假。

被派遣职工在劳动合同期限内无工作期间由劳务派遣单位依法支付劳动报酬的天数多于其全年应当享受的年休假天数的，不享受当年的年休假；少于其全年应当享受的年休假天数的，劳务派遣单位、用工单位应当协商安排补足被派遣职工年休假天数。

第十五条 县级以上地方人民政府劳动行政部门应当依法监督检查用人单位执行条例及本办法的情况。

用人单位不安排职工休年休假又不依照条例及本办法规定支付未休年休假工资报酬的，由县级以上地方人民政府劳动行政部门依据职权责令限期改正；对逾期不改正的，除责令该用人单位支付未休年休假工资报酬外，用人单位还应当按照未休年休假工资报酬的数额向职工加付赔偿金；对拒不执行支付未休年休假工资报酬、赔偿金行政处理决定的，由劳动行政部门申请人民法院强制执行。

第十六条 职工与用人单位因年休假发生劳动争议的，依照劳动争议处理的规定处理。

第十七条 除法律、行政法规或者国务院另有规定外，机关、事业单位、社会团体和与其建立劳动关系的职工，依照本办法执行。

船员的年休假按《中华人民共和国船员条例》执行。

第十八条 本办法中的“年度”是指公历年度。

第十九条 本办法自发布之日起施行。

劳动部关于贯彻执行《中华人民共和国劳动法》若干问题的意见

· 1995 年 8 月 4 日

· 劳部发〔1995〕309 号

《中华人民共和国劳动法》（以下简称劳动法）已于 1995 年 1 月 1 日起施行，现就劳动法在贯彻执行中遇到的若干问题提出以下意见。

一、适用范围

1. 劳动法第二条中的“个体经济组织”是指一般雇工在七人以下的个体工商户。

2. 中国境内的企业、个体经济组织与劳动者之间，只要形成劳动关系，即劳动者事实上已成为企业、个体经济组织的成员，并为其提供有偿劳动，适用劳动法。

3. 国家机关、事业组织、社会团体实行劳动合同制度的以及按规定应实行劳动合同制度的工勤人员；实行企业化管理的事业组织的人员；其他通过劳动合同与国家机关、事业组织、社会团体建立劳动关系的劳动者，适用劳动法。

4. 公务员和比照实行公务员制度的事业组织和社会团体的工作人员，以及农村劳动者（乡镇企业职工和进城务工、经商的农民除外）、现役军人和家庭保姆等不适用劳动法。

5. 中国境内的企业、个体经济组织在劳动法中被称为用人单位。

国家机关、事业组织、社会团体和与之建立劳动合同关系的劳动者依照劳动法执行。根据劳动法的这一规定，国家机关、事业组织、社会团体应当视为用人单位。

二、劳动合同和集体合同[①]

（一）劳动合同的订立

6. 用人单位应与其富余人员、放长假的职工，签订劳动合同，但其劳动合同与在岗职工的劳动合同在内容上可以有所区别。用人单位与劳动者经协商一致可以在劳动合同中就不在岗期间的有关事项作出规定。

7. 用人单位应与其长期被外单位借用的人员、带薪上学人员、以及其他非在岗但仍保持劳动关系的人员签订劳动合同，但在外借和上学期间，劳动合同中的某些相关条款经双方协商可以变更。

8. 请长病假的职工，在病假期间与原单位保持着劳动关系，用人单位应与其签订劳动合同。

9. 原固定工中经批准的停薪留职人员，愿意回原单位继续工作的，原单位应与其签订劳动合同；不愿回原单位继续工作的，原单位可以与其解除劳动关系。

10. 根据劳动部《实施〈劳动法〉中有关劳动合同问题的解答》（劳部发〔1995〕202号）的规定，党委书记、工会主席等党群专职人员也是职工的一员，依照劳动法的规定，与用人单位签订劳动合同。对于有特殊规定的，可以按有关规定办理。

11. 根据劳动部《实施〈劳动法〉中有关劳动合同问题的解答》（劳部发〔1995〕202号）的规定，经理由其上级部门聘任（委任）的，应与聘任（委任）部门签订劳动合同。实行公司制的经理和有关经营

---

① 本部分内容与《劳动合同法》《劳动合同法实施条例》冲突的，以《劳动合同法》及其实施条例为准。

管理人员，应依据《中华人民共和国公司法》的规定与董事会签订劳动合同。

12. 在校生利用业余时间勤工助学，不视为就业，未建立劳动关系，可以不签订劳动合同。

13. 用人单位发生分立或合并后，分立或合并后的用人单位可依据其实际情况与原用人单位的劳动者遵循平等自愿、协商一致的原则变更原劳动合同。

14. 派出到合资、参股单位的职工如果与原单位仍保持着劳动关系，应当与原单位签订劳动合同，原单位可就劳动合同的有关内容在与合资、参股单位订立的劳务合同时，明确职工的工资、保险、福利、休假等有关待遇。

15. 租赁经营（生产）、承包经营（生产）的企业，所有权并没有发生改变，法人名称未变，在与职工订立劳动合同时，该企业仍为用人单位一方。依据租赁合同或承包合同，租赁人、承包人如果作为该企业的法定代表人或者该法定代表人的授权委托人时，可代表该企业（用人单位）与劳动者订立劳动合同。

16. 用人单位与劳动者签订劳动合同时，劳动合同可以由用人单位拟定，也可以由双方当事人共同拟定，但劳动合同必须经双方当事人协商一致后才能签订，职工被迫签订的劳动合同或未经协商一致签订的劳动合同为无效劳动合同。

17. 用人单位与劳动者之间形成了事实劳动关系，而用人单位故意拖延不订立劳动合同，劳动行政部门应予以纠正。用人单位因此给劳动者造成损害的，应按劳动部《违反〈劳动法〉有关劳动合同规定的赔偿办法》（劳部发〔1995〕223号）的规定进行赔偿。

（二）劳动合同的内容

18. 劳动者被用人单位录用后，双方可以在劳动合同中约定试用期，试用期应包括在劳动合同期限内。

19. 试用期是用人单位和劳动者为相互了解、选择而约定的不超过六个月的考察期。一般对初次就业或再次就业的职工可以约定。在原固定工进行劳动合同制度的转制过程中，用人单位与原固定工签订劳动合同时，可以不再约定试用期。

20. 无固定期限的劳动合同是指不约定终止日期的劳动合同。按照平等自愿、协商一致的原则，用人单位和劳动者只要达成一致，无论初次就业的，还是由固定工转制的，都可以签订无固定期限的劳动合同。

无固定期限的劳动合同不得将法定解除条件约定为终止条件，以规避解除劳动合同时用人单位应承担支付给劳动者经济补偿的义务。

21. 用人单位经批准招用农民工，其劳动合同期限可以由用人单位和劳动者协商确定。

从事矿山井下以及在其他有害身体健康的工种、岗位工作的农民工，实行定期轮换制度，合同期限最长不超过八年。

22. 劳动法第二十条中的“在同一用人单位连续工作满十年以上”是指劳动者与同一用人单位签订的劳动合同的期限不间断达到十年，劳动合同期满双方同意续订劳动合同时，只要劳动者提出签订无固定期限劳动合同的，用人单位应当与其签订无固定期限的劳动合同。在固定工转制中各地如有特殊规定的，从其规定。

23. 用人单位用于劳动者职业技能培训费用的支付和劳动者违约时培训费的赔偿可以在劳动合同中约定，但约定劳动者违约时负担的培训费和赔偿金的标准不得违反劳动部《违反〈劳动法〉有关劳动合同规定的赔偿办法》（劳部发〔1995〕223号）等有关规定。

24. 用人单位在与劳动者订立劳动合同时，不得以任何形式向劳动者收取定金、保证金（物）或抵押金（物）。对违反以上规定的，应按照劳动部、公安部、全国总工会《关于加强外商投资企业和私营企业劳动管理切实保障职工合法权益的通知》（劳部发〔1994〕118号）和劳动部办公厅《对“关于国有企业和集体所有制企业能否参照执行劳部发〔1994〕118号文件中的有关规定的请示”的复函》（劳办发〔1994〕256号）的规定，由公安部门和劳动行政部门责令用人单位立即退还给劳动者本人。

（三）经济性裁员

25. 依据劳动法第二十七条和劳动部《企业经济性裁减人员规定》（劳部发〔1994〕447号）第四条的规定，用人单位确需裁减人员，应按下列程序进行：

（1）提前三十日向工会或全体职工说明情况，并提供有关生产经营状况的资料；

（2）提出裁减人员方案，内容包括：被裁减人员名单、裁减时间及实施步骤，符合法律、法规规定和集体合同约定的被裁减人员的经济补偿办法；

（3）将裁减人员方案征求工会或者全体职工的意见，并对方案进行修改和完善；

（4）向当地劳动行政部门报告裁减人员方案以及工会或者全体职工的意见，并听取劳动行政部门的意见；

（5）由用人单位正式公布裁减人员方案，与被裁减人员办理解除劳动合同手续，按照有关规定向被裁减人员本人支付经济补偿金，并出具裁减人员证明书。

（四）劳动合同的解除和无效劳动合同

26. 劳动合同的解除是指劳动合同订立后，尚未全部履行以前，由于某种原因导致劳动合同一方或双方当事人提前消灭劳动关系的法律行为。劳动合同的解除分为法定解除和约定解除两种。根据劳动法的规定，劳动合同既可以由单方依法解除，也可以双方协商解除。劳动合同的解除，只对未履行的部分发生效力，不涉及已履行的部分。

27. 无效劳动合同是指所订立的劳动合同不符合法定条件，不能发生当事人预期的法律后果的劳动合同。劳动合同的无效由人民法院或劳动争议仲裁委员会确认，不能由合同双方当事人决定。

28. 劳动者涉嫌违法犯罪被有关机关收容审查、拘留或逮捕的，用人单位在劳动者被限制人身自由期间，可与其暂时停止劳动合同的履行。

暂时停止履行劳动合同期间，用人单位不承担劳动合同规定的相应义务。劳动者经证明被错误限制人身自由的，暂时停止履行劳动合同期间劳动者的损失，可由其依据《国家赔偿法》要求有关部门赔偿。

29. 劳动者被依法追究刑事责任的，用人单位可依据劳动法第二十五条解除劳动合同。

“被依法追究刑事责任”是指：被人民检察院免予起诉的、被人民法院判处刑罚的、被人民法院依据刑法第三十二条①免予刑事处分的。

劳动者被人民法院判处拘役、3 年以下有期徒刑缓刑的，用人单位可以解除劳动合同。

30. 劳动法第二十五条为用人单位可以解除劳动合同的条款，即使存在第二十九条规定的情况，只要劳动者同时存在第二十五条规定的四种情形之一，用人单位也可以根据第二十五条的规定解除劳动合同。

31. 劳动者被劳动教养的，用人单位可以依据被劳教的事实解除与该劳动者的劳动合同。

32. 按照劳动法第三十一条的规定，劳动者解除劳动合同，应当提前三十日以书面形式通知用人单位。超过三十日，劳动者可以向用人单位提出办理解除劳动合同手续，用人单位予以办理。如果劳动者违法解除劳动合同给原用人单位造成经济损失，应当承担赔偿责任。

33. 劳动者违反劳动法规定或劳动合同的约定解除劳动合同（如擅自离职），给用人单位造成经济损失的，应当根据劳动法第一百零二条和劳动部《违反〈劳动法〉有关劳动合同规定的赔偿办法》（劳部发〔1995〕223 号）的规定，承担赔偿责任。

34. 除劳动法第二十五条规定的情形外，劳动者在医疗期、孕期、产期和哺乳期内，劳动合同期限届满时，用人单位不得终止劳动合同。劳动合同的期限应自动延续至医疗期、孕期、产期和哺乳期期满为止。

---

① 现为第三十七条。

35. 请长病假的职工在医疗期满后，能从事原工作的，可以继续履行劳动合同；医疗期满后仍不能从事原工作也不能从事由单位另行安排的工作的，由劳动鉴定委员会参照工伤与职业病致残程度鉴定标准进行劳动能力鉴定。被鉴定为一至四级的，应当退出劳动岗位，解除劳动关系，办理因病或非因工负伤退休退职手续，享受相应的退休退职待遇；被鉴定为五至十级的，用人单位可以解除劳动合同，并按规定支付经济补偿金和医疗补助费。

（五）解除劳动合同的经济补偿

36. 用人单位依据劳动法第二十四条、第二十六条、第二十七条的规定解除劳动合同，应当按照劳动法和劳动部《违反和解除劳动合同的经济补偿办法》（劳部发〔1994〕481号）[①] 支付劳动者经济补偿金。

37. 根据《民法通则》第四十四条第二款“企业法人分立、合并，它的权利和义务由变更后的法人享有和承担”的规定，用人单位发生分立或合并后，分立或合并后的用人单位可依据其实际情况与原用人单位的劳动者遵循平等自愿、协商一致的原则变更、解除或重新签订劳动合同。在此种情况下的重新签订劳动合同视为原劳动合同的变更，用人单位变更劳动合同，劳动者不能依据劳动法第二十八条要求经济补偿。

38. 劳动合同期满或者当事人约定的劳动合同终止条件出现，劳动合同即行终止，用人单位可以不支付劳动者经济补偿金。国家另有规定的，可以从其规定。

39. 用人单位依据劳动法第二十五条解除劳动合同，可以不支付劳动者经济补偿金。

40. 劳动者依据劳动法第三十二条第（一）项解除劳动合同，用人单位可以不支付经济补偿金，但应按照劳动者的实际工作天数支付工资。

41. 在原固定工实行劳动合同制度的过程中，企业富余职工辞职，

---

① 《违反和解除劳动合同的经济补偿办法》已失效。

经企业同意可以不与企业签订劳动合同的，企业应根据《国有企业富余职工安置规定》（国务院令第111号，1993年公布）发给劳动者一次性生活补助费。

42. 职工在接近退休年龄（按有关规定一般为五年以内）时因劳动合同到期终止劳动合同的，如果符合退休、退职条件，可以办理退休、退职手续；不符合退休、退职条件的，在终止劳动合同后按规定领取失业救济金。享受失业救济金的期限届满后仍未就业，符合社会救济条件的，可以按规定领取社会救济金，达到退休年龄时办理退休手续，领取养老保险金。

43. 劳动合同解除后，用人单位对符合规定的劳动者应支付经济补偿金。不能因劳动者领取了失业救济金而拒付或克扣经济补偿金，失业保险机构也不得以劳动者领取了经济补偿金为由，停发或减发失业救济金。

（六）体制改革过程中实行劳动合同制度的有关政策

44. 困难企业签订劳动合同，应区分不同情况，有些亏损企业属政策性亏损，生产仍在进行，还能发出工资，应该按照劳动法的规定签订劳动合同。已经停产半停产的企业，要根据具体情况签订劳动合同，保证这些企业职工的基本生活。

45. 在国有企业固定工转制过程中，劳动者无正当理由不得单方面与用人单位解除劳动关系；用人单位也不得以实行劳动合同制度为由，借机辞退部分职工。

46. 关于在企业内录干、聘干问题，劳动法规定用人单位内的全体职工统称为劳动者，在同一用人单位内，各种不同的身份界限随之打破。应该按照劳动法的规定，通过签订劳动合同来明确劳动者的工作内容、岗位等。用人单位根据工作需要，调整劳动者的工作岗位时，可以与劳动者协商一致，变更劳动合同的相关内容。

47. 由于各用人单位千差万别，对工作内容、劳动报酬的规定也就差异很大，因此，国家不宜制定统一的劳动合同标准文本。目前，各地、各行业制定并向企业推荐的劳动合同文本，对于用人单位和劳动者双方有一定的指导意义，但这些劳动合同文本只能供用人单位和劳动者参考。

48. 按照劳动部办公厅《对全面实行劳动合同制若干问题的请示的复函》(劳办发〔1995〕19号）的规定，各地企业在与原固定工签订劳动合同时，应注意保护老弱病残职工的合法权益。对工作时间较长，年龄较大的职工，各地可以根据劳动法第一百零六条制定一次性的过渡政策，具体办法由各省、自治区、直辖市确定。

49. 在企业全面建立劳动合同制度以后，原合同制工人与本企业内的原固定工应享受同等待遇。是否发给15%的工资性补贴，可以由各省、自治区、直辖市人民政府根据劳动法第一百零六条在制定劳动合同制度的实施步骤时加以规定。

50. 在目前工伤保险和残疾人康复就业制度尚未建立和完善的情况下，对因工部分丧失劳动能力的职工，劳动合同期满也不能终止劳动合同，仍由原单位按照国家有关规定提供医疗等待遇。

（七）集体合同

51. 当前签订集体合同的重点应在非国有企业和现代企业制度试点的企业进行，积累经验，逐步扩大范围。

52. 关于国有企业在承包制条件下签订的“共保合同”，凡内容符合劳动法和有关法律、法规和规章关于集体合同规定的，应按照有关规定办理集体合同送审、备案手续；凡不符合劳动法和有关法律、法规和规章规定的，应积极创造条件逐步向规范的集体合同过渡。

三、工　资

（一）最低工资

53. 劳动法中的“工资”是指用人单位依据国家有关规定或劳动合同的约定，以货币形式直接支付给本单位劳动者的劳动报酬，一般包括计时工资、计件工资、奖金、津贴和补贴、延长工作时间的工资报酬以及特殊情况下支付的工资等。“工资”是劳动者劳动收入的主要组成部分。劳动者的以下劳动收入不属于工资范围：

（1）单位支付给劳动者个人的社会保险福利费用，如丧葬抚恤救济费、生活困难补助费、计划生育补贴等；

（2）劳动保护方面的费用，如用人单位支付给劳动者的工作服、解毒剂、清凉饮料费用等；

（3）按规定未列入工资总额的各种劳动报酬及其他劳动收入，如根据国家规定发放的创造发明奖、国家星火奖、自然科学奖、科学技术进步奖、合理化建议和技术改进奖、中华技能大奖等，以及稿费、讲课费、翻译费等。

54. 劳动法第四十八条中的“最低工资”是指劳动者在法定工作时间内履行了正常劳动义务的前提下，由其所在单位支付的最低劳动报酬。最低工资不包括延长工作时间的工资报酬，以货币形式支付的住房和用人单位支付的伙食补贴，中班、夜班、高温、低温、井下、有毒、有害等特殊工作环境和劳动条件下的津贴，国家法律、法规、规章规定的社会保险福利待遇。

55. 劳动法第四十四条中的“劳动者正常工作时间工资”是指劳动合同规定的劳动者本人所在工作岗位（职位）相对应的工资。鉴于当前劳动合同制度尚处于推进过程中，按上述规定执行确有困难的用人单位，地方或行业劳动部门可在不违反劳动部《关于工资〈支付暂行规定〉有关问题的补充规定》（劳部发〔1995〕226 号）文件所确定的总的原则的基础上，制定过渡办法。

56. 在劳动合同中，双方当事人约定的劳动者在未完成劳动定额或承包任务的情况下，用人单位可低于最低工资标准支付劳动者工资的条款不具有法律效力。

57. 劳动者与用人单位形成或建立劳动关系后，试用、熟练、见习期间，在法定工作时间内提供了正常劳动，其所在的用人单位应当支付其不低于最低工资标准的工资。

58. 企业下岗待工人员，由企业依据当地政府的有关规定支付其生活费，生活费可以低于最低工资标准，下岗待工人员中重新就业的，企业应停发其生活费。女职工因生育、哺乳请长假而下岗的，在其享受法定产假期间，依法领取生育津贴；没有参加生育保险的企业，由企业照发原工资。

59. 职工患病或非因工负伤治疗期间，在规定的医疗期间内由企业按有关规定支付其病假工资或疾病救济费，病假工资或疾病救济费可以低于当地最低工资标准支付，但不能低于最低工资标准的80%。

（二）延长工作时间的工资报酬

60. 实行每天不超过8小时，每周不超过44小时或40小时标准工作时间制度的企业，以及经批准实行综合计算工时工作制的企业，应当按照劳动法的规定支付劳动者延长工作时间的工资报酬。全体职工已实行劳动合同制度的企业，一般管理人员（实行不定时工作制人员除外）经批准延长工作时间的，可以支付延长工作时间的工资报酬。

61. 实行计时工资制的劳动者的日工资，按其本人月工资标准除以平均每月法定工作天数（实行每周40小时工作制的为21.16天，实行每周44小时工作制的为23.33天）进行计算。

62. 实行综合计算工时工作制的企业职工，工作日正好是周休息日的，属于正常工作；工作日正好是法定节假日时，要依照劳动法第四十四条第（三）项的规定支付职工的工资报酬。

（三）有关企业工资支付的政策

63. 企业克扣或无故拖欠劳动者工资的，劳动监察部门应根据劳动法第九十一条、劳动部《违反和解除劳动合同的经济补偿办法》[①] 第三条、《违反〈中华人民共和国劳动法〉行政处罚办法》[②] 第六条予以处理。

---

① 已失效。

② 已失效。

64. 经济困难的企业执行劳动部《工资支付暂行规定》（劳部发〔1994〕489号）确有困难，应根据以下规定执行：

（1）《关于做好国有企业职工和离退休人员基本生活保障工作的通知》（国发〔1993〕76号）的规定，“企业发放工资确有困难时，应发给职工基本生活费，具体标准由各地区、各部门根据实际情况确定”；

（2）《关于国有企业流动资金贷款的紧急通知》（银传〔1994〕34号）的规定，“地方政府通过财政补贴，企业主管部门有可能也要拿出一部分资金，银行要拿出一部分贷款，共同保证职工基本生活和社会的稳定”；

（3）《国有企业富余职工安置规定》（国务院令第111号，1993年发布）的规定：“企业可以对职工实行有限期的放假。职工放假期间，由企业发给生活费”。

四、工作时间和休假

（一）综合计算工作时间

65. 经批准实行综合计算工作时间的用人单位，分别以周、月、季、年等为周期综合计算工作时间，但其平均日工作时间和平均周工作时间应与法定标准工作时间基本相同。

66. 对于那些在市场竞争中，由于外界因素的影响，生产任务不均衡的企业的部分职工，经劳动行政部门严格审批后，可以参照综合计算工时工作制的办法实施，但用人单位应采取适当方式确保职工的休息休假权利和生产、工作任务的完成。

67. 经批准实行不定时工作制的职工，不受劳动法第四十一条规定的日延长工作时间标准和月延长工作时间标准的限制，但用人单位应采用弹性工作时间等适当的工作和休息方式，确保职工的休息休假权利和生产、工作任务的完成。

68. 实行标准工时制度的企业，延长工作时间应严格按劳动法第四十一条的规定执行，不能按季、年综合计算延长工作时间。

69. 中央直属企业、企业化管理的事业单位实行不定时工作制和综合计算工时工作制等其他工作和休息办法的，须经国务院行业主管部门审核，报国务院劳动行政部门批准。地方企业实行不定时工作制和综合计算工时工作制等其他工作和休息办法的审批办法，由省、自治区、直辖市人民政府劳动行政部门制定，报国务院劳动行政部门备案。

（二）延长工作时间

70. 休息日安排劳动者工作的，应先按同等时间安排其补休，不能安排补休的应按劳动法第四十四条第（二）项的规定支付劳动者延长工作时间的工资报酬。法定节假日（元旦、春节、劳动节、国庆节）安排劳动者工作的，应按劳动法第四十四条第（三）项支付劳动者延长工作时间的工资报酬。

71. 协商是企业决定延长工作时间的程序（劳动法第四十二条和《劳动部贯彻〈国务院关于职工工作时间的规定〉的实施办法》第七条规定除外），企业确因生产经营需要，必须延长工作时间时，应与工会和劳动者协商。协商后，企业可以在劳动法限定的延长工作时数内决定延长工作时间，对企业违反法律、法规强迫劳动者延长工作时间的，劳动者有权拒绝。若由此发生劳动争议，可以提请劳动争议处理机构予以处理。

（三）休假

72. 实行新工时制度后，企业职工原有的年休假制度仍然实行。在国务院尚未作出新的规定之前，企业可以按照 1991 年 6 月 5 日《中共中央国务院关于职工休假问题的通知》①，安排职工休假。

五、社会保险

73. 企业实施破产时，按照国家有关企业破产的规定，从其财产清产和土地转让所得中按实际需要划拨出社会保险费用和职工再就业的安置费。其划拨的养老保险费和失业保险费由当地社会保险基金经办机构

① 已失效。

和劳动部门就业服务机构接收，并负责支付离退休人员的养老保险费用和支付失业人员应享受的失业保险待遇。

74. 企业富余职工、请长假人员、请长病假人员、外借人员和带薪上学人员，其社会保险费仍按规定由原单位和个人继续缴纳，缴纳保险费期间计算为缴费年限。

75. 用人单位全部职工实行劳动合同制度后，职工在用人单位内由转制前的原工人岗位转为原干部（技术）岗位或由原干部（技术）岗位转为原工人岗位，其退休年龄和条件，按现岗位国家规定执行。

76. 依据劳动部《企业职工患病或非因工负伤医疗期的规定》（劳部发〔1994〕479号）和劳动部《关于贯彻〈企业职工患病或非因工负伤医疗期的规定〉的通知》（劳部发〔1995〕236号），职工患病或非因工负伤，根据本人实际参加工作的年限和本企业工作年限长短，享受3-24个月的医疗期。对于某些患特殊疾病（如癌症、精神病、瘫痪等）的职工，在24个月内尚不能痊愈的，经企业和当地劳动部门批准，可以适当延长医疗期。

77. 劳动者的工伤待遇在国家尚未颁布新的工伤保险法律、行政法规之前，各类企业仍要执行《劳动保险条例》及相关的政策规定，如果当地政府已实行工伤保险制度改革的，应执行当地的新规定；个体经济组织的劳动者的工伤保险参照企业职工的规定执行；国家机关、事业组织、社会团体的劳动者的工伤保险，如果包括在地方人民政府的工伤改革规定范围内的，按地方政府的规定执行。

78. 劳动者患职业病按照1987年由卫生部等部门发布的《职业病范围和职业病患者处理办法的规定》① 和所附的“职业病名单”（〔87〕卫防第60号）处理，经职业病诊断机构确诊并发给《职业病诊断证明书》，劳动行政部门据此确认工伤，并通知用人单位或者社会保险基金经办机构发给有关工伤保险待遇；劳动者因工负伤的，劳动行政部门根

---

① 已失效。

据企业的工伤事故报告和工伤者本人的申请，作出工伤认定，由社会保险基金经办机构或用人单位，发给有关工伤保险待遇。患职业病或工伤致残的，由当地劳动鉴定委员会按照劳动部《职工工伤和职业病致残程度鉴定标准》（劳险字〔1992〕6号）[1] 评定伤残等级和护理依赖程度。劳动鉴定委员会的伤残等级和护理依赖程度的结论，以医学检查、诊断结果为技术依据。

79. 劳动者因工负伤或患职业病，用人单位应按国家和地方政府的规定进行工伤事故报告，或者经职业病诊断机构确诊进行职业病报告。用人单位和劳动者有权按规定向当地劳动行政部门报告。如果用人单位瞒报、漏报工作或职业病，工会、劳动者可以向劳动行政部门报告。经劳动行政部门确认后，用人单位或社会保险基金经办机构应补发工伤保险待遇。

80. 劳动者对劳动行政部门作出的工伤或职业病的确认意见不服，可依法提起行政复议或行政诉讼。

81. 劳动者被认定患职业病或因工负伤后，对劳动鉴定委员会作出的伤残等级和护理依赖程度鉴定结论不服，可依法提起行政复议或行政诉讼。对劳动能力鉴定结论所依据的医学检查、诊断结果有异议的，可以要求复查诊断，复查诊断按各省、自治区和直辖市劳动鉴定委员会规定的程序进行。

六、劳动争议

82. 用人单位与劳动者发生劳动争议不论是否订立劳动合同，只要存在事实劳动关系，并符合劳动法的适用范围和《中华人民共和国企业劳动争议处理条例》[2] 的受案范围，劳动争议仲裁委员会均应受理。

---

① 自2015年1月1日起，劳动能力鉴定适用新标准《劳动能力鉴定　职工工伤与职业病致残等级》（GB/T 16180-2014）。

② 自2008年5月1日起，劳动争议的调解、仲裁程序应按《劳动争议调解仲裁法》的规定执行。

83. 劳动合同鉴证是劳动行政部门审查、证明劳动合同的真实性、合法性的一项行政监督措施，尤其在劳动合同制度全面实施的初期有其必要性。劳动行政部门鼓励并提倡用人单位和劳动者进行劳动合同鉴证。劳动争议仲裁委员会不能以劳动合同未经鉴证为由不受理相关的劳动争议案件。

84. 国家机关、事业组织、社会团体与本单位工人以及其他与之建立劳动合同关系的劳动者之间，个体工商户与帮工、学徒之间，以及军队、武警部队的事业组织和企业与其无军籍的职工之间发生的劳动争议，只要符合劳动争议的受案范围，劳动争议仲裁委员会应予受理。

85. “劳动争议发生之日”是指当事人知道或者应当知道其权利被侵害之日。

86. 根据《中华人民共和国商业银行法》的规定，商业银行为企业法人。商业银行与其职工适用《劳动法》、《中华人民共和国企业劳动争议处理条例》等劳动法律、法规和规章。商业银行与其职工发生的争议属于劳动争议的受案范围的，劳动争议仲裁委员会应予受理。

87. 劳动法第二十五条第（三）项中的“重大损害”，应由企业内部规章来规定，不便于在全国对其作统一解释。若用人单位以此为由解除劳动合同，与劳动者发生劳动争议，当事人向劳动争议仲裁委员会申请仲裁的，由劳动争议仲裁委员会根据企业类型、规模和损害程度等情况，对企业规章中规定的“重大损害”进行认定。

88. 劳动监察是劳动法授予劳动行政部门的职责，劳动争议仲裁是劳动法授予各级劳动争议仲裁委员会的职能。用人单位或行业部门不能设立劳动监察机构和劳动争议仲裁委员会，也不能设立劳动行政部门劳动监察机构的派出机构和劳动争议仲裁委员会的派出机构。

89. 劳动争议当事人向企业劳动争议调解委员会申请调解，从当事人提出申请之日起，仲裁申诉时效中止，企业劳动争议调解委员会应当在三十日内结束调解，即中止期间最长不得超过三十日。结束调解之日起，当事人的申诉时效继续计算。调解超过三十日的，申诉时效从三十日之后的第一天继续计算。

90. 劳动争议仲裁委员会的办事机构对未予受理的仲裁申请，应逐件向仲裁委员会报告并说明情况，仲裁委员会认为应当受理的，应及时通知当事人。当事人从申请至受理的期间应视为时效中止。

七、法律责任

91. 劳动法第九十一条的含义是，如果用人单位实施了本条规定的前三项侵权行为之一的，劳动行政部门应责令用人单位支付劳动者的工资报酬和经济补偿，并可以责令支付赔偿金。如果用人单位实施了本条规定的第四项侵权行为，即解除劳动合同后未依法给予劳动者经济补偿的，因不存在支付工资报酬的问题，故劳动行政部门只责令用人单位支付劳动者经济补偿，还可以支付赔偿金。

92. 用人单位实施下列行为之一的，应认定为劳动法第一百零一条中的“无理阻挠”行为：

（1）阻止劳动监督检查人员进入用人单位内（包括进入劳动现场）进行监督检查的；

（2）隐瞒事实真相，出具伪证，或者隐匿、毁灭证据的；

（3）拒绝提供有关资料的；

（4）拒绝在规定的时间和地点就劳动行政部门所提问题作出解释和说明的；

（5）法律、法规和规章规定的其他情况。

八、适用法律

93. 劳动部、外经贸部《外商投资企业劳动管理规定》（劳部发〔1994〕246号）[①] 与劳动部《违反和解除劳动合同的经济补偿办法》

---

① 该规定已被《关于废止部分劳动和社会保障规章的决定》（2007年11月9日劳动和社会保障部令第29号）废止。

(劳部发〔1994〕481 号)[①] 中关于解除劳动合同的经济补偿规定是一致的，246 号文中的“生活补助费”是劳动法第二十八条所指经济补偿的具体化，与 481 号文中的“经济补偿金”可视为同一概念。

94. 劳动部、外经贸部《外商投资企业劳动管理规定》（劳部发〔1994〕246 号）与劳动部《违反〈中华人民共和国劳动法〉行政处罚办法》(劳部发〔1994〕532 号)[②] 在企业低于当地最低工资标准支付职工工资应付赔偿金的标准，延长工作时间的罚款标准，阻止劳动监察人员行使监督检查权的罚款标准等方面规定不一致，按照同等效力的法律规范新法优于旧法执行的原则，应执行劳动部劳部发〔1994〕532 号规章。

95. 劳动部《企业最低工资规定》(劳部发〔1993〕333 号)[③] 与劳动部《违反〈中华人民共和国劳动法〉行政处罚办法》(劳部发〔1994〕532 号)[④] 在拖欠或低于国家最低工资标准支付工资的赔偿金标准方面规定不一致，应按劳动部劳部发〔1994〕532 号规章执行。

96. 劳动部《违反〈中华人民共和国劳动法〉行政处罚办法》（劳部发〔1994〕532 号)[⑤] 对行政处罚行为、处罚标准未作规定，而其他劳动行政规章和地方政府规章作了规定的，按有关规定执行。

97. 对违反劳动法的用人单位，劳动行政部门有权依据劳动法律、法规和规章的规定予以处理，用人单位对劳动行政部门作出的行政处罚决定不服，在法定期限内不提起诉讼或不申请复议又不执行行政处罚决定的，劳动行政部门可以根据行政诉讼法第六十六条[⑥]申请人民法院强制执行。劳动行政部门依法申请人民法院强制执行时，应当提交申请执行书，据以执行的法律文书和其他必须提交的材料。

---

① 已失效。

② 已失效。

③ 自 2004 年 3 月 1 日起开始执行《最低工资规定》，《企业最低工资规定》同时废止。

④ 已失效。

⑤ 已失效。

⑥ 现为《行政诉讼法》第九十七条。

98. 适用法律、法规、规章及其他规范性文件遵循下列原则：

（1）法律的效力高于行政法规与地方性法规；行政法规与地方性法规效力高于部门规章和地方政府规章；部门规章和地方政府规章效力高于其他规范性文件。

（2）在适用同一效力层次的文件时，新法律优于旧法律；新法规优于旧法规；新规章优于旧规章；新规范性文件优于旧规范性文件。

99. 依据《法规规章备案规定》① （国务院令第48号，1990年发布）“地方人民政府规章同国务院部门规章之间或者国务院部门规章相互之间有矛盾的，由国务院法制局进行协调；经协调不能取得一致意见的，由国务院法制局提出意见，报国务院决定。”地方劳动行政部门在发现劳动部规章与国务院其他部门规章或地方政府规章相矛盾时，可将情况报劳动部，由劳动部报国务院法制局进行协调或决定。

100. 地方或行业劳动部门发现劳动部的规章之间、其他规范性文件之间或规章与其他规范性文件之间相矛盾，一般适用“新文件优于旧文件”的原则，同时可向劳动部请示。

最高人民法院关于审理劳动争议案件适用法律问题的解释（一）

· 2020年12月25日最高人民法院审判委员会第1825次会议通过
· 2020年12月29日最高人民法院公告公布
· 自2021年1月1日起施行
· 法释〔2020〕26号

为正确审理劳动争议案件，根据《中华人民共和国民法典》《中华人民共和国劳动法》《中华人民共和国劳动合同法》《中华人民共和国

① 已失效。

劳动争议调解仲裁法》《中华人民共和国民事诉讼法》等相关法律规定，结合审判实践，制定本解释。

第一条 劳动者与用人单位之间发生的下列纠纷，属于劳动争议，当事人不服劳动争议仲裁机构作出的裁决，依法提起诉讼的，人民法院应予受理：

（一）劳动者与用人单位在履行劳动合同过程中发生的纠纷；

（二）劳动者与用人单位之间没有订立书面劳动合同，但已形成劳动关系后发生的纠纷；

（三）劳动者与用人单位因劳动关系是否已经解除或者终止，以及应否支付解除或者终止劳动关系经济补偿金发生的纠纷；

（四）劳动者与用人单位解除或者终止劳动关系后，请求用人单位返还其收取的劳动合同定金、保证金、抵押金、抵押物发生的纠纷，或者办理劳动者的人事档案、社会保险关系等移转手续发生的纠纷；

（五）劳动者以用人单位未为其办理社会保险手续，且社会保险经办机构不能补办导致其无法享受社会保险待遇为由，要求用人单位赔偿损失发生的纠纷；

（六）劳动者退休后，与尚未参加社会保险统筹的原用人单位因追索养老金、医疗费、工伤保险待遇和其他社会保险待遇而发生的纠纷；

（七）劳动者因为工伤、职业病，请求用人单位依法给予工伤保险待遇发生的纠纷；

（八）劳动者依据劳动合同法第八十五条规定，要求用人单位支付加付赔偿金发生的纠纷；

（九）因企业自主进行改制发生的纠纷。

第二条 下列纠纷不属于劳动争议：

（一）劳动者请求社会保险经办机构发放社会保险金的纠纷；

（二）劳动者与用人单位因住房制度改革产生的公有住房转让纠纷；

（三）劳动者对劳动能力鉴定委员会的伤残等级鉴定结论或者对职业病诊断鉴定委员会的职业病诊断鉴定结论的异议纠纷；

（四）家庭或者个人与家政服务人员之间的纠纷；

（五）个体工匠与帮工、学徒之间的纠纷；

（六）农村承包经营户与受雇人之间的纠纷。

第三条 劳动争议案件由用人单位所在地或者劳动合同履行地的基层人民法院管辖。

劳动合同履行地不明确的，由用人单位所在地的基层人民法院管辖。

法律另有规定的，依照其规定。

第四条 劳动者与用人单位均不服劳动争议仲裁机构的同一裁决，向同一人民法院起诉的，人民法院应当并案审理，双方当事人互为原告和被告，对双方的诉讼请求，人民法院应当一并作出裁决。在诉讼过程中，一方当事人撤诉的，人民法院应当根据另一方当事人的诉讼请求继续审理。双方当事人就同一仲裁裁决分别向有管辖权的人民法院起诉的，后受理的人民法院应当将案件移送给先受理的人民法院。

第五条 劳动争议仲裁机构以无管辖权为由对劳动争议案件不予受理，当事人提起诉讼的，人民法院按照以下情形分别处理：

（一）经审查认为该劳动争议仲裁机构对案件确无管辖权的，应当告知当事人向有管辖权的劳动争议仲裁机构申请仲裁；

（二）经审查认为该劳动争议仲裁机构有管辖权的，应当告知当事人申请仲裁，并将审查意见书面通知该劳动争议仲裁机构；劳动争议仲裁机构仍不受理，当事人就该劳动争议事项提起诉讼的，人民法院应予受理。

第六条 劳动争议仲裁机构以当事人申请仲裁的事项不属于劳动争议为由，作出不予受理的书面裁决、决定或者通知，当事人不服依法提起诉讼的，人民法院应当分别情况予以处理：

（一）属于劳动争议案件的，应当受理；

（二）虽不属于劳动争议案件，但属于人民法院主管的其他案件，应当依法受理。

第七条 劳动争议仲裁机构以申请仲裁的主体不适格为由，作出不予受理的书面裁决、决定或者通知，当事人不服依法提起诉讼，经审查确属主体不适格的，人民法院不予受理；已经受理的，裁定驳回起诉。

第八条 劳动争议仲裁机构为纠正原仲裁裁决错误重新作出裁决，当事人不服依法提起诉讼的，人民法院应当受理。

第九条 劳动争议仲裁机构仲裁的事项不属于人民法院受理的案件范围，当事人不服依法提起诉讼的，人民法院不予受理；已经受理的，裁定驳回起诉。

第十条 当事人不服劳动争议仲裁机构作出的预先支付劳动者劳动报酬、工伤医疗费、经济补偿或者赔偿金的裁决，依法提起诉讼的，人民法院不予受理。

用人单位不履行上述裁决中的给付义务，劳动者依法申请强制执行的，人民法院应予受理。

第十一条 劳动争议仲裁机构作出的调解书已经发生法律效力，一方当事人反悔提起诉讼的，人民法院不予受理；已经受理的，裁定驳回起诉。

第十二条 劳动争议仲裁机构逾期未作出受理决定或仲裁裁决，当事人直接提起诉讼的，人民法院应予受理，但申请仲裁的案件存在下列事由的除外：

（一）移送管辖的；

（二）正在送达或者送达延误的；

（三）等待另案诉讼结果、评残结论的；

（四）正在等待劳动争议仲裁机构开庭的；

（五）启动鉴定程序或者委托其他部门调查取证的；

（六）其他正当事由。

当事人以劳动争议仲裁机构逾期未作出仲裁裁决为由提起诉讼的，应当提交该仲裁机构出具的受理通知书或者其他已接受仲裁申请的凭证、证明。

第十三条 劳动者依据劳动合同法第三十条第二款和调解仲裁法第十六条规定向人民法院申请支付令，符合民事诉讼法第十七章督促程序规定的，人民法院应予受理。

依据劳动合同法第三十条第二款规定申请支付令被人民法院裁定终结督促程序后，劳动者就劳动争议事项直接提起诉讼的，人民法院应当告知其先向劳动争议仲裁机构申请仲裁。

依据调解仲裁法第十六条规定申请支付令被人民法院裁定终结督促程序后，劳动者依据调解协议直接提起诉讼的，人民法院应予受理。

第十四条 人民法院受理劳动争议案件后，当事人增加诉讼请求的，如该诉讼请求与讼争的劳动争议具有不可分性，应当合并审理；如属独立的劳动争议，应当告知当事人向劳动争议仲裁机构申请仲裁。

第十五条 劳动者以用人单位的工资欠条为证据直接提起诉讼，诉讼请求不涉及劳动关系其他争议的，视为拖欠劳动报酬争议，人民法院按照普通民事纠纷受理。

第十六条 劳动争议仲裁机构作出仲裁裁决后，当事人对裁决中的部分事项不服，依法提起诉讼的，劳动争议仲裁裁决不发生法律效力。

第十七条 劳动争议仲裁机构对多个劳动者的劳动争议作出仲裁裁决后，部分劳动者对仲裁裁决不服，依法提起诉讼的，仲裁裁决对提起诉讼的劳动者不发生法律效力；对未提起诉讼的部分劳动者，发生法律效力，如其申请执行的，人民法院应当受理。

第十八条 仲裁裁决的类型以仲裁裁决书确定为准。仲裁裁决书未载明该裁决为终局裁决或者非终局裁决，用人单位不服该仲裁裁决向基层人民法院提起诉讼的，应当按照以下情形分别处理：

（一）经审查认为该仲裁裁决为非终局裁决的，基层人民法院应予受理；

（二）经审查认为该仲裁裁决为终局裁决的，基层人民法院不予受理，但应告知用人单位可以自收到不予受理裁定书之日起三十日内向劳动争议仲裁机构所在地的中级人民法院申请撤销该仲裁裁决；已经受理的，裁定驳回起诉。

第十九条　仲裁裁决书未载明该裁决为终局裁决或者非终局裁决，劳动者依据调解仲裁法第四十七条第一项规定，追索劳动报酬、工伤医疗费、经济补偿或者赔偿金，如果仲裁裁决涉及数项，每项确定的数额均不超过当地月最低工资标准十二个月金额的，应当按照终局裁决处理。

第二十条　劳动争议仲裁机构作出的同一仲裁裁决同时包含终局裁决事项和非终局裁决事项，当事人不服该仲裁裁决向人民法院提起诉讼的，应当按照非终局裁决处理。

第二十一条　劳动者依据调解仲裁法第四十八条规定向基层人民法院提起诉讼，用人单位依据调解仲裁法第四十九条规定向劳动争议仲裁机构所在地的中级人民法院申请撤销仲裁裁决的，中级人民法院应当不予受理；已经受理的，应当裁定驳回申请。

被人民法院驳回起诉或者劳动者撤诉的，用人单位可以自收到裁定书之日起三十日内，向劳动争议仲裁机构所在地的中级人民法院申请撤销仲裁裁决。

第二十二条　用人单位依据调解仲裁法第四十九条规定向中级人民法院申请撤销仲裁裁决，中级人民法院作出的驳回申请或者撤销仲裁裁决的裁定为终审裁定。

第二十三条　中级人民法院审理用人单位申请撤销终局裁决的案件，应当组成合议庭开庭审理。经过阅卷、调查和询问当事人，对没有新的事实、证据或者理由，合议庭认为不需要开庭审理的，可以不开庭审理。

中级人民法院可以组织双方当事人调解。达成调解协议的，可以制作调解书。一方当事人逾期不履行调解协议的，另一方可以申请人民法院强制执行。

第二十四条　当事人申请人民法院执行劳动争议仲裁机构作出的发生法律效力的裁决书、调解书，被申请人提出证据证明劳动争议仲裁裁决书、调解书有下列情形之一，并经审查核实的，人民法院可以根据民事诉讼法第二百三十七条规定，裁定不予执行：

（一）裁决的事项不属于劳动争议仲裁范围，或者劳动争议仲裁机构无权仲裁的；

（二）适用法律、法规确有错误的；

（三）违反法定程序的；

（四）裁决所根据的证据是伪造的；

（五）对方当事人隐瞒了足以影响公正裁决的证据的；

（六）仲裁员在仲裁该案时有索贿受贿、徇私舞弊、枉法裁决行为的；

（七）人民法院认定执行该劳动争议仲裁裁决违背社会公共利益的。

人民法院在不予执行的裁定书中，应当告知当事人在收到裁定书之次日起三十日内，可以就该劳动争议事项向人民法院提起诉讼。

第二十五条 劳动争议仲裁机构作出终局裁决，劳动者向人民法院申请执行，用人单位向劳动争议仲裁机构所在地的中级人民法院申请撤销的，人民法院应当裁定中止执行。

用人单位撤回撤销终局裁决申请或者其申请被驳回的，人民法院应当裁定恢复执行。仲裁裁决被撤销的，人民法院应当裁定终结执行。

用人单位向人民法院申请撤销仲裁裁决被驳回后，又在执行程序中以相同理由提出不予执行抗辩的，人民法院不予支持。

第二十六条 用人单位与其它单位合并的，合并前发生的劳动争议，由合并后的单位为当事人；用人单位分立为若干单位的，其分立前发生的劳动争议，由分立后的实际用人单位为当事人。

用人单位分立为若干单位后，具体承受劳动权利义务的单位不明确的，分立后的单位均为当事人。

第二十七条 用人单位招用尚未解除劳动合同的劳动者，原用人单位与劳动者发生的劳动争议，可以列新的用人单位为第三人。

原用人单位以新的用人单位侵权为由提起诉讼的，可以列劳动者为第三人。

原用人单位以新的用人单位和劳动者共同侵权为由提起诉讼的，新的用人单位和劳动者列为共同被告。

第二十八条 劳动者在用人单位与其他平等主体之间的承包经营期间，与发包方和承包方双方或者一方发生劳动争议，依法提起诉讼的，应当将承包方和发包方作为当事人。

第二十九条 劳动者与未办理营业执照、营业执照被吊销或者营业期限届满仍继续经营的用人单位发生争议的，应当将用人单位或者其出资人列为当事人。

第三十条 未办理营业执照、营业执照被吊销或者营业期限届满仍继续经营的用人单位，以挂靠等方式借用他人营业执照经营的，应当将用人单位和营业执照出借方列为当事人。

第三十一条 当事人不服劳动争议仲裁机构作出的仲裁裁决，依法提起诉讼，人民法院审查认为仲裁裁决遗漏了必须共同参加仲裁的当事人的，应当依法追加遗漏的人为诉讼当事人。

被追加的当事人应当承担责任的，人民法院应当一并处理。

第三十二条 用人单位与其招用的已经依法享受养老保险待遇或者领取退休金的人员发生用工争议而提起诉讼的，人民法院应当按劳务关系处理。

企业停薪留职人员、未达到法定退休年龄的内退人员、下岗待岗人员以及企业经营性停产放长假人员，因与新的用人单位发生用工争议而提起诉讼的，人民法院应当按劳动关系处理。

第三十三条 外国人、无国籍人未依法取得就业证件即与中华人民共和国境内的用人单位签订劳动合同，当事人请求确认与用人单位存在劳动关系的，人民法院不予支持。

持有《外国专家证》并取得《外国人来华工作许可证》的外国人，与中华人民共和国境内的用人单位建立用工关系的，可以认定为劳动关系。

第三十四条 劳动合同期满后，劳动者仍在原用人单位工作，原用人单位未表示异议的，视为双方同意以原条件继续履行劳动合同。一方提出终止劳动关系的，人民法院应予支持。

根据劳动合同法第十四条规定，用人单位应当与劳动者签订无固定期限劳动合同而未签订的，人民法院可以视为双方之间存在无固定期限劳动合同关系，并以原劳动合同确定双方的权利义务关系。

第三十五条 劳动者与用人单位就解除或者终止劳动合同办理相关手续、支付工资报酬、加班费、经济补偿或者赔偿金等达成的协议，不违反法律、行政法规的强制性规定，且不存在欺诈、胁迫或者乘人之危情形的，应当认定有效。

前款协议存在重大误解或者显失公平情形，当事人请求撤销的，人民法院应予支持。

第三十六条 当事人在劳动合同或者保密协议中约定了竞业限制，但未约定解除或者终止劳动合同后给予劳动者经济补偿，劳动者履行了竞业限制义务，要求用人单位按照劳动者在劳动合同解除或者终止前十二个月平均工资的30%按月支付经济补偿的，人民法院应予支持。

前款规定的月平均工资的30%低于劳动合同履行地最低工资标准的，按照劳动合同履行地最低工资标准支付。

第三十七条 当事人在劳动合同或者保密协议中约定了竞业限制和经济补偿，当事人解除劳动合同时，除另有约定外，用人单位要求劳动者履行竞业限制义务，或者劳动者履行了竞业限制义务后要求用人单位支付经济补偿的，人民法院应予支持。

第三十八条 当事人在劳动合同或者保密协议中约定了竞业限制和经济补偿，劳动合同解除或者终止后，因用人单位的原因导致三个月未支付经济补偿，劳动者请求解除竞业限制约定的，人民法院应予支持。

第三十九条 在竞业限制期限内，用人单位请求解除竞业限制协议的，人民法院应予支持。

在解除竞业限制协议时，劳动者请求用人单位额外支付劳动者三个月的竞业限制经济补偿的，人民法院应予支持。

第四十条 劳动者违反竞业限制约定，向用人单位支付违约金后，用人单位要求劳动者按照约定继续履行竞业限制义务的，人民法院应予支持。

第四十一条 劳动合同被确认为无效，劳动者已付出劳动的，用人单位应当按照劳动合同法第二十八条、第四十六条、第四十七条的规定向劳动者支付劳动报酬和经济补偿。

由于用人单位原因订立无效劳动合同，给劳动者造成损害的，用人单位应当赔偿劳动者因合同无效所造成的经济损失。

第四十二条 劳动者主张加班费的，应当就加班事实的存在承担举证责任。但劳动者有证据证明用人单位掌握加班事实存在的证据，用人单位不提供的，由用人单位承担不利后果。

第四十三条 用人单位与劳动者协商一致变更劳动合同，虽未采用书面形式，但已经实际履行了口头变更的劳动合同超过一个月，变更后的劳动合同内容不违反法律、行政法规且不违背公序良俗，当事人以未采用书面形式为由主张劳动合同变更无效的，人民法院不予支持。

第四十四条 因用人单位作出的开除、除名、辞退、解除劳动合同、减少劳动报酬、计算劳动者工作年限等决定而发生的劳动争议，用人单位负举证责任。

第四十五条 用人单位有下列情形之一，迫使劳动者提出解除劳动合同的，用人单位应当支付劳动者的劳动报酬和经济补偿，并可支付赔偿金：

（一）以暴力、威胁或者非法限制人身自由的手段强迫劳动的；

（二）未按照劳动合同约定支付劳动报酬或者提供劳动条件的；

（三）克扣或者无故拖欠劳动者工资的；

（四）拒不支付劳动者延长工作时间工资报酬的；

（五）低于当地最低工资标准支付劳动者工资的。

第四十六条 劳动者非因本人原因从原用人单位被安排到新用人单

位工作，原用人单位未支付经济补偿，劳动者依据劳动合同法第三十八条规定与新用人单位解除劳动合同，或者新用人单位向劳动者提出解除、终止劳动合同，在计算支付经济补偿或赔偿金的工作年限时，劳动者请求把在原用人单位的工作年限合并计算为新用人单位工作年限的，人民法院应予支持。

用人单位符合下列情形之一的，应当认定属于“劳动者非因本人原因从原用人单位被安排到新用人单位工作”：

（一）劳动者仍在原工作场所、工作岗位工作，劳动合同主体由原用人单位变更为新用人单位；

（二）用人单位以组织委派或任命形式对劳动者进行工作调动；

（三）因用人单位合并、分立等原因导致劳动者工作调动；

（四）用人单位及其关联企业与劳动者轮流订立劳动合同；

（五）其他合理情形。

第四十七条 建立了工会组织的用人单位解除劳动合同符合劳动合同法第三十九条、第四十条规定，但未按照劳动合同法第四十三条规定事先通知工会，劳动者以用人单位违法解除劳动合同为由请求用人单位支付赔偿金的，人民法院应予支持，但起诉前用人单位已经补正有关程序的除外。

第四十八条 劳动合同法施行后，因用人单位经营期限届满不再继续经营导致劳动合同不能继续履行，劳动者请求用人单位支付经济补偿的，人民法院应予支持。

第四十九条 在诉讼过程中，劳动者向人民法院申请采取财产保全措施，人民法院经审查认为申请人经济确有困难，或者有证据证明用人单位存在欠薪逃匿可能的，应当减轻或者免除劳动者提供担保的义务，及时采取保全措施。

人民法院作出的财产保全裁定中，应当告知当事人在劳动争议仲裁机构的裁决书或者在人民法院的裁判文书生效后三个月内申请强制执行。逾期不申请的，人民法院应当裁定解除保全措施。

第五十条 用人单位根据劳动合同法第四条规定，通过民主程序制定的规章制度，不违反国家法律、行政法规及政策规定，并已向劳动者公示的，可以作为确定双方权利义务的依据。

用人单位制定的内部规章制度与集体合同或者劳动合同约定的内容不一致，劳动者请求优先适用合同约定的，人民法院应予支持。

第五十一条 当事人在调解仲裁法第十条规定的调解组织主持下达成的具有劳动权利义务内容的调解协议，具有劳动合同的约束力，可以作为人民法院裁判的根据。

当事人在调解仲裁法第十条规定的调解组织主持下仅就劳动报酬争议达成调解协议，用人单位不履行调解协议确定的给付义务，劳动者直接提起诉讼的，人民法院可以按照普通民事纠纷受理。

第五十二条 当事人在人民调解委员会主持下仅就给付义务达成的调解协议，双方认为有必要的，可以共同向人民调解委员会所在地的基层人民法院申请司法确认。

第五十三条 用人单位对劳动者作出的开除、除名、辞退等处理，或者因其他原因解除劳动合同确有错误的，人民法院可以依法判决予以撤销。

对于追索劳动报酬、养老金、医疗费以及工伤保险待遇、经济补偿金、培训费及其他相关费用等案件，给付数额不当的，人民法院可以予以变更。

第五十四条 本解释自 2021 年 1 月 1 日起施行。

实用附录

劳动合同[①]

（通用）

甲方（用人单位）：________________

乙方（劳 动 者）：________________

签 订 日 期：______年____月____日

注 意 事 项

一、本合同文本供用人单位与建立劳动关系的劳动者签订劳动合同时使用。

二、用人单位应当与招用的劳动者自用工之日起一个月内依法订立书面劳动合同，并就劳动合同的内容协商一致。

三、用人单位应当如实告知劳动者工作内容、工作条件、工作地点、职业危害、安全生产状况、劳动报酬以及劳动者要求了解的其他情况；用人单位有权了解劳动者与劳动合同直接相关的基本情况，劳动者应当如实说明。

四、依法签订的劳动合同具有法律效力，双方应按照劳动合同的约定全面履行各自的义务。

五、劳动合同应使用蓝、黑钢笔或签字笔填写，字迹清楚，文字简练、准确，不得涂改。确需涂改的，双方应在涂改处签字或盖章确认。

---

① 来源：《人力资源社会保障部关于发布劳动合同示范文本的说明》，载人力资源和社会保障部网站：http：//www.mohrss.gov.cn/ldgxs/LDGXhetong/201911/t20191128_344013.html，最后访问日期：2023年5月19日。

六、签订劳动合同，用人单位应加盖公章，法定代表人（主要负责人）或委托代理人签字或盖章；劳动者应本人签字，不得由他人代签。劳动合同由双方各执一份，交劳动者的不得由用人单位代为保管。

甲方（用人单位）：____________________

统一社会信用代码：____________________

法定代表人（主要负责人）或委托代理人：____________

注册地：____________________

经营地：____________________

联系电话：____________________

乙方（劳动者）：____________________

居民身份证号码：____________________

（或其他有效证件名称________证件号：____________________）

户籍地址：____________________

经常居住地（通讯地址）：____________________

联系电话：____________________

根据《中华人民共和国劳动法》《中华人民共和国劳动合同法》等法律法规政策规定，甲乙双方遵循合法、公平、平等自愿、协商一致、诚实信用的原则订立本合同。

一、劳动合同期限

第一条 甲乙双方自用工之日起建立劳动关系，双方约定按下列第____种方式确定劳动合同期限：

1. 固定期限：自______年____月____日起至______年____月____日止，其中，试用期从用工之日起至______年____月____日止。

2. 无固定期限：自______年____月____日起至依法解除、终止劳动合同时止，其中，试用期从用工之日起至______年____月____日止。

3. 以完成一定工作任务为期限：自______年____月____日起至工作任务完成时止。甲方应当以书面形式通知乙方工作任务完成。

二、工作内容和工作地点

第二条 乙方工作岗位是__________，岗位职责为__________。乙方的工作地点为__________。

乙方应爱岗敬业、诚实守信，保守甲方商业秘密，遵守甲方依法制定的劳动规章制度，认真履行岗位职责，按时保质完成工作任务。乙方违反劳动纪律，甲方可依据依法制定的劳动规章制度给予相应处理。

三、工作时间和休息休假

第三条 根据乙方工作岗位的特点，甲方安排乙方执行以下第____种工时制度：

1. 标准工时工作制。每日工作时间不超过 8 小时，每周工作时间不超过 40 小时。由于生产经营需要，经依法协商后可以延长工作时间，一般每日不得超过 1 小时，特殊原因每日不得超过 3 小时，每月不得超过 36 小时。甲方不得强迫或者变相强迫乙方加班加点。

2. 依法实行以__________为周期的综合计算工时工作制。综合计算周期内的总实际工作时间不应超过总法定标准工作时间。甲方应采取适当方式保障乙方的休息休假权利。

3. 依法实行不定时工作制。甲方应采取适当方式保障乙方的休息休假权利。

第四条 甲方安排乙方加班的，应依法安排补休或支付加班工资。

第五条 乙方依法享有法定节假日、带薪年休假、婚丧假、产假等假期。

四、劳动报酬

第六条 甲方采用以下第____种方式向乙方以货币形式支付工资，

于每月____日前足额支付：

1. 月工资________元。

2. 计件工资。计件单价为________，甲方应合理制定劳动定额，保证乙方在提供正常劳动情况下，获得合理的劳动报酬。

3. 基本工资和绩效工资相结合的工资分配办法，乙方月基本工资________元，绩效工资计发办法为____________。

4. 双方约定的其他方式____________。

第七条 乙方在试用期期间的工资计发标准为______或______元。

第八条 甲方应合理调整乙方的工资待遇。乙方从甲方获得的工资依法承担的个人所得税由甲方从其工资中代扣代缴。

五、社会保险和福利待遇

第九条 甲乙双方依法参加社会保险，甲方为乙方办理有关社会保险手续，并承担相应社会保险义务，乙方应当缴纳的社会保险费由甲方从乙方的工资中代扣代缴。

第十条 甲方依法执行国家有关福利待遇的规定。

第十一条 乙方因工负伤或患职业病的待遇按国家有关规定执行。乙方患病或非因工负伤的，有关待遇按国家有关规定和甲方依法制定的有关规章制度执行。

六、职业培训和劳动保护

第十二条 甲方应对乙方进行工作岗位所必需的培训。乙方应主动学习，积极参加甲方组织的培训，提高职业技能。

第十三条 甲方应当严格执行劳动安全卫生相关法律法规规定，落实国家关于女职工、未成年工的特殊保护规定，建立健全劳动安全卫生制度，对乙方进行劳动安全卫生教育和操作规程培训，为乙方提供必要的安全防护设施和劳动保护用品，努力改善劳动条件，减少职业危害。乙方从事接触职业病危害作业的，甲方应依法告知乙方工作过程中可能产生的职业病危害及其后果，提供职业病防护措施，在乙方上岗前、在岗期间和离岗时对乙方进行职业健康检查。

第十四条 乙方应当严格遵守安全操作规程，不违章作业。乙方对甲方管理人员违章指挥、强令冒险作业，有权拒绝执行。

七、劳动合同的变更、解除、终止

第十五条 甲乙双方应当依法变更劳动合同，并采取书面形式。

第十六条 甲乙双方解除或终止本合同，应当按照法律法规规定执行。

第十七条 甲乙双方解除终止本合同的，乙方应当配合甲方办理工作交接手续。甲方依法应向乙方支付经济补偿的，在办结工作交接时支付。

第十八条 甲方应当在解除或终止本合同时，为乙方出具解除或者终止劳动合同的证明，并在十五日内为乙方办理档案和社会保险关系转移手续。

八、双方约定事项

第十九条 乙方工作涉及甲方商业秘密和与知识产权相关的保密事项的，甲方可以与乙方依法协商约定保守商业秘密或竞业限制的事项，并签订保守商业秘密协议或竞业限制协议。

第二十条 甲方出资对乙方进行专业技术培训，要求与乙方约定服务期的，应当征得乙方同意，并签订协议，明确双方权利义务。

第二十一条 双方约定的其它事项：________________________

____。

九、劳动争议处理

第二十二条 甲乙双方因本合同发生劳动争议时，可以按照法律法规的规定，进行协商、申请调解或仲裁。对仲裁裁决不服的，可以依法向有管辖权的人民法院提起诉讼。

十、其他

第二十三条 本合同中记载的乙方联系电话、通讯地址为劳动合同期内通知相关事项和送达书面文书的联系方式、送达地址。如发生变化，乙方应当及时告知甲方。

第二十四条 双方确认：均已详细阅读并理解本合同内容，清楚各自的权利、义务。本合同未尽事宜，按照有关法律法规和政策规定执行。

第二十五条 本合同双方各执一份，自双方签字（盖章）之日起生效，双方应严格遵照执行。

甲方（盖章）　　　　　　　　　　　乙方（签字）

法定代表人（主要负责人）

或委托代理人（签字或盖章）

　　年　　月　　日　　　　　　　　　　年　　月　　日

附件 1

续订劳动合同

经甲乙双方协商同意，续订本合同。

一、甲乙双方按以下第____种方式确定续订合同期限：

1. 固定期限：自______年____月____日起至______年____月____日止。

2. 无固定期限：自______年____月____日起至依法解除或终止劳动合同时止。

二、双方就有关事项约定如下：

1. ____;

2. ____;

3. ____。

三、除以上约定事项外，其他事项仍按照双方于______年____月____日签订的劳动合同中的约定继续履行。

甲方（盖章）　　　　　　　　　　乙方（签字）

法定代表人（主要负责人）

或委托代理人（签字或盖章）

　　年　　月　　日　　　　　　　　　　年　　月　　日

附件 2

变更劳动合同

一、经甲乙双方协商同意，自______年____月______日起，对本合同作如下变更：

1. ____;

2. ____;

3. ____。

二、除以上约定事项外，其他事项仍按照双方于______年____月______日签订的劳动合同中的约定继续履行。

甲方（盖章）　　　　　　　　　　乙方（签字）

法定代表人（主要负责人）

或委托代理人（签字或盖章）

　　年　　月　　日　　　　　　　　　　年　　月　　日

劳动合同[1]

（劳务派遣）

甲方（劳务派遣单位）：＿＿＿＿＿＿＿＿＿＿

乙方（劳　动　者）：＿＿＿＿＿＿＿＿＿＿

签　订　日　期：＿＿＿年＿＿月＿＿日

注 意 事 项

一、本合同文本供劳务派遣单位与被派遣劳动者签订劳动合同时使用。

二、劳务派遣单位应当向劳动者出具依法取得的《劳务派遣经营许可证》。

三、劳务派遣单位不得与被派遣劳动者签订以完成一定任务为期限的劳动合同，不得以非全日制用工形式招用被派遣劳动者。

四、劳务派遣单位应当将其与用工单位签订的劳务派遣协议内容告知劳动者。劳务派遣单位不得向被派遣劳动者收取费用。

五、劳动合同应使用蓝、黑钢笔或签字笔填写，字迹清楚，文字简练、准确，不得涂改。确需涂改的，双方应在涂改处签字或盖章确认。

六、签订劳动合同，劳务派遣单位应加盖公章，法定代表人（主要负责人）或委托代理人应签字或盖章；被派遣劳动者应本人签字，不得

---

① 来源：《人力资源社会保障部关于发布劳动合同示范文本的说明》，载人力资源和社会保障部网站：http：//www. mohrss. gov. cn/ldgxs/LDGXhetong/201911/t20191128_ 344013. html，最后访问日期：2023 年 5 月 19 日。

由他人代签。劳动合同交由劳动者的，劳务派遣单位、用工单位不得代为保管。

甲方（劳务派遣单位）：________________

统一社会信用代码：________________

劳务派遣许可证编号：________________

法定代表人（主要负责人）或委托代理人：________________

注册地：________________

经营地：________________

联系电话：________________

乙方（劳动者）：________________

居民身份证号码：________________

（或其他有效证件名称________证件号：________________）

户籍地址：________________

经常居住地（通讯地址）：________________

联系电话：________________

根据《中华人民共和国劳动法》《中华人民共和国劳动合同法》等法律法规政策规定，甲乙双方遵循合法、公平、平等自愿、协商一致、诚实信用的原则订立本合同。

一、劳动合同期限

第一条 甲乙双方约定按下列第____种方式确定劳动合同期限：

1. 二年以上固定期限合同：自______年____月____日起至______年____月____日止。其中，试用期从用工之日起至______年____月____日止。

2. 无固定期限的劳动合同：自______年____月____日起至依法解

除或终止劳动合同止。其中，试用期从用工之日起至______年____月____日止。

试用期至多约定一次。

二、工作内容和工作地点

第二条 乙方同意由甲方派遣到____________（用工单位名称）工作，用工单位注册地____________，用工单位法定代表人或主要负责人________。派遣期限为____________，从______年____月____日起至______年____月____日止。乙方的工作地点为____________。

第三条 乙方同意在用工单位__________岗位工作，属于临时性/辅助性/替代性工作岗位，岗位职责为____。

第四条 乙方同意服从甲方和用工单位的管理，遵守甲方和用工单位依法制定的劳动规章制度，按照用工单位安排的工作内容及要求履行劳动义务，按时完成规定的工作数量，达到相应的质量要求。

三、工作时间和休息休假

第五条 乙方同意根据用工单位工作岗位执行下列第____种工时制度：

1. 标准工时工作制，每日工作时间不超过 8 小时，平均每周工作时间不超过 40 小时，每周至少休息 1 天。

2. 依法实行以__________为周期的综合计算工时工作制。

3. 依法实行不定时工作制。

第六条 甲方应当要求用工单位严格遵守关于工作时间的法律规定，保证乙方的休息权利与身心健康，确因工作需要安排乙方加班加点的，经依法协商后可以延长工作时间，并依法安排乙方补休或支付加班工资。

第七条 乙方依法享有法定节假日、带薪年休假、婚丧假、产假等假期。

四、劳动报酬和福利待遇

第八条 经甲方与用工单位商定，甲方采用以下第____种方式向乙方以货币形式支付工资，于每月____日前足额支付：

1. 月工资________元。

2. 计件工资。计件单价为________________________________。

3. 基本工资和绩效工资相结合的工资分配办法，乙方月基本工资______元，绩效工资计发办法为________________________________。

4. 约定的其他方式________________________________。

第九条 乙方在试用期期间的工资计发标准为______或______元。

第十条 甲方不得克扣用工单位按照劳务派遣协议支付给被派遣劳动者的劳动报酬。乙方从甲方获得的工资依法承担的个人所得税由甲方从其工资中代扣代缴。

第十一条 甲方未能安排乙方工作或者被用工单位退回期间，甲方应按照不低于甲方所在地最低工资标准按月向乙方支付报酬。

第十二条 甲方应当要求用工单位对乙方实行与用工单位同类岗位的劳动者相同的劳动报酬分配办法，向乙方提供与工作岗位相关的福利待遇。用工单位无同类岗位劳动者的，参照用工单位所在地相同或者相近岗位劳动者的劳动报酬确定。

第十三条 甲方应当要求用工单位合理确定乙方的劳动定额。用工单位连续用工的，甲方应当要求用工单位对乙方实行正常的工资调整机制。

五、社会保险

第十四条 甲乙双方依法在用工单位所在地参加社会保险。甲方应当按月将缴纳社会保险费的情况告知乙方，并为乙方依法享受社会保险待遇提供帮助。

第十五条 如乙方发生工伤事故，甲方应当会同用工单位及时救治，并在规定时间内，向人力资源社会保障行政部门提出工伤认定申请，为乙方依法办理劳动能力鉴定，并为其享受工伤待遇履行必要的义务。甲方未按规定提出工伤认定申请的，乙方或者其近亲属、工会组织在事故伤害发生之日或者乙方被诊断、鉴定为职业病之日起1年内，可以直接向甲方所在地人力资源社会保障行政部门提请工伤认定申请。

六、职业培训和劳动保护

第十六条 甲方应当为乙方提供必需的职业能力培训，在乙方劳务派遣期间，督促用工单位对乙方进行工作岗位所必需的培训。乙方应主动学习，积极参加甲方和用工单位组织的培训，提高职业技能。

第十七条 甲方应当为乙方提供符合国家规定的劳动安全卫生条件和必要的劳动保护用品，落实国家有关女职工、未成年工的特殊保护规定，并在乙方劳务派遣期间督促用工单位执行国家劳动标准，提供相应的劳动条件和劳动保护。

第十八条 甲方如派遣乙方到可能产生职业危害的岗位，应当事先告知乙方。甲方应督促用工单位依法告知乙方工作过程中可能产生的职业病危害及其后果，对乙方进行劳动安全卫生教育和培训，提供必要的职业危害防护措施和待遇，预防劳动过程中的事故，减少职业危害，为劳动者建立职业健康监护档案，在乙方上岗前、派遣期间、离岗时对乙方进行职业健康检查。

第十九条 乙方应当严格遵守安全操作规程，不违章作业。乙方对用工单位管理人员违章指挥、强令冒险作业，有权拒绝执行。

七、劳动合同的变更、解除和终止

第二十条 甲乙双方应当依法变更劳动合同，并采取书面形式。

第二十一条 因乙方派遣期满或出现其他法定情形被用工单位退回甲方的，甲方可以对其重新派遣，对符合法律法规规定情形的，甲方可以依法与乙方解除劳动合同。乙方同意重新派遣的，双方应当协商派遣单位、派遣期限、工作地点、工作岗位、工作时间和劳动报酬等内容，并以书面形式变更合同相关内容；乙方不同意重新派遣的，依照法律法规有关规定执行。

第二十二条 甲乙双方解除或终止本合同，应当按照法律法规规定执行。甲方应在解除或者终止本合同时，为乙方出具解除或者终止劳动合同的证明，并在十五日内为乙方办理档案和社会保险关系转移手续。

第二十三条 甲乙双方解除终止本合同的，乙方应当配合甲方办理工作交接手续。甲方依法应向乙方支付经济补偿的，在办结工作交接时支付。

八、劳动争议处理

第二十四条 甲乙双方因本合同发生劳动争议时，可以按照法律法规的规定，进行协商、申请调解或仲裁。对仲裁裁决不服的，可以依法向有管辖权的人民法院提起诉讼。

第二十五条 用工单位给乙方造成损害的，甲方和用工单位承担连带赔偿责任。

九、其他

第二十六条 本合同中记载的乙方联系电话、通讯地址为劳动合同期内通知相关事项和送达书面文书的联系方式、送达地址。如发生变化，乙方应当及时告知甲方。

第二十七条 双方确认：均已详细阅读并理解本合同内容，清楚各自的权利、义务。本合同未尽事宜，按照有关法律法规和政策规定执行。

第二十八条 本劳动合同一式（　　）份，双方至少各执一份，自签字（盖章）之日起生效，双方应严格遵照执行。

甲方（盖章）　　　　　　　　乙方（签字）

法定代表人（主要负责人）

或委托代理人（签字或盖章）

年　月　日　　　　　　　　年　月　日

附件 1

续订劳动合同

经甲乙双方协商同意，续订本合同。

一、甲乙双方按以下第____种方式确定续订合同期限：

1. 固定期限：自_____年___月___日起至_____年___月___日止。

2. 无固定期限：自_____年___月___日起至依法解除或终止劳动合同时止。

二、双方就有关事项约定如下：

1. ____；

2. ____；

3. ____。

三、除以上约定事项外，其他事项仍按照双方于_____年___月___日签订的劳动合同中的约定继续履行。

甲方（盖章）　　　　　　　　　　　　乙方（签字）

法定代表人（主要负责人）

或委托代理人（签字或盖章）

年　月　日　　　　　　　　　　　　年　月　日

附件 2

变更劳动合同

一、经甲乙双方协商同意，自______年____月____日起，对本合同作如下变更：

1. ____；

2. ____；

3. ____。

二、除以上约定事项外，其他事项仍按照双方于______年____月____日签订的劳动合同中的约定继续履行。

甲方（盖章）　　　　　　　　　乙方（签字）

法定代表人（主要负责人）

或委托代理人（签字或盖章）

年　月　日　　　　　　　　　年　月　日

劳动争议处理流程图

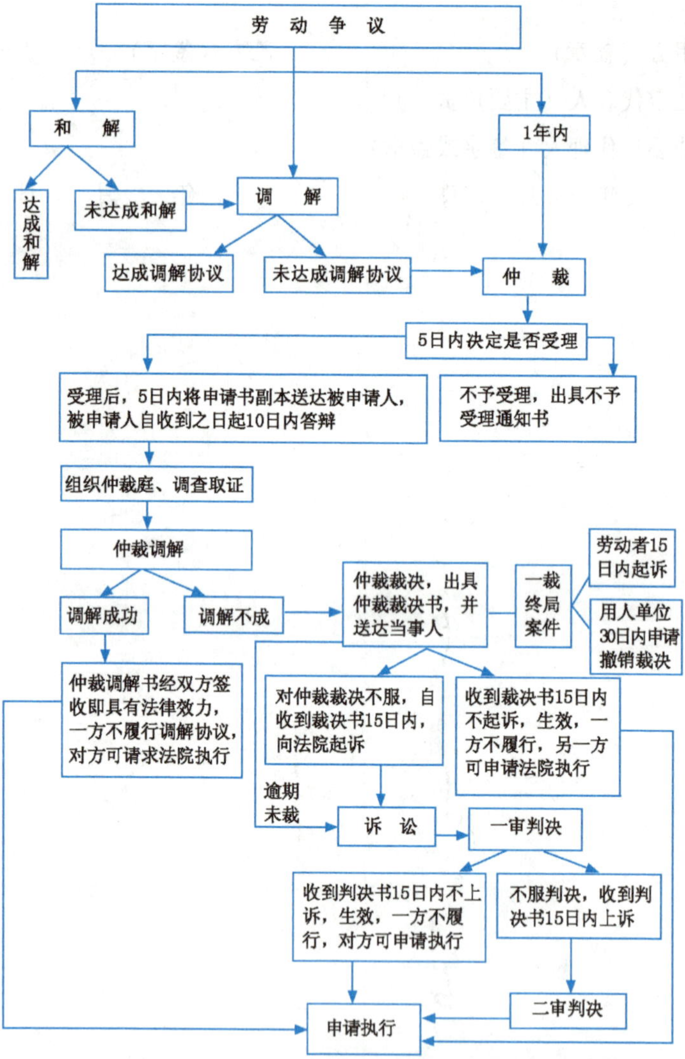
劳 动 争 议
和 解
1年内
达成和解
未达成和解
调 解
达成调解协议
未达成调解协议
仲 裁
5日内决定是否受理
受理后，5日内将申请书副本送达被申请人，被申请人自收到之日起10日内答辩
不予受理，出具不予受理通知书
组织仲裁庭、调查取证
仲裁调解
调解成功
调解不成
仲裁裁决，出具仲裁裁决书，并送达当事人
一裁终局案件
劳动者15日内起诉
用人单位30日内申请撤销裁决
仲裁调解书经双方签收即具有法律效力，一方不履行调解协议，对方可请求法院执行
对仲裁裁决不服，自收到裁决书15日内，向法院起诉
收到裁决书15日内不起诉，生效，一方不履行，另一方可申请法院执行
逾期未裁
诉 讼
一审判决
收到判决书15日内不上诉，生效，一方不履行，对方可申请执行
不服判决，收到判决书15日内上诉
二审判决
申请执行

重要法律术语速查表

续表

续表

续表

续表

续表